2013年
大転換する世界
逆襲する日本

三橋貴明
Mitsuhashi Takaaki

徳間書店

はじめに

2012年は、まさに怒濤《どとう》の1年であった。あるいは、「政治の1年」といいかえてもいいだろうか。

台湾、ロシア、フランス、そしてアメリカで、大統領選挙（台湾は総統選挙）が行われ、中国でも政権交代が実施された。さらに、本書刊行から日をおかずに、韓国で大統領選挙、そして日本では総選挙が実施され、2013年という年の運命が決定することになる。

本書出版直前の11月6日には、アメリカで大統領選挙が行われ、バラク・オバマ現大統領がミット・ロムニーを破り、再選を果たした。2期目となるオバマ大統領は、今度こそ、国民皆保険、銀行規制、富裕層増税といった、当初から思い描いていた反トリクルダウン的な政策に踏み出すことになるだろう（ちなみに、トリクルダウンとは、富裕層がさらに富めば企業の投資が増え、貧しい人に雇用が増え、豊かになるという仮説である。市場原理主義や金持ち優遇策の方便とされてきた）。

そういう意味で、11月6日の時点で、本書のテーマの1つである「グローバリズム」は、後退を余儀なくされたのだ。

ところが、現在の日本では、経済産業省や外務省がTPP（環太平洋戦略的経済連携協定）という、新古典派経済学、あるいはグローバリズムに基づいた過激な自由貿易を推進しつつある。また、財務省もやはり新古典派経済学の均衡財政主義に沿って、消費税増税や公共事業削減に熱心だ。

ふざけるな、と言いたい。

日本国は、国民主権国家である。日本国の行く末を決めていいのは、主権者である国民だけだ。むろん、経産官僚や外務官僚、財務官僚にしても、有権者には違いない。とはいえ、彼らのパワーは、あくまでも有権者としての1票だけのはずなのだ。「グローバリズムは歴史の趨勢《すうせい》」などと空論を口にし、TPPや増税、公共事業削減を政治不在のまま進めようとしている一部官僚のやり口は、明らかに日本国の民主主義に対する挑戦である。

本書執筆時点では、日本でも野田佳彦総理大臣が衆議院の解散時期をいつにするかについて、盛んに取り沙汰されている。野田政権はなにしろ、総理みずから「近いうちに国民に信を問う」と断言してしまったため、完全にレイムダック（死に体）化し、外交の場においても、もはやどこの国からも相手にされなくなってしまった。

これ以上、日本の国益を損なわないためにも、野田総理は日本国の行政責任者として、早期に解散総選挙に踏み切らなければならない、との声が日増しに高まっている。

いずれにせよ、どんなに遅くても、2013年夏の衆議院の任期満了までには、総選挙がある。

来《きた》るべき総選挙は、「TPPや『デフレ脱却前』の消費税アップに反対し、インフレ目標や国土強靭《きょうじん》化など、正しいデフレ対策を実施する政党（自民党など）」と、「TPPや消費税増税を推進し、グローバリズム、新古典派経済学的な施策でデフレを促進しようとする政党（日本維新の会など）」とが、真っ向からぶつかりあう可能性がきわめて濃厚だ（現在の与党は、両者のあいだで埋没して消えてしまうことだろう）。

まさに、望むところである。民主主義国家として、選挙で決着をつけよう。日本は、一部の官僚や政治家が、勝手にグローバリズム的な政策を推進することなど許されない、世界に冠たる民主主義国家なのだ。

本書は、2012年の世界的な経済・政治・国際情勢を分析しつつ、いま起きている大きな潮流の変化、そして今後の世界経済や日本の進む方向を予見したものである。オバマ再選で世界経済にどのような影響があるか、欧州のギリシャ問題の行方、習近平政権以後の中国経済と反日問題、そして日本における新たな政権交代と、それによる日本経済の今後の可能性を示した。
ただし、本書は、たんに２０１３年の行く末を占った本ではない。むしろ、日本という大国の有権者として、２０１３年をどうするべきなのかを考えるための1冊である。２０１３年がいかなる年になるのかは、今後の日本国民１人ひとりの選択に委ねられている、というのが真実なのだ。

２０１２年11月中旬

三橋貴明

2013年
大転換する世界
逆襲する日本

目次

- 他人事ではない大恐慌時のドイツの惨劇
- 「改革派」の政治家が日本を滅ぼす
- 首相公選制を叫ぶ「グローバル資本の手先」
- 自由主義の理論は破綻している
- 資本移動の自由化で失業率は確実に上がる

第2章 日本がグローバリズムの息の根を止める

- 規制緩和推進派ほど政府と結びつく
- 法人税減税は雇用回復に結びつかない
- 日本人の賃金を下げたい人たち
- 日本は絶対に韓国を見習ってはいけない
- 2012年に中国・韓国の反日が激化した理由
- 「日本経済は中国に依存している」は真っ赤なウソ

―2013年には国家間紛争がますます拡大する
―労働市場の開放で民族間の憎悪が拡大する
―グローバリズムの息の根をとめるのは日本だ

第3章 ギリシャ発 世界大恐慌が迫っている

―不法滞在者がギリシャを滅ぼす
―緊縮派は本当に選挙に勝ったのか？
―緊縮政策でいよいよヤバいギリシャ経済
―2013年、ついに5年連続のマイナス成長か
―若年層の失業増加が暗示するもの
―もっとも恐ろしいのは技術が消滅すること
―自前で国債を発行できない国の悲哀
―ギリシャが世界大恐慌の引き金になる恐れ

第4章 2013年、ユーロが終焉する日

装　幀／井上新八
編集協力／㈲美笑企画
安部千鶴子
月岡廣吉郎
オビ写真／大駅寿一

第1章 激変する世界 狙われる日本経済

世界の大統領選挙が示した対立構造

2012年は、歴史に残る選挙イヤーであった。台湾（総統選挙）、ロシア、フランス、アメリカ、韓国で大統領選挙があり、さらには中国で最高指導者である共産党総書記と首相が交代した。

こうした各国の選挙や指導者の交代を経て、ある対立構造が明らかになったという意味においても、2012年は歴史的な年となった。この対立構造を理解すると、2013年という年の意味が明確にわかってくる。

対立構造とは、具体的に何と何の対立をいっているのか。もちろん、グローバリズム（市場原理主義）対民主主義という対立構造である。

フランスではグローバリズムを推進してきた現職のサルコジ大統領が敗れ、社会党のフランソワ・オランド第1書記が大統領となった。アメリカ大統領選もバリバリの市場原理主義者であるミット・ロムニーと、医療保険改革など政府による市場介入を主張するオバマ大統領との激しい闘いとなった。結果的に、オバマ大統領が再選を果たした。アメリカ国民はフランス国民同様に、相対的にグローバリズム的ではない人物に国政を委ねたことになる。ま

共和党のロムニー候補との激戦を制し、勝利宣言をするオバマ大統領
（写真提供：ロイター／アフロ）

た、韓国でもグローバリズム派の李明博《イミョンバク》大統領に対する批判が、大統領選挙に影響を与えている。

これらについてのくわしい説明は各章で行っていくが、いずれにせよ、2012年における選挙の大きな争点が、グローバリズム対民主主義であったことは間違いない。

では、なぜ、グローバリズムが民主主義と対立するのか。

ノーベル経済学賞を受賞したコロンビア大学のジョセフ・E・スティグリッツ教授は、2012年に出版した『世界の99％を貧困にする経済』（楡井浩一・峯村利哉共訳、徳間書店）の序で、グローバリズムが民主主義を破壊する可能性を次のように示唆している。

本書が論じるのは、大多数のアメリカ人にとって経済制度が機能を果たさない理由と、今日のような水準まで不平等が進行した理由と、これらの事態からもたらされる影響だ。不平等はわたしたちに高い代償を支払わせる。経済制度の安定性と効率性が低下し、経済成長が阻害され、民主主義が危機にさらされるのだ。しかし、これだけでは終わらない。大多数の国民にとって経済制度が機能を果たさず、政治制度が金銭的利益で動くとみなされてしまえば、民主主義と市場経済に対する信頼も、世界に対するアメリカの影響力も傷を負うこととなるだろう。アメリカがもうチャンスの国ではなくなり、誇るべき法の支配と司法制度が金銭的利益に蹂躙されてきた、という現実が浸透していくにつれ、アメリカ人のアイデンティティさえもが脅かされるかもしれない。

一部の国における〝ウォール街を占拠せよ〟運動は、反グローバル化運動と緊密な連携をとってきた。たしかに両者には共通点がある。何かがまちがっているという信念と、修正は不可能ではないという信念だ。ここで問題なのは、グローバル化そのものの善悪ではない。世界各国の政府がグローバル化をうまく運営できず、特定の集団だけに利益を与えていることだ。世界じゅうの人民と国家と経済が緊密に結ばれたのは進歩と呼んでいいが、この接続性の向上には、繁栄をうながす効果もあれば、貪欲と悲嘆をばらまく効果もある。

スティグリッツ教授のグローバル化への態度は、「猜疑《さいぎ》」といったところだろうか。政府がうまくグローバル化をコントロールできない場合、特定の集団に所得が集中し、国内に不平等をもたらす。特定の集団とは、スティグリッツ教授にいわせると、いわゆるグローバル投資家のことであり、グローバル企業であり、中国共産党のような特権階級のことである。こうした不平等が国内に蔓延《まんえん》すると、最終的に民主主義は殺される。

では、この「グローバル化↓不平等の蔓延↓民主主義の危機」という流れは、はたして誰かがコントロールすることが可能なものだろうか。グローバル化から民主主義の危機にいたるステップは、回避不可能なのではないか。

何を言いたいのかといえば、グローバル化とは、つねに国内の格差を拡大する働きをすることで民主主義を破壊するのではないか、という疑問である。グローバル化そのものは善でも悪でもないというのは、スティグリッツ教授が書いているとおりである。というよりも、そもそも善悪とは個人の価値観の問題であり、普遍性をもたない。

南極海における日本の捕鯨調査船を暴力でもって妨害しようとするシーシェパードは、日本国民にとってはテロリストにすぎない。しかし、シーシェパード自体は環境保護団体を名乗っており、彼らの（われわれとは相容れない）価値観あるいは正義に基づいて、わが国の捕鯨調査船に攻撃を仕掛けてくるのだろう。

あるいは、沖縄県石垣市の尖閣《せんかく》諸島に上陸を試みる（中国共産党の意向を受けた）香港や台湾の活動家たちは、わが国にとってはたんなる不法入国者だ。だが、彼らは祖国にもどると英雄として称《たた》えられる。

グローバリズムは民主主義を壊す経済モデル

グローバル化にしても、経済モデルの1つにすぎず、それ自体は善でも悪でもない。インターネットがコミュニケーションのためのツール（道具）でしかないのと同じだ。インターネットという道具は、ときに社会から善と称えられ、ときに同じ社会から悪と呼ばれる。道具にせよ経済モデルにせよ、それ自体を善悪で語るのはおかしなことだ。

人類は火とともに進化してきた。火はときに人間の営みを助け、ときにすべてを焼きつくす。とはいえ、火はあくまで火であり、善なる存在でも悪なる存在でもない。火について善だの悪だのと評価するのは、個人の価値観の問題だ。

というわけで、筆者はみずからの価値観に基づいて、グローバル化は必然的に民主主義を壊す経済モデルであり、国民経済の「国民を豊かにし、安全に暮らせるようにする」という目的に反する悪ではないか、とにらんでいるのである。

筆者は日本国の民主主義により、さんざんにひどい目にあわされている。なにしろ、2009年9月以降、たび重なる失政で日本国に衰退をもたらした民主党政権は、間違いなくわが国の民主主義が誕生させたのだ。それでも、筆者はわが国の民主主義に誇りをもっているし、これを上まわる政治制度はいまのところ存在しないと考えている。

グローバリズムが必然的に民主主義を壊すとなると、これは由々しき問題だ。さらにいえば、グローバリズムによって各国間が結びつきを強化することは、民主主義を危機に陥らせるのみならず、国同士の関係を悪化させるのではないかとさえ疑っている。

世の〝お花畑チック〟な人びとは、

「グローバリズムによって国同士の関係が深まれば、戦争はなくなる。互いに資本を持ち合い、輸出入を中心に強い結びつきがある国同士で戦うなど、ナンセンス極まりないからだ」

などと主張したりするのだが、本当にそうだろうか。

何度も言うが、筆者はグローバリズムについて、善悪で評価するつもりはさらさらない。また、民主主義が「つねに善だ」などと主張する気もない。

善にせよ、悪にせよ、結局は相対化（比較）して決めるしかない。世界じゅうの人びとが善人だった場合、もはや「彼はいい人だ」「彼女は善人だ」といった評価は無意味化してしまうだろう。そういう意味で、現在の世界の社会制度を見ると、相対的に民主主義がいちばんマシというだけの話だ。

それはともかく、スティグリッツ教授はグローバル化の問題点について、

「世界各国の政府がグローバル化をうまく運営できず、特定の集団だけに利益を与えていることだ」

と指摘している。

ということは、各国の政府がうまくコントロールすれば、グローバル化は(相対的な意味で)善なるものに姿を変えるのだろうか。政府の管理が適切で、国内に不平等が蔓延しないかたちで世界じゅうの国々が繁栄することが可能ならば、たしかにグローバル化は善なるものになりうる。とはいえ、本当にそんなことが可能なのか、という疑念を拭《ぬぐ》えないのである。

グローバリズムは、むしろ、民主主義を「つねに」危機の方向に導き、国家間の軋轢《あつれき》を増すモデルなのではないだろうか。筆者がそう疑っている理由は、次項で述べるグローバル化の定義を考えればご理解いただけると思う。

「自由貿易」という経済侵略が進みつつある

グローバル化あるいはグローバリズムとは、おもに以下の3つについて、国境線を越えた移動の自由を認めることである。

①モノやサービスの輸出入（貿易）
②資本の移動（直接投資、証券投資）
③労働者の移動

要するに、経済の3要素であるモノ（&サービス）、カネ、ヒトが、国家を超えて自由自在に動きまわることを認めるというのがグローバリズムだ。モノ、カネ、ヒトが国境線を越える際に、できるだけコストをかけないようにするべし、という発想になるため、グローバリストは基本的には小さな政府を志向する。

「政府は関税やら何やらで、よけいな制限や規制をするな。市場原理に任せ、国境を越えてモノ、カネ、ヒトが自由に動ける世界が実現すれば、心配しなくても人類は経済的な繁栄に導かれる」

グローバリズムを盲信している人は、こうした類《たぐい》の理屈を唱える。どうも彼らにとっては、政府とは不要な規制で市場をゆがめ、モノ、カネ、ヒトの動きを妨害する悪しき者という位置づけのようである。

モノの国境を越えた移動を自由にするとは、要するに、各国が自国製品の保護などを理由に輸入品に関税をかけるのをやめることだ。たとえば、発展途上国などが、自国企業、自国製品を成長させ、国内の雇用を改善するには、外国製品からの保護が必要になる。なにしろ、先進国の製造業に関する生産性は極端に高いので、国内市場で制限なしで外国企業と自国企業を自由競争させると、間違いなく自国企業が負ける。

市場原理主義者たちは、

「市場競争に負けたほうが悪い！　それが自由貿易というものだ」

などと言うかもしれない。

とはいえ、現在、世界トップクラスの生産性を誇るドイツにしても、19世紀前半にイギリス製品から自国企業を保護することで経済成長を遂《と》げたのだ（ついでに書くと、じつはアメリカも同じだ）。当時、いち早く産業革命を経験したイギリス製造業の生産性は、まさに圧倒的だった。一時は、なんと世界の輸出製品の半分がイギリス製という事態になったのである。

強烈な供給能力を誇るイギリス製造業は、自国の需要を軽々と満たし、新たな市場を求めて外国へとビジネスを拡大していった。その際に、イギリスがお題目として掲げた言葉が「自由貿易」なのである。

たとえば、イギリスは東インド会社を経由し、インドのムガール帝国（1526〜1885年）に市場を開かせた。その結果、イギリス製の綿製品がインドに雪崩《なだ》れ込み、手工業が中心だったインド衣料産業は壊滅した。インドの綿産業が崩壊すると、その産業に雇用されていた従業員は失業者となる。失業者は所得を得られず、最終的には飢えることになる。

さらに、東インド会社はムガール帝国の人民に、商業作物（綿花、芥子《けし》など）の生産を強要した。そのため、天候不順などで農産物がすこしでも不作に陥ると、インド人は飢えに苦しむことになった（イギリス支配下のインドでは、およそ2000万のインド人が餓死したと考えられている）。

近代におけるグローバリズムや自由貿易は、たんに帝国主義諸国が外国市場（あえて植民地とは書かない）を獲得するためのお題目として用いられたにすぎなかった。アジア、アフリカ諸国に自国産業を保護させないためにこそ、欧米諸国は自由貿易というスローガンを活用した。アメリカのペリー大佐が日本に黒船を率いて来航し、わが国が何を失ったかを思い起こしてほしい。もちろん、関税自主権だ（日米修好通商条約による）。

「メイド・イン・〇〇〇」は保護主義の手法だった

イギリスの容赦《ようしゃ》ない自由貿易を間近で見ていたドイツの経済学者フリードリッヒ・リストは、自国の産業育成を図るために保護主義を提唱し、そしてまさに彼の活躍した19世紀のドイツは、関税を活用して自国製品を保護した。具体的には、イギリス製品を輸入する際に、政府が一定割合の税金を徴収し、国内市場で高くつくように設定することで自国企業を守ったのである。

その結果、ドイツの製造業は隆盛を極め、外国市場でイギリスと競合できるほどに成長した。第1次世界大戦の前には、ついにイギリス市場までもがドイツ製品に席巻《せっけん》される事態になってしまう。そこでイギリス政府が何をしたかといえば、ドイツ製品に「メイド・イン・ジャーマニー」という表示を義務づけたのである。

ちなみに、日本人は奇妙な勘違いをしており、「メイド・イン・ジャパンの製品が世界を席巻した！」というように、「メイド・イン・ジャパン」を国の威信か何かだと思っている人が多い。

自国製品が世界で売れていることを誇るのを責める気はないのだが、もともと「メイド・イン・〇〇〇〇」という表示は、外国製品と自国製品を峻別《しゅんべつ》する保護貿易手法の1つである。モノの輸出入の規制は、なにも関税にはかぎらないのである。

先人の努力により、日本製品の品質は他国と比べて優れている（あるいは、優れているというイメージが広まっている）。日本製品の、あるいは日本の評判がいいからこそ、「メイド・イン・ジャパン」は一種のブランド化しているわけである。

逆に、「品質の悪い製品をつくる国」「消費者に害を与える製品を輸出する国」といったイメージが蔓延している場合、誰も「メイド・イン・〇〇〇〇」を買わなくなる。つまり、表示が非関税障壁（関税以外の貿易障壁、34ページで解説）と化すのだ。

現在、世界の多くで「メイド・イン・チャイナ」の製品を拒否するチャイナフリー運動が起きている。しかし、「メイド・イン・チャイナ」という表示がなく、製品が中国製であることを消費者が判断できなければ、チャイナフリーも何もあったものではない。

アメリカに、穀物の種子や肥料を扱うモンサントという超巨大企業がある。モンサントは、遺伝子組み換え作物の種子の市場において、なんと世界の90％超のシェアをもっているといわれており、そのガリバーぶりにおののいてしまう。

このモンサントが日本に対し、遺伝子組み換え関連の表示禁止を要求しているのである。現在の日本では、遺伝子組み換え作物を利用した食品を市場に流通させる際に、パッケージへの表示が義務づけられている。あるいは逆に、「当製品は遺伝子組み換え作物を使用していません」と表示することで、安全というイメージを消費者に訴えてブランドを向上させることができる。いずれにせよ、「遺伝子組み換え作物です」といった表示義務は、外国の遺伝子組み換え作物関連企業にとっては、日本国内の市場シェア拡大の障壁になっている。

というわけで、モンサントは日本に対し、

「遺伝子組み換え作物関連の表示義務は、自由貿易を妨げる非関税障壁である。いっさい禁止しろ」
と、内政干渉まがいのことを言ってきているのである。

いよいよ「日本占領」をねらうアメリカ企業

生産性の高い外国とそうではない自国が、正面切って自由貿易を実施した場合、輸入製品が国内市場を席巻する可能性が高い。その結果、自国の企業が育たず、雇用が生まれなくなる。すなわち、国民は所得を増やすことができず、豊かになれない。

さらに、遺伝子組み換え作物関連の表示に代表されるように、その国の国民の価値観の問題で、外国から輸入したくない製品もある。日本国民が外国産の遺伝子組み換え作物を嫌悪し、あるいは狂牛病を心配し、アメリカ産の牛肉の輸入について、生後20カ月未満に制限しているのは、まさに価値観の相違の問題だ。日本国民にしても、アメリカ人が遺伝子組み換え作物や、生後20カ月超の自国産牛肉を食すことについて、文句をつける気はさらさらないだろう。

ところが、現実の世界では、多国籍企業やグローバル企業が各国の国民の価値観の問題にまで踏み込んでくる。そして、自国政府と結びつくことで相手国政府に圧力をかけ、「関税や非関税障壁を撤廃せよ。グローバリズムは歴史の流れだ。自由貿易は必然だ」などと言ってくるのだ。

しかも、この手のプロパガンダを振りまく際に、彼らは、「それが、あなたがたのためですよ」といったレトリックを使うのだから、欺瞞《ぎまん》に満ちているとしか表現のしようがない。全財産を賭けてもいいが、モンサントが日本の遺伝子組み換え作物関連の表示に文句をつけているのは、日本国民のためを思ってのことではなく、単純に自社の利益のためである。

昨今、民主党政権が懸命に推進してきたTPP（環太平洋戦略的経済連携協定）の作業部会の1つに、「TBT（貿易の技術的障害）」という項目がある。TBTとは、具体的には、前述の遺伝子組み換え作物に代表される、「アメリカ企業が日本市場に参入しようとした際に障壁となる非関税障壁の撤廃」のことである。

また、TPPは、モノのみならず、サービスに関する非関税障壁を撤廃することも目的にしている。サービスの非関税障壁には、どんなものがあるだろうか。もっともわかりやすい例が、医療サービスである。

現在の日本は、国民皆保険制度である。日本の医療システムはWHO（世界保健機構）から「健康達成度総合評価第1位」と評価されている。ちなみに、アメリカは15位だ。健康達成度総合評価の基準は、「健康寿命」「健康寿命の地域格差」「患者の自主決定権や、治療への満足度などの達成具合」「地域や人種などによる患者対応の差別の程度」「医療費負担の公平」の5つである。この5つの指標で評価し、日本は世界第1位の健康達成度と評価されているわけだ。

冗談でも何でもなく、日本の医療制度は、クオリティ（品質）、コスト（費用）、アクセス（医療サービスの受けやすさ）の3点において、世界のトップクラスにある。とはいえ、日本の医療制度は医師や看護師の献身により支えられているわけで、これはこれで問題があるわけだが。

それはともかく、日本の医療サービスの市場が現状のままであるかぎり、アメリカの医療保険会社が参入することは不可能だ。アメリカには、高齢者、低所得者層向けを除いて、公的健康保険の制度がない。一般の国民は民間企業が提供する医療保険に入っているが、現実には5000万人もの無保険者が存在している（だからこそ、オバマ政権はヘルスケア〈医療保険改革〉法案を推進しているのである）。

さらに、アメリカには薬価制限がない。アメリカを除くすべての先進国は、薬の価格に上限を設けている。これも、医薬品関係のグローバル企業にいわせれば、「無用な規制」という話になるのだろう。だが、人間の生命を扱う医療、医薬品業界で、政府が規制を強めるのはしごく真っ当な話だ。命を取り扱う分野においてまで、利益中心主義、株主中心主義でビジネスを展開してほしくはない。

先進国のなかでアメリカの医療費が突出している

OECD諸国の医療費対GDP比率（2010年）

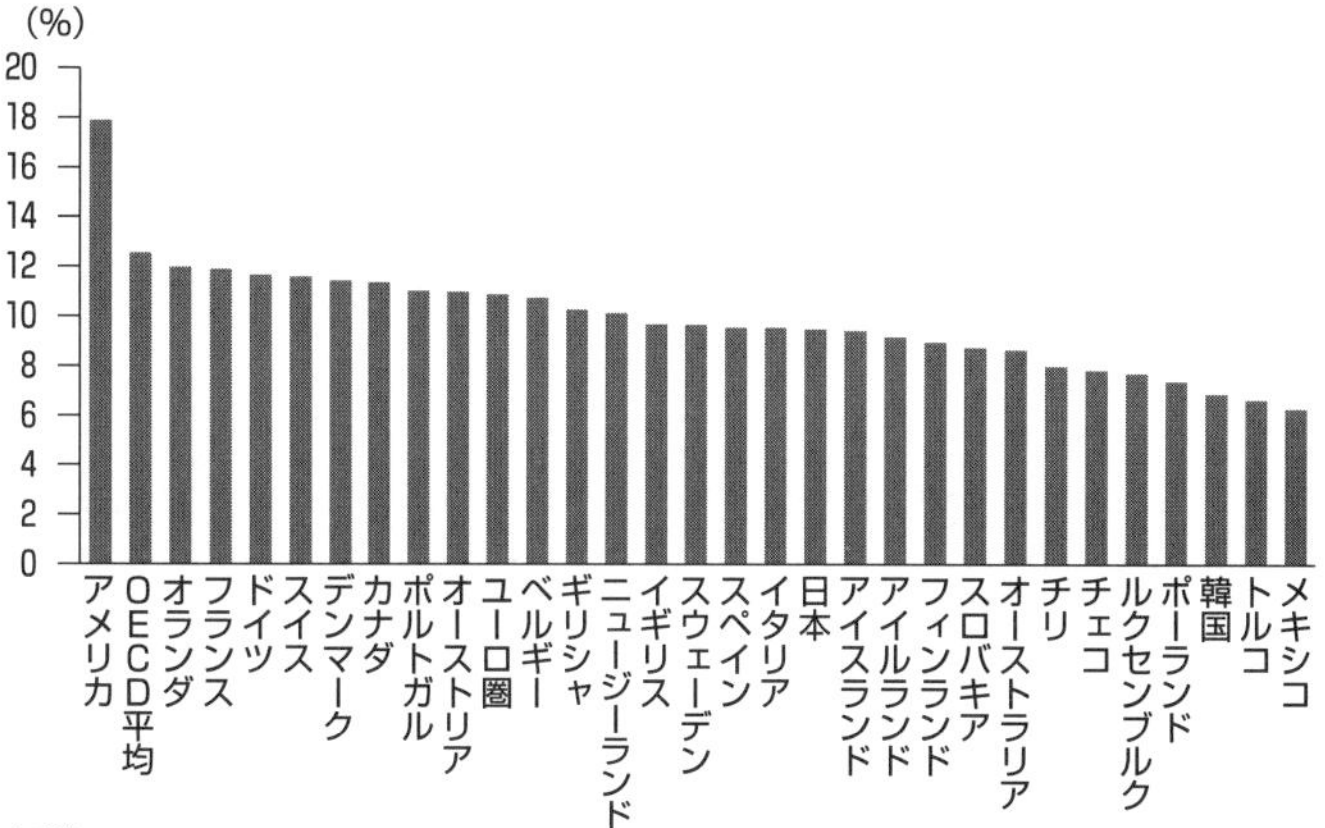

出所）OECD

医療サービス業界における規制がほとんど存在しないアメリカでは、医療は高付加価値産業であり、医療サービスに携わる人たちが高額の所得を稼げる構図になっている。結果、アメリカの医療費対ＧＤＰ（国内総生産）比率は、ＯＥＣＤ（経済協力開発機構）諸国のなかでも、まさに「突出して」という表現がふさわしいほどに高騰している。

上のグラフを見ていただきたい。２０１０年のアメリカの医療費対ＧＤＰ比率は、じつに17・89％である。日本でいえば、およそ84兆円を医療サービスの供給（患者側から見ると支払い）に当てている状況だ（実際の日本は、40兆円強にすぎない）。しかも、高額の医療費を支払い、品質の高い医療サービスが供給されているならまだしも、少なくともアメリカ国民全体にとってはそうではない。WHOの健康達成度総合評価が15位だから、先進国のなかでは低品質国に属する。

もちろん、十分な所得や財産があるアメリカ国民は、おそらく日本以上に高品質な医療サービスを受けているのだろう。いっぽう、低所得者層は病気になっても医者にかかれず、根性で治すしかない(筆者はべつに大げさに言っているわけではない。アメリカの低所得者層は、骨折程度であれば自力で治療している)。

それでも、どうしても医者にかからざるをえなくなると、無保険者の場合は医療費の支払いが不可能になり、個人破産する。個人破産した人の半数が、医療費が原因になっている国など、世界じゅうを見渡してもアメリカくらいのものだ。

むろん、民間の医療保険サービスに入っている国民には、保険金が下りる。とはいえ、アメリカの医療保険会社は株主利益中心主義で経営されているため、医療保険サービスを供給する目的は、株主の配当金を最大化することにある。保険加入者の便益を拡大するためではない。

アメリカの医療保険会社は、株主への配当金支払いを最大化するため、「保険料の支払いはできるだけ大きく、保険金の支払いは小さく」という、とんでもないコンセプトに基づいて経営されているのだ。アメリカの医療保険サービスは患者負担分を可能なかぎり大きくし、かつ保険適用除外や例外だらけのサービスになっている。その結果、健康保険に加入していてさえ、医療費が理由で自己破産してしまう国民が続出しているのである。

こんな業態が日本市場に参入するなど、冗談ではないという話であり、現実にアメリカの医療保険サービスは日本市場への参入ができない。なにしろ、わが国は医療保険制度が充実しているうえに、医療の品質は世界一なのだ。

アメリカの医療保険サービスなどおよびではない、というのが真実なのだが、話はそれで終わらない。アメリカでヘルスケア法案が全面的に施行されると、同国の医療保険サービス企業は市場をアメリカ政府に奪われる可能性が高い。そのため、アメリカの医療保険サービス企業にとって、株主利益を最大化するための外需獲得が至上命題となっている。現在の世界において、アメリカに次ぐ個人消費の規模をもつ国はどこだろうか。いうまでもなく、日本だ。

アメリカの医療保険サービス企業にとって、わが国の皆保険制度は非関税障壁以外の何物でもない。あるいは、生命保険会社にとっての「日本の簡保、共済の市場」、建設会社にとっての「日本の公共事業の市場」などなど、アメリカ企業、いやグローバル企業にとって、のどから手が出るほどほしい日本市場は複数ある。

だが、わが国が独自の社会制度によって非関税障壁を維持しているかぎり、彼らが参入することはほぼ不可能に近い。ならば、政治を使って、市場をこじ開けるしかないわけだ。

国際条約による法律支配の危機

筆者は先ほどからあえて「非関税障壁」という用語を使っているが、そもそもこの言葉は何を意味しているのだろうか。簡単だ。外国企業が日本市場に参入することを難しくしている、日本国の制度、規制、ルールのことである。すなわち、法律である。

法律とは、その国の歴史、伝統、文化、ライフスタイル、趣向、国民の価値観などに基づいて決められたものだ。国家の法律を決めてかまわないのは、その国の国会議員だけである。そして、国会議員はその国の国民（有権者）により選ばれる。

国家の法律を、国民が国会議員を通して主体的に決められるからこそ、その国は国民主権国家と呼ばれるのである。主権者たる国民が定めた法律に、外国人、外国政府、外国企業が口を出すのは、本来は内政干渉行為になる。

ところが、なぜか昨今の世界では、グローバリズムの名のもとで、主権を飛び越えた制度設計が行われつつある。主権を超えた制度設計とは、具体的に何を意味するかといえば、ずばり国際条約だ。

国際条約は、その国の国内法の上位に位置づけられる。たとえば、日本が先の遺伝子組み換え作物の表示について、モンサントの主張をそのまま採用したTPPなりFTA（自由貿易協定）をアメリカと結んだ場合、国内法を変更しなければならない。TPPやFTAの条文に合わせて、法律を改訂しなければならないのである。

そして、日本国憲法（第73条3項）により、条約の締結は内閣の専権事項と定められている。

日本国憲法第73条　内閣は、他の一般行政事務の外、左の事務を行ふ。

（中略）

三　条約を締結すること。但し、事前に、時宜によつては事後に、国会の承認を経ることを必要とする。（以下、略）

すなわち、日本のTPP参加、あるいはアメリカとのFTA締結など、国際条約は内閣が締結できるのである。しかも、場合によっては、事後に国会の承認を得ればすむわけだ。

内閣が条約締結を推進したとき、それが必ずしも民意に沿っているとはかぎらない。むろん、内閣は有権者から選ばれた国会議員を中心に構成されている。少なくとも、内閣の責任者たる総理大臣は、間違いなく国民の投票で議席を得た国会議員だ。

とはいえ、国権の最高機関はあくまで国会であり、内閣ではない（日本国憲法第41条「国会は、国権の最高機関であつて、国の唯一の立法機関である」）。国家の最高機関ではない内閣が、専権事項として国際条約を結び、それを国民の意志で議員が選ばれた国会が認めない場合、どうなるだろうか。繰り返すが、国際条約は国内法の上に立つ法律なのである。

わかりやすい例を出しておくと、日本の内閣がTPPについて独断的に推進し、条約文書に署名してしまったとしよう。いまさらだが、TPPの中身はグローバリズム的な政策一色である。とくに、農業や医療、公共事業など、日本の国のかたちと密接に関係する産業において、大規模な規制緩和（アメリカ企業にとっての非関税障壁撤廃）が図られる。

内閣総理大臣の一存で、日本の国のかたちを大きく変えるTPP条約に署名がなされる。その後、総理大臣が国会に条約を丸投げし、「はい、とりあえず署名しちゃったから、国会で批准してください」とやってきた場合、何が起きるのだろうか。

グローバリズムに基づくTPPを日本国内で推進するには、多くの国内法（おそらく50以上）を変えなければならない。内閣総理大臣が独断でTPP条約に署名したとしても、イコール批准とはならない。条約を批准するのは、あくまで国会なのだ。

グローバル化を礼賛して国を売るマスコミ

それでも、グローバル企業は日本の政界やマスコミを通じ、さまざまな圧力をかけてくるだろう。

「日本の最大の同盟国であるアメリカが中心となっているTPPですよ。なぜ、日本の国会は批准しないのですか。日本の農業もグローバル市場に飛躍することができ、すばらしいじゃないですか。混合診療で日本の医療の品質も向上します。たしかに医療費は上がるかもしれませんが、心配いりません。いざというときに備えるためにこそ、民間の医療保険会社があるのです。遺伝子組み換え作物や、狂牛病といわれるBSE（牛海綿状脳症）牛肉について日本で流れている情報は、ウソです。実際には、心配することはないのです。日本の規制はきびしすぎるため、消費者が損をしています。グローバルな基準に合わせるべきです。え、コメの市場を全面開放（関税撤廃）するのは不安ですって？　大丈夫ですよ。アメリカと日本が戦争をするようなことは、絶対にありませんから。というよりも、TPPにより日米両国の結びつきを深めることによって、ますます日本とアメリカが争うことはなくなるのです。経済的に関係が深い両国が衝突すると、お互いに損するじゃないですか」と。

こんなふうに、マスコミやエセ評論家たちを使って煽《あお》りに煽ってくるだろう。しかし、日本の農産業や医療産業、建設産業などにとって、TPP参加はみずからのビジネスを直撃することになる。

アメリカ、あるいはオーストラリアは、国土の特性上、農産業の生産性が日本と比較して極端に高い。農家1戸当たりの平均農地面積は、日本が2ヘクタール(2010年)であるのに対し、アメリカが186・0ヘクタール(2008年)、オーストラリアが3068・4ヘクタール(同)である。

アメリカの農家1戸当たり平均農地面積は日本の93倍、オーストラリアはじつに1534倍にも達する。これだけ規模に差があるなかで、「日本もアメリカやオーストラリアの農産物と互角で競合していける」と思うほうがどうかしている。米豪両国と日本のあいだには、農産業の生産性において、「決して越えられない壁」が存在しているのだ。

農地の規模にこれだけの乖離《かいり》があると、もはや技術開発力や人件費の問題ではない。国土的条件という越えられないハードルが存在するがゆえに、米豪両国と日本とのあいだには、農産業について埋めることが不可能な生産性の格差が歴然と存在しているのである。

しかも、農地の場合は、国内でビジネスを展開することが不可能だからといって、外国に資本を移転することはできない。農地は日本列島から動かすことができないのである。日本がTPPに加盟し、農産物の関税を撤廃した場合、廃業する農家が続出するだけの話だ。

結果的に、わが国の農業の供給能力は衰え、将来に受け継ぐ技術やスキルが消滅してしまう。短期的には、アメリカやオーストラリアの農家から農産物の供給を受ければ、国民は糊口《ここう》をしのぐことができるだろう。だが、米豪両国との関係が悪化したら？　あるいは、米豪両国を天候不順が襲い、農産物の輸出を停止されてしまったら？　すでにコメを除く穀物について、アメリカからの輸入にほぼ100％依存している日本国において、餓死者が出ないと誰が保証できるのだろうか。

災害大国・日本で建設業が壊滅する危機

また、日本は、世界屈指の自然災害大国である。2011年3月11日という日を経験した日本人に、いまさら説明するまでもないと思うが、わが国ほど大規模な自然災害が頻発する先進国は、ほかに例を見ない。日本において大地震や台風被害、土砂災害、豪雪被害などが頻発する理由は、これまた国土的条件以外の何物でもない。

日本は国土が多数の島嶼《とうしょ》により形成されている細長い島国であり、かつ中央部に脊梁《せきりょう》山脈が存在する。国土の7割が山岳地帯。平野部の河川氾濫《はんらん》区域に大都市が存在し、地盤が軟弱であるため、地震発生時に液状化現象が発生しやすい。

国土面積は世界のわずか0・25％にすぎないにもかかわらず、マグニチュード6以上の大地震の2割が集中する。台風が襲来するうえに、雨季（梅雨）と重なり、水害や土砂災害が多発する。さらに、豪雪、強風、火山噴火など、まるで〝自然災害のデパート〟のような国土をもつのが、われらが日本国なのである。

世界屈指の自然災害大国である以上、各地域に一定の実力をもつ建設会社が存続することは、わが国で国民が生きていくうえでの必須条件である。地場の建設企業が存在しなければ、いざ自然災害が発生した場合、誰も助けてくれないという事態を招きかねないからだ。むろん、建設会社同士が健全に競争し、技術に磨きをかけていく必要はある。

とはいえ、TPP推進派が主張するように、

「日本の公共事業を外資（アメリカのベクテルなど）に開放し、市場競争を激化させることでコストを引き下げる。不要な建設会社は淘汰されてしまえばいい」

というのは、暴論といえないだろうか。

自然災害がめったに発生しない国であれば、建設産業を市場競争の荒波にさらし、敗北した企業を淘汰してもかまわないだろう。だが、日本は違うのだ。いつ、どのようなかたちで発生するかわからない自然災害に備えるため、日本はそれぞれの地域に地場の建設産業が存続する必要がある。これは経済合理性や市場原理を超えた、国民のサバイバルの問題だ。自然災害が発生した地域に地場の建設産業が存在しない場合、早期の救援は不可能だから、国

日本は世界屈指の自然災害大国

国土形状	南北2000km、東西2000kmにおよぶ細長い国土（幅は最大で250km程度）
四　島	海峡により陸地が分断。多数の島嶼部で構成
脊梁山脈	細長い国土を2000m級の山脈が縦貫し、日本海側と太平洋側に2分。河川は急勾配で短く、流域面積も小さい（国土は109の一級水系と2722の二級水系がつくる分水嶺で細かく分割）
地　質	国土面積の70%を占める山岳地帯は、崩落しやすい風化岩や複雑な岩種で構成
平　野	河口部か山間盆地にしか平野がなく、狭い平野が分散しているうえに、国土面積に対する比率が小さい（低地：13%、台地：12%）。すべての大都市は河川の氾濫区域に存在
軟弱地盤	大都市区域のほとんどが軟弱地盤の上にある
地震・津波	国土面積が世界の地表面積の0.25%しかないのに、マグニチュード4以上の地震の約10%が日本で発生（マグニチュード6以上では全世界の20%）
豪　雨	多雨：地球総平均（800ミリ）の2倍以上の年間降雨（1400〜1600ミリ）があるが、梅雨末期と台風期に集中（⇒脆弱な水資源、大きな災害リスク）
強　風	台風の通り道に沿うかたちで列島が展開
豪　雪	国土面積の60%が積雪寒冷地域（年間累計降雪深4m超の豪雪地帯に大都市が存在）

民の生命がむざむざと失われることになる。

しかし、グローバリズム信奉者にとって、日本の建設産業が市場競争からある程度保護されてきたことは、我慢ならないことだったのだろう。あるいは、世界最大の建設会社であるベクテルにとって許しがたい現実だったのではないか。

1989年の日米構造協議以降、わが国は各地域に建設産業を「ある程度の競争」を維持しつつ存続させるための知恵であった談合や、公共事業の指名競争入札を廃止してきた。その結果、わが国は建設産業の供給能力が減退を続け、ついに自然災害が発生しても誰も何もできない地域が生まれつつある。

それにもかかわらず、いまだに日本の建設産業、あるいは公共事業の入札システムは、グローバリストの方々にご満足いただけないようである。TPPのなかには、「政府調達」「競争政策」という作業項目が存在する。政府調達とは、ベクテルに代表される外国の建設企業が、わが国の公共事業を落札しやすいように、英語の仕様書を作成する範囲を拡大しろ、という話だ。また、競争政策とは、ずばり独占禁止法の強化になる。日本は独占禁止法をさらに強化し、「談合などの行為がいっさい起きないようにすべし！」というのがTPP諸国、ではなくアメリカのグローバル企業の要求なのである。

現実には、それぞれのお国事情により、市場競争や自由貿易が向いていない産業というものが存在するのだ。日本でいえば、農業（とくに穀物産業）、建設、医療、電力サービスなどになる。

デフレ悪化か克服かの瀬戸際

この種のお国事情を無視し、まるで共産主義のイデオロギーのごとく、「市場原理主義は正しいから、正しいのだ。自由貿易は、自由だからこそ正しいのだ。グローバリズムは不可逆的で、後もどりすることはできない。ゆえに、日本もグローバリズムの道を選択しなければならない」

という抽象論をもって日本のグローバル化を煽る人びとが少なくない。

しかも、日本のグローバル化により利益を得るグローバル投資家たちまでもが、マスコミや評論家たちを使って国民を煽ってくる。世論を変えることで、なんとかわが国にグローバル化への道を歩ませようとしてくるのだ。

わが国の国のかたちを変えてしまうTPPという国際条約を、政府が独断で締結した場合はどうなるだろうか。当たり前の話として、TPPを国会で批准するに際し、国民の一部が猛反発することになる。とくに反発するのは、TPPにより直接的に被害を受ける農業、建設業、医療などの職業に従事している人びとだ。

あらかじめ書いておくが、デフレの長期化に悩まされている日本がTPPに参加した場合、すべての国民が、さらなるデフレの深刻化や円高の進展により被害を受ける。TPPとは、外国とのモノやサービスの移動に関し、規制を緩和することで競争を激化させようという政策である。国内市場において、外国企業をもまきこんだ血みどろの市場競争が発生すれば、わが国の物価水準は間違いなく下落していく。すなわち、デフレの深刻化だ。

なにしろ、コテコテのTPP推進派たちがひんぱんにテレビに登場し、

「日本がＴＰＰに参加すると、物価が下がるんですよ！」

と、知能指数が低いとしか思えない言説をドヤ顔で語っているわけだから、間違いない。日本がＴＰＰに参加した場合、国内市場の競争が激化し、確実に物価が下がる。すなわち、デフレが深刻化する。デフレの深刻化から逃れられる日本国民は、最終的には１人も存在しない。デフレの深刻化による被害とは、要するに国民の所得が減少することだ。

当初は、所得減少の脅威から逃れたかに見えた公務員や年金受給者も、最終的にはデフレの害を被ることになる。なにしろ、民間の所得が減少しつづけるわけだから、いずれ、

「おれたちは所得が減っているにもかかわらず、公務員や官僚や年金受給者が一定の所得を得ているのは許せない。あいつらの給与や年金を減らせ！」

と、一部の国民からルサンチマン丸出しの攻撃をされることになる。

また、攻撃を回避できたとしても、いずれにせよ公務員給与や年金は、経済情勢に合わせて下げられることになる（もともと、そういうルールだ）。

グローバリズムとは、基本的には供給能力を引き上げ、物価を押し下げる政策である。バブル崩壊後のデフレに苦しむ国がグローバリズムに突っ走ると、デフレは深刻化する。結果的に、失業率が高まり、国民のあいだに不安感、絶望感、閉塞感《へいそく》が蓄積されていき、最終的には民主主義が壊れてしまう。

他人事ではない大恐慌時のドイツの惨劇

筆者は、なにも想像で語っているわけではない。実際にグローバリズムが蔓延していた時期に、デフレが深刻化し、民主主義が破壊された国がいくつもあるのだ。代表的な例が、大恐慌期のドイツだ。

1929年のニューヨーク株式の大暴落に端を発した世界大恐慌期、ドイツはアメリカ以上に生産が落ち込み、失業率はなんと43・8％（1932年）に達した。国民は政府に怒りをぶつけ、互いに攻撃を始め、誰もが救世主を求めたのである。

そして、ドイツ国民は、救世主としてナチス・ドイツを民主的に選んだ。1933年1月に政権を奪取したナチスのヒットラー政権が、その後、ドイツの民主主義を破壊していったことはいまさらいうまでもない。

大恐慌期のドイツほどではないが、現在の日本も長引くデフレにより、国民のあいだで妙なルサンチマンが生まれている。

「公務員の給料を減らせ！　公務員数も減らせ！　奴らを首にしろ！」

「公共事業を減らせ！　土建屋は倒産させろ！」

「年金受給者を引きずりおろせ！　世代間闘争だ！」

「生活保護受給者は甘えすぎだ！　最低賃金以下に生活保護を縮小しろ！」

現在の日本では、みずからの所得減少を恨み、こうした思いを抱いている国民が増えているように思えるが、醜いかぎりだ。しかも、醜いのみならず、残念ながらこれらの政策を本当に実施したところで、デフレの深刻化によって自分の所得はますます減ってしまう。

なにしろ、公務員の給料や公務員数の削減はＧＤＰ上の政府最終消費支出を減らし、公共事業の削減は公的固定資本形成を縮小する。年金や生活保護を引き下げると、１００％の確率でＧＤＰ上の民間最終消費支出が減少する。前述の政策はすべて国内の需要を引き下げ、デフレギャップを拡大し、デフレを深刻化させるのだ。

当たり前の話だが、デフレが深刻化すると、「公務員の数を減らせ！」などとルサンチマン丸出しの叫び声をあげていた国民の所得までもが減ることになる。なにしろ、デフレの深刻化とは、国民全体の所得縮小を意味しているのだ。デフレ期に他者を引きずりおろそうとすると、確実にみずからの所得も減る。まさに、芥川龍之介の小説『蜘蛛《くも》の糸』である。

現在の日本には、『蜘蛛の糸』の話に登場するカンダタが少なくない。お釈迦さまが極楽から下ろした蜘蛛の糸を見たカンダタは、「この糸をつたって上れば、地獄から脱出できるだろう。あわよくば極楽に行けるかもしれない」と考えた。カンダタは蜘蛛の糸をつかみ、懸命に極楽をめざして上りはじめる。カンダタが途中、ふと下を見下ろすと、自分の足元に、数かぎりない地獄の罪人たちが懸命に糸をつかみ、続いている。

（このままでは、重さに耐えきれずに糸が切れてしまう！）

カンダタはにぎりしめた糸が切れるのを恐れ、「この蜘蛛の糸はおれのものだ。お前たちはいったい誰に断って上ってきたんだ。さっさと降りやがれ！」とわめいた。次の瞬間、蜘蛛の糸がカンダタの手元で切れた。カンダタは再び地獄に堕ちた。めでたし、めでたし。

「改革派」の政治家が日本を滅ぼす

デフレ期に同じ国民（公務員、土建業者、農家、医者、年金受給者、生活保護受給者などなど）に恨みをぶつけ、

「既得権益はつぶせ！　農家や医者は、廃業させろ！」

「日本の公務員は多すぎる。奴らの給料を削減しろ！」

などと叫ぶ人は、現代のカンダタそのものだ。

ちなみに、「日本の公務員は多すぎる」という主張がウソであることは、これまで筆者は何度も著書で述べてきた。人口1000人当たりの公的部門における職員数はドイツの3分の2、フランス、イギリス、アメリカの半分未満にすぎない（2008年、2009年の数字）。

筆者が保証して差しあげるが、デフレ期に他者の足を引っぱる人には、間違いなく、自分の所得減少や失業というかたちで天罰が下る。正直、筆者は農家でも医者でも土建業者でもなく、公務員でも年金生活者でも生活保護受給者でもないので、彼らの所得が増えようが減ろうが、個人的にはどうでもいい。とはいえ、デフレ期に他者の足を引っぱることで、結果的に筆者の足も引っぱることを続けているルサンチマン主義者たちは許しがたい。

『蜘蛛の糸』の例でいえば、「公務員を減らせ！」などと経済の「け」の字も理解せずにわめいている連中は、筆者の足の下あたりを上っているカンダタだ。問題なのは、筆者の足下で糸につかまっているカンダタが、さらに下方に向かって、「お前ら！　誰に許しを得て上ってきてるんだ！　さっさと降りやがれ！　糸が切れちまうじゃないか！」と叫んだとき、蜘蛛の糸が「筆者の上」で切れてしまうという点だ。

愚かなカンダタのルサンチマンにより、日本のデフレ脱却の時期が遅れ、筆者までもが迷惑を被るという話である。なにしろ、日本で暮らしているかぎり、国民経済を死にいたらしめるデフレという病からは誰も逃れることはできないのだから。

このままデフレが深刻化し、さらにＴＰＰだの、日中韓ＦＴＡだのと、グローバリズムに基づく政策が推進されれば、日本国民の所得はますます縮小する。すなわち、デフレが深刻化する。それにもかかわらず、政府がまともなデフレ対策を打たないとなると、筆者にしても民主主義のプロセスをすっ飛ばして、暴力を用いてでも政府に正しいデフレ対策を打たせたい気分になってくる。

ましてや、一般の国民が失業や所得縮小に苦しみ、「誰か、この閉塞感を打ち破ってくれ！おれは救世主を求める！」などと思いはじめると、ナチスと同様に、派手なこと、一見、理がありそうであるが、じつはたんなるデマゴギーを叫ぶ政治家が出現するわけだ。

2012年末段階で、日本でも解散総選挙の時期が話題となっている。遅くとも2013年8月には総選挙が実施される。各政党の方針や公約への注目も高まりつつある。

そうしたなかで、現在の「ナチス」は、なぜかグローバリズムに基づく政策を処方箋として提示してくる。そもそも、グローバル化の進展がわが国のデフレ深刻化の一因になっているにもかかわらず、「救世主」が登場してグローバル化を声高に叫ぶのだ。

「みなさんの閉塞感を打破し、日本経済を成長させるにはグローバリズムが必要です。日本が成長していないのは、グローバル化の波に乗り遅れているからです。TPPに参加しましょう。混合診療を拡大しましょう。医療保険を自由化しましょう。公共事業は土建屋を儲けさせるだけなので、外資系企業にも開放しましょう。市場原理に基づく規制緩和、自由貿易を推進することで、みなさんの閉塞感は消え失せます。改革です。グレート・リセットです！」

などとハンサムな若い政治家が演説し、日本国民は、グローバル化により蔓延した閉塞感を打ち破るべく、グローバリズムを叫ぶ政治家を選択するという愚かな行動に出る。同じ現象は、日本のみならず、ユーロ圏や韓国などの東アジア諸国などでも起きている。

だが、「グローバリズム」や「グレート・リセット」を声高に叫ぶ政治家が出現し、内閣が専権事項と強弁し、TPPなどの国際条約を推し進めようとしても、内需を中心に所得を得ている国民の反発が消え失せるわけではない。

とくに、わが国の場合は農業、医療、建設業など、市場原理と無関係に自国で維持する必要がある産業が少なくない。実際にこれらの産業の現場で働いている人びとは、みずからの職が日本国家あるいは日本国民のために必要不可欠であることを理解している。外国の企業との競争が激化し、自分たちが廃業することになると、困るのは日本国民であることを正しく認識しているのだ。

マスコミから「既得権益者!」などと悪口を言われる農業関係者や医療従事者を中心に、国内で反TPP、反グローバリズムの運動が沸き起こる(日本国内で最大の既得権益者は、実際には新聞やテレビなどのマスコミなのだが)。農業関係者や医療従事者は、戦い方を心得ているため、票を武器に政治家を動かそうとする。

有権者の投票なしでは選出されない政治家は、ある程度は地元の有権者や業界の有権者たちの声を聞かざるをえない。有権者の圧力を受けた政治家たちは、民主主義の原理にのっとり、議会で「反ＴＰＰ」を叫びはじめる。

それに対し、ＴＰＰを望むグローバル企業（日本企業を含む）はマスコミを動かし、評論家たちに、

「いまだにグローバリズムやＴＰＰに反対する政治家たちがいるわけです。時代遅れですね え。このままでは、日本はバスに乗り遅れることになりますよ。自由貿易のためのＴＰＰに反対する政治家は、既得権益者たちの犬と化しているんです」

などと言わせ、ＴＰＰの内容や問題点についてはいっさいふれずに、反ＴＰＰ派の政治家たちにレッテルを貼っていく。

ただ、「反ＴＰＰ」という言葉はイメージが悪く、ＴＰＰに反対している日本国民が多いという事実をあからさまにしてしまうため、「ＴＰＰ慎重派」といった意味不明な呼称を使うわけだ。ついでにいうと、ＴＰＰ推進派は反対派に対し、「ＴＰＰに反対している連中は、反米だ！　共産主義者だ！」などと、嘲笑モノのレッテル貼りをしてくるのだ。

この手のレッテルを貼る批判者に対し、

「反米でも共産主義でも何でもいいけど、ＴＰＰで日本の国民所得がいくら増えるのか。ＴＰＰの24の作業項目について、あなたはすべて説明できるのか？　ＴＰＰで物価が下落する

というが、デフレの国で物価を下げる政策を実施してどうするのか？」

などと質問すると、たいていは沈黙する。

古臭いレッテルを使ってくる人びとは、反米だの共産主義だの、「君の頭のなかは、冷戦期のままでとまっているんじゃないのか⁉」と言いたくなるほど思考停止状態だ。間違いなく、国民経済や国民所得の意味、TPPの具体的な自由化対象とその影響、さらにはデフレの本当の正体すら理解していないのだろう。

国民所得、サービスの自由化、デフレの影響などについて無理解なまま、反米だの共産主義者だのといった定義不明なレッテルを振りかざせる頭の弱さについては、ある意味で感嘆する。筆者も彼ら程度に頭が弱ければ、TPPやグローバリズムの問題について、繰り返し警鐘を鳴らしたりはしないですむのだが。

とはいえ、現実には、グローバリズムやTPPについて抽象論で推進を叫ぶほど頭が弱くないため、反発があるのを覚悟のうえで何冊もの書籍を出版せざるをえないのである。ものごとの定義や本質を理解するというのは、人間が一生を送るうえで、とくに長所というわけではないのだ。

首相公選制を叫ぶ「グローバル資本の手先」

それはともかく、グローバリズムを政策化したTPPをめぐり、抽象論ばかり叫ぶ推進派と、マスコミのいう「既得権益者」や「反米主義者」が対立し、民主主義の土俵で争う。すなわち、グローバリズムと民主主義が真っ向から激突することになる。

べつに日本にかぎらないのだが、グローバリズムの推進者たちは民主主義での戦いで負けることを恐れる（意外と彼らは根性がない）。

「民主主義などという愚かなシステムにのっとり、レベルの低い有権者の声に押され、政治家が反グローバリズムに動くと、たとえときの首相がノリでTPPの条約に署名したとしても、国会で批准されないという許しがたいオチがついてしまう。なんとしても、このようなバカげた事態は避けなければならない」

と考えているのだろう。

日本の国会が民主主義に基づいてTPPを拒否した日には、モンサントは日本市場に遺伝子組み換え作物を売り込めない。ベクテルは日本の公共事業の市場を奪えない。カーギル（アメリカの穀物商社）は日本市場にカルフォルニア米を売り込めない。アメリカの医療保険サービス企業にいたっては、日本市場に参入することすらできないじゃないか。われわれには、うるさいグローバル株主の目が光っているんだ。日本市場で利益をあげ、彼らを満足させる配当金を分配しなければ、経営者としての立場が危ないんだよ！

というわけで、グローバル企業は日本の手下たちに耳打ちする。

「結局のところ、問題は議会制民主主義だろ。有権者に圧力をかけられた国会議員たちが、国会でオープンに議論をしたりするから、グローバル化政策やＴＰＰの中身があからさまになって、反対者が増えてしまうんだ。だからこそ、議会制民主主義を制限するんだよ。そのくらい、できるだろ」

世界を覆いつくす鵺《ぬえ》のような存在になっているグローバル資本の指示を受け、日本国内で救世主然とした政治家が叫ぶ。

「首相公選制だ！」

ちなみに、１９３３年に政権を奪取したナチス・ドイツは、ヒットラーが首相に就任した２カ月後に全権委任法（民族および国家の危難を除去するための法律）を制定し、議会制民主主義を制限することで全権を握った。全権委任法とは、じつのところ、ナチス党に「すべての権力を委譲せよ」というものではなかった。現在が非常時であるということで、立法府（国会）が行政府（内閣）に立法権を委譲するという法律だったのである。

国会の権限を弱め、議会制民主主義を制限するという点で、全権委任法も首相公選制も、根っこの思想は何も変わらない。もっとも、ナチスの全権委任法と現在の日本で流行している首相公選制とでは、動機に若干の違いがあるように思えるが。

自由主義の理論は破綻している

いずれにしても、現在の日本においては、間違いなくグローバリズムと民主主義が権力を争い激突している。結局のところ、グローバル投資家（あるいは、スティグリッツ教授がいう特定の集団）を利するためには、その国の民主主義が邪魔なのだ。

普遍的な真理かどうかはともかく、少なくとも現在の日本においては、グローバリズムと民主主義が露骨な敵対関係にあるように見える。しかも、万が一、日本が現状のスタイルのＴＰＰに参加した場合、１００％に近い確率でアメリカを恨みに思う日本国民が増えるだろう。

グローバリズムの進展により、国同士が結びつくのは確かだ。とはいえ、たとえば、モノやサービスの輸出入１つとっても、Ａ国がＢ国への製品やサービスの供給を増やしたとき、Ｂ国の生産が減ることで所得が減少し、失業者となるＢ国国民が増えることは確実である。

ＴＰＰが成立し、アメリカやオーストラリアの農産物が日本市場に雪崩れ込めば、間違いなく廃業する農家が増える。あるいは逆に、日本の自動車がこれまで以上にアメリカ市場におけるシェアを拡大すると、GMやフォード、クライスラーの従業員たちが失業する。

実際、ビッグ3の業界団体であるアメリカ自動車通商政策評議会は、わが国がTPP交渉に参加することについて反対する声明を発表している。さらに、アメリカの自動車産業の従業員たちは、国内の反TPP運動に参加し、「日本車を利するTPP参加反対！」とデモ行進を行ったりしている。

TPPなどの自由貿易、あるいはグローバリズムを推進し、誰かが得をしたとき、反対側で必ず誰かが損をする。これはもう、貿易が所得の奪い合いであるゼロサムゲームである以上、しかたがない話なのだ。日本が対米貿易黒字になれば、アメリカは同額分、対日貿易赤字になる。当たり前だ。そして、日本の対米貿易黒字は、その分だけ自国のGDPを増やすことになる。逆に、アメリカの対日貿易赤字は、自国のGDPをその金額分、減らす。

ここで、GDPについて説明しておこう。GDPとは生産（付加価値）の合計であり、支出（消費や投資）の合計であり、さらに分配（所得）の合計でもある。生産面、支出面、分配面から見た3つのGDPは、必ず同一金額になるのである。これを、「GDP3面等価の原則」と呼ぶ。

むろん、自由貿易論者は、「リカードの比較優位論に基づけば、自由貿易の推進両国の所得が増える！」と反論してくるだろう。ちなみに、リカードの比較優位論について、簡単に説明しておこう。

たとえば、A国では自動車産業で100、農業で50の生産力があったとする。一方、B国は自動車産業で30、農業で40の生産力があったとする。この場合、A国の生産性はいずれの分野でもB国を上まわっているものの、A国は自動車産業、B国は農業に特化し、国際分業をしたほうが全体の生産力が高まるというもので、自由貿易推進の理論となっている。

だが、残念ながら、リカードの比較優位論は、複数の前提に基づけば成立するかもしれない程度の仮説にすぎない。そして、リカードの比較優位論が成立する前提の1つが、完全雇用なのだ。信じられない読者が多いだろうが、内閣府が日本のTPP参加をシミュレートした際のモデルは、まさに完全雇用を前提としていた。

完全雇用とは、労働者が職を得る気にさえなれば、必ず就職できるという社会環境である。日本が完全雇用状態にあり、アメリカも同じ状況にあるとしよう。TPP発効後、アメリカの農産物が日本市場におけるシェアを高め、かなりの数の日本の農家が廃業せざるをえなかったとする。しかし、完全雇用状態にあれば、廃業した日本の農家は即座に別の仕事に就いて所得をあげることができる。

アメリカ側も同じだ。TPP発効でアメリカ市場における日本車のシェアが拡大し、ビッグ3は人員を解雇せざるをえない。しかし、アメリカ自動車企業の元従業員は、これまた即座に別の就業機会が得られる。すなわち、完全雇用が日米両国ともに維持される。

資本移動の自由化で失業率は確実に上がる

内閣府はこうした荒唐無稽《こうとうむけい》な前提で、日本がTPPに参加した場合、GDPがいくら増えるかを試算したのである。結果は、10年間でGDPが2兆7000億円増えるというものであった。1年間に均《なら》すと2700億円だ。

現在の日本の国民経済の規模を考えると、1年間に2700億円の所得が増えるというのは、年収470万円の人が2700円儲かることに等しい。こうした事実を知り、「たったそれっぽっち……」以外の感想をもつ人は皆無に近いのではないか。

しかも、完全雇用が成立しているという、現実を無視した設定でシミュレートされたものなのだ。実際には、アメリカやオーストラリアの農家の攻勢を受けて廃業した日本の農家は、そう簡単に再就職はできない。それはアメリカ側も同じで、解雇された自動車産業の元従業員たちは、現在500万人を超えている長期失業者（失業期間が27週間以上の失業者）の列に加わるだけの話だ。

完全雇用という前提が成り立っていない以上、グローバリズムの推進は参加国の失業率を上昇させ、政治的な問題を引き起こす。さらに、参加国の失業者が自由貿易の相手国を恨みに思い、国際関係は逆に悪化していくことになるのだ。

むろん、完全雇用が成立しているならば、TPP推進は全体の所得を増やす可能性がある。すなわち、雇用環境を悪化させないかたちでモノやサービスの輸出入の障壁を撤廃し、参加国すべてが所得を拡大できるかもしれない。とはいえ、現在の世界で完全雇用が成立している国など、1つもない。

完全雇用とはほど遠い環境にある日本とアメリカが、TPPなどで両国の垣根を取っ払うグローバリズムを推し進めると、国内の失業率が上昇する。さらに、物価の下落効果が発生し、国民経済のデフレ化が進行してしまうのである。結果的に、国民の所得は全体でも縮小していくことになるだろう。「1年間2700億円のGDP増加」という内閣府の試算すら達成できず、GDPがマイナス成長になる可能性がきわめて濃厚なのだ。

完全雇用が成り立っていない状況で自由貿易や非関税障壁の撤廃を推進すれば、国内の所得縮小や失業率の上昇を招き、民主主義的な軋轢を増やし、さらに国民同士が互いに憎しみ合うことになる。世界経済が順調に成長している時期はともかく、各国でバブルが崩壊した以降のデフレ期には、グローバリズム推進にはこうしたリスクが間違いなくあるのである。

また、グローバリズムには、モノやサービスの輸出入に加え、資本の移動の自由化も含まれている。これがまたもや、さらに厄介な問題を引き起こすのだ。

そもそも、前述のリカードの比較優位論は、各国間に資本の移動の自由がないことが前提になっている。資本の移動の自由が認められている世界では、企業がもっとも費用の安い国に工場を移転してしまう。工場に出ていかれた国では、当然ながら失業率が上がるため、完全雇用はいずれにせよ成り立たない。

しかも、資本移動の自由を認めれば認めるほど、企業の政府に対する発言力が高まる。これは現在の世界、あるいは現在のグローバリズムを理解するうえで、かなり重要なポイントになる。

第2章

日本がグローバリズムの息の根を止める

規制緩和推進派ほど政府と結びつく

グローバリズムを推進している人びとは、基本的に小さな政府を志向している。

「政府はよけいな規制を撤廃し、国同士でモノ、カネ、ヒトを自由自在に行き交わせろ。そうすることで、世界経済は無限に成長しつづけることが可能になる」と。

小さな政府を主張するグローバリストや新古典派経済学者たちは、大ざっぱに書くと、こうした類のことを主張している。すなわち、彼らにとって、政府は忌《い》むべき存在という話だ。

政府という存在に対する感想は、あくまでも個人の価値観の問題なので、べつにかまわない。だが、彼らは、「小さな政府」を主張するわりに政府と強固に結びつくのだ。「政府は可能なかぎり機能を小さくしろ！」と叫びつつ、政府とがっちりと関係を深める。これを欺瞞的といわずして、なんと表現すればいいのだろうか。

グローバリズムを推進する企業、投資家たちが政府と結びつく理由は何だろうか。もちろん、政府の力を活用しなければ、彼らが望む規制緩和や関税・非関税障壁の撤廃、資本移動の自由化などが実現できないためだ。

そもそも、規制とは、政府がつくった法律のことである。法律をつくるのは、国民主権国家においては有権者に選ばれた国会議員だ。国会議員が成立させた「法律という規制」を変えることは、国会議員にしかできない。官僚が勝手に法律を変えてしまうことは、少なくとも表向きはできない。ましてや、グローバル企業や投資家が、自分たちで勝手に法律をつくりかえることも不可能だ。

というわけで、グローバリズムを推進する人たちは、政府を構成する政治家との関係を深め、規制緩和に代表される政策を実現しようとする。とくに、なしくずし的に資本移動の自由が実現したときに、ビッグチャンスが訪れる。

なにしろ、資本移動が自由化されているということは、企業は母国で生産活動に従事する必要がないという話なのだ。企業はいつでも、好きな国へ資本（工場や店舗）を移転させることができる。操業の中心地や中心国について、企業側に選択肢が生まれるのである。

企業側に操業地の選択肢があるわけだから、べつに母国の政府に気を遣う必要はない。政府が何かうるさいことを言ってくるか、あるいは自分たちが望む政策（たとえば、法人税減税など）を推進してくれないならば、「日本国内での操業は不可能になった。海外移転を検討せざるをえない」と脅しをかければいいのである。

企業に選択肢が生まれ、立場が強化されたということは、反対側（政治家、国民）の力が相対的に下がったということだ。政府や国民は、国内の雇用を維持してもらうために、グローバル企業の要望を政策に反映させていかなければならなくなる。

法人税減税は雇用回復に結びつかない

グローバル企業の望みとは、「政府は、国内の雇用が悪化するかもしれないが、貿易や資本移動の自由化を推進するべし。競争激化で国内の雇用環境が悪化し、人件費削減競争により国民の所得は減るかもしれないが、それでも規制緩和や自由貿易はつねに正しい」というものである。グローバル企業が望むままに、政府がグローバル化政策を推進すれば、国内の失業率が上昇し、所得が減少する国民が増えてくる。

つまり、「国内の雇用を守るために、グローバル企業の望む政策を推進すると、国内の雇用が失われる」というパラドックスが成立してしまうのである。

なにしろ、資本移動の自由が確立されているグローバリズムの世界では、先進国の企業が自国に投資するインセンティブは働かない。何が悲しくて、人件費が高い自国民を労働者として雇わなければならないのか。日本人を1人雇用する費用で、ベトナム人であれば軽く10人は雇えるのだ。国内に設備投資（工場建設など）をするくらいならば、海外直接投資を増やしたほうが利益は増え、グローバル投資家も潤うではないか！

実際に、こうした露骨な発想をしているのかどうかは知らないが、日本企業は国内の設備

国内投資せずに海外進出する日本企業

日本の民間企業の設備投資と対外直接投資の推移

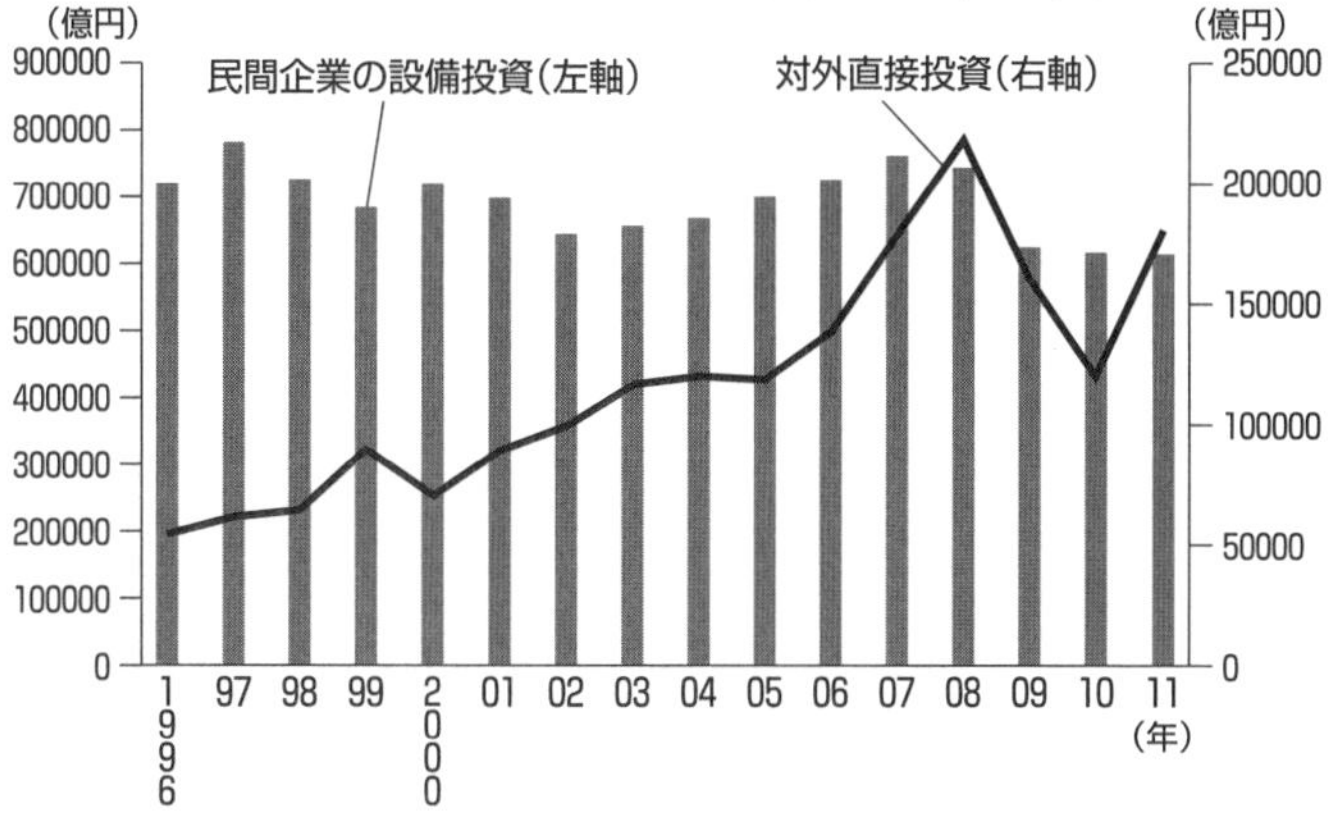

出所）内閣府、財務省

投資を絞り込んでいる反対側で、対外直接投資は拡大させている。1996年と比較すると、わが国の対外直接投資は3倍強になっているにもかかわらず、国内の設備投資（民間企業設備）はほぼ横ばいである。

こんなありさまでは、日本国内のグローバル企業が求めている法人税減税をしたところで、雇用の回復に結びつかないのは明らかだ。そもそも、法人税減税は、企業の投資余力を拡大し、設備投資により国内で雇用を創出してもらうためにこそ推進されるべき施策である。

とはいえ、資本移動の自由が確立した環境下では、企業は、法人税減税によって生じた投資余力を外国に振り向けてしまう。そうなれば、法人税減税によって雇用は生まれるかもしれないが、それは日本国民の雇用ではない。

「そうではない。法人税減税は、外国のグローバル企業に日本への投資を拡大してもらうための施策だ」

などと詭弁《きべん》を言う評論家が少なくないが、冗談を言ってはいけない。これほどまでに国民の所得が高く（=人件費が高い）、しかもデフレで国内経済が沈滞している日本に対し、虎の子の資金を投資しようとするグローバル企業など存在しない。

しかも、日本の場合、国民経済全体を成長させるための公共投資を減らしに減らしている。わが国の公共投資は、ピークの1996年と比べ、すでに半分にまで縮小されてしまった。ここまで公共投資を減らした以上、日本は世界に対し、「わが国は成長する気がまったくありません」と宣言したも同然だ。

たとえば、読者が株式投資をする際のことを考えてみればいい。どこの世界に、みずからは投資を拒否し、成長をめざさないことを宣言している企業の株式を買う投資家がいるというのだろうか。日本がデフレから脱却しないかぎり、法人税を引き下げたところで外国企業の国内投資など増えない。そして、日本企業のほうは、国内投資ではなく対外直接投資を拡大し、日本国民の雇用など顧みない。

日本人の賃金を下げたい人たち

厄介《やっかい》なことに、グローバル企業は民主主義を飛び越えて政治家と結びつこうとする。いわゆる、ロビー活動だ。なにしろ、政府の規制緩和や関税撤廃などは、国会議員しかできないのだから、国会議員を籠絡《ろうらく》すれば、グローバル企業が望む政策推進が可能になる。結果的に、当初は民主的に選ばれた政治家が、いつのまにかグローバル企業の意に沿う政策ばかりを訴えるようになり、有権者の意向や生活が蔑《ないがし》ろにされるということが起きうる。

民主主義とは、本来的には多数派の意向が通りやすいシステムだ。なにしろ、選挙において相対的に多数の票を獲得しなければ、政治家になれないのである。ところが、ロビー活動や企業経営者と政治家の人間関係により、多数の有権者から選ばれたはずの国会議員が、いつのまにか少数のグローバル企業の代弁者になってしまったりすることが少なくない。

むろん、筆者は多数派の意見はつねに正しいなどというつもりはない。民主主義とはある意味で愚かなシステムで、マスコミなどがつくりあげた空気や風により票が動く。結果的に、有権者として投票した国民自身を苦しめ、傷つける政権が誕生したりする。そんなことは、現在の日本という国家に生きる人であれば、誰もが思い知っているはずである。

ここでマスコミという単語が登場したが、グローバル企業（グローバル企業にかぎらないが）はスポンサーとして、テレビや新聞の論調に影響を与えることが可能である。べつに表立って堂々とやらなくても、たとえば自社が望む論調を語る評論家を推薦する、あるいは学者を紹介することは普通に行われている。

テレビや新聞側に、スポンサーの意向に沿った人物を登場させなければならないという義務はないが、それこそ人間関係や契約しだいだ。長期的にスポンサーを引き受けてくれた企業の担当者で、しかもプライベートでもつきあいがあった日には、スポンサーからの「彼を使ってみないか」といった提案をマスコミ側が無下《むげ》に断ることは困難になるだろう。

というわけで、ロビー活動で直接的に政治家に影響を与えなくても、マスコミを活用することで、グローバル企業は民主主義を操作することができるのである。むろん、マスコミを利用して世論を自分の望みどおりに変化させようとしているのは、グローバル企業にかぎらないが。

それにしても、国民の雇用と所得が減る政策（グローバル化）を望む企業の意向どおりにマスコミが操られてしまうのは、さすがにどうかと思う。スポンサーというシステムを活用し、マスコミを使うことで民主主義をも動かし、彼らは国民経済の目的と乖離した政策を推進する。

たとえ民主的に選ばれた政府が推し進めたとしても、完全雇用が達成されていない時期のグローバリズム推進は国民に痛みを与える。結果的に、国民は反発を抱くわけだが、とにもかくにも、その政府を選んだのは国民自身である。国民は怒りのやり場を失い、別の誰かをスケープゴートとして見つけだし、彼らを批判することで憂さを晴らそうとする。あるいは、政府側が国民の怒りの矛先を外国に向けようとする。

「民主主義により、国民を痛めつけるグローバル化が推進された」

この代表的な事例は、いうまでもなく小泉（純一郎）政権である。たとえば、小泉政権下で実施された製造業における派遣労働者解禁は、明らかにグローバル企業を利する政策だった。

当時の日本経済は、アメリカの不動産バブルの影響により、外需（輸出）を中心にやや好調という状況にあった。企業の売り上げが拡大しているさなかに、正規雇用を減らし、派遣労働者に切り替えると、企業の利益は拡大する。結果的に、企業は最大化された純利益から配当金を外国人を含む投資家に支払えるという構図である。

「そんなことが起きていたのか！」と思われた読者がいるかもしれないが、実際に起きていた。小泉政権下の日本では、大手輸出企業は労働分配率を引き下げつつ、配当金を拡大するという、日本人の気質に合うとは思えない経営方針を貫いていたのである。ちなみに、労働分配率とは、企業が稼いだ付加価値（粗利益）から従業員に人件費として分配されたものの

小泉政権で起きた賃金低下と配当金増加

日本の製造業の労働分配率と配当金の推移

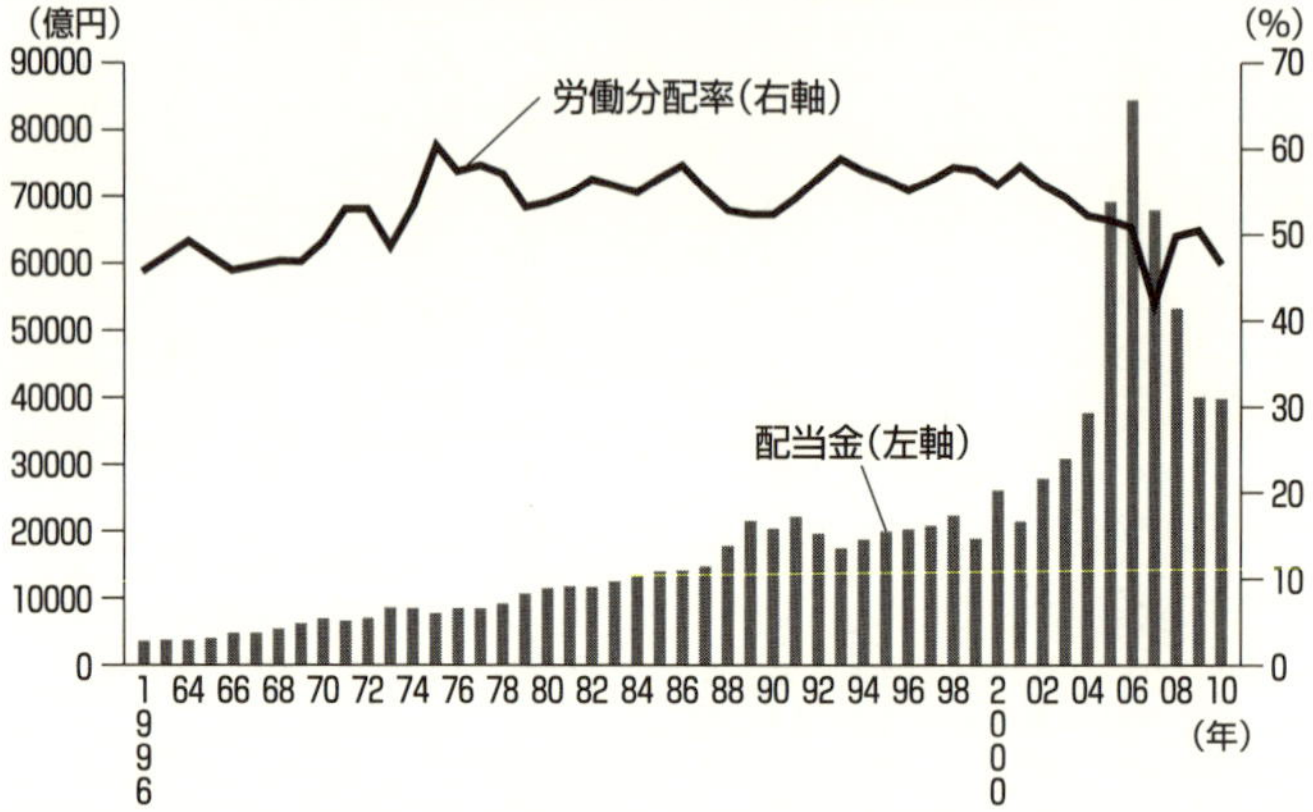

出所)財務省「法人企業統計」より著者作成

割合である。

当時の(いまもだが)日本企業は、グローバル市場における戦いを強いられていた。グローバル市場で勝ち抜くには、なにしろ賃金水準が極端に安い発展途上国や新興経済諸国の企業と競合しなければならず、国内の人件費を引き上げることは困難であった。日本にかぎらず、国民所得が高い先進国の企業は、グローバル市場での競合が増えると、国内の賃金水準を引き下げざるをえないのである(ただし、これはマクロ的な話であり、日本の製造業がことごとく労働分配率を引き下げ、配当金を拡大する方針を採用していたわけではない)。

上のグラフのとおり、日本の製造業の配当金は2001年から2006年にかけて、なんと4倍にも伸びている。むろん、この時期の日本の製造業が絶好調で、人件費も配当金も、ともに増やしていったというのであれば、まだ話はわかる。現実には、2001年から2006年にかけて、労働分配率は下がっているのだ。そして、この時期の日本の株式市場では、日本株に対する外国人保有割合が17％前後から27・8％（2006年）にまで上昇している。

つまり、外国人株主の割合が増えていく期間、日本の製造業での賃金が下がり、その一方で株主への配当金の額が4倍に伸びたということである。

日本は絶対に韓国を見習ってはいけない

さて、小泉政権下で推進されたグローバル化は、はたして日本国民のためだったのだろうか。国民は2005年の総選挙において、マスコミがつくりだした風に煽られ、郵政民営化（これまた規制緩和の一種）を主張する小泉首相を熱狂的に支持したが、あれは何だったのだろうか。

民主主義により、国民を痛めつけるグローバリズム的な政策が推進されるのは、べつに日本にかぎった話ではない。たとえば、2008年2月に発足した韓国の李明博《イミョンバク》政権は、日本の小泉政権以上にグローバリズムに特化した政権だった。くわしくは拙著『サムスン栄えて不幸になる韓国経済』（青春出版社）や、『グローバル経済に殺される韓国 打ち勝つ日本』（徳間書店）をお読みいただきたいが、李明博政権のグローバル企業に傾注した政策は、国民にはきわめて不評であった。

当初こそ「経済大統領」などと称えていた韓国国民であったが、しだいに、「李明博政権の政策は、サムスン電子などのグローバル企業を肥えさせるだけで、自分たちを貧しくしているのではないか」という疑問をもつようになっていった。しかも、サムスン電子や現代自動車など、韓国を代表するグローバル企業の株主は、半分前後が外国人なのである。

心ある韓国国民が、李明博政権のグローバリズム優先主義に疑念を抱かないほうがおかしい。韓国国民は一時的には、「サムスン電子の利益は、日本のすべての家電メーカーを合わせたものよりも大きい！　サムスンマンセー！」などとやっていたが、そのうちに、「誰かが得をしているとき、反対側で必ず誰かが損をしている」という、統計的に覆《くつがえ》せない原則に気がつくようになったのである。

サムスン電子の利益が巨額化しているのは、反対側に、

「ウォン安政策」

「国内市場の寡占化《かせん》」

「下請け叩き」

「派遣労働者の増加による人件費削減」
「国内投資ではなく対外直接投資の拡大」
「政府の補助金による電力料金の引き下げ」
「法人税の減免」

という各種の「誰かの損」があるおかげだという真実に、韓国国民が目覚めたのだ。ここでいう「誰かの損」とは、もちろん韓国国民である。

とくに、国内物価を上昇させるウォン安政策および寡占化政策、従業員の給与が下がる派遣労働の増加、さらには国民に損をさせる電気料金や法人税の引き下げなど、サムスン電子に代表される韓国の大手輸出企業の利益最大化の反対側には、韓国国民の利益最小化が存在していたわけである。

ちなみに、電気料金の引き下げが、なぜ国民の損になるのか説明しておこう。たとえば、電気料金を政策的に引き下げると、電力会社が損をする。そこで、政府が電力会社の損を負担すると、税金を払っている国民が損をすることになる。逆に、政府が負担しない場合は、電力会社は損失を埋めるために送電網などへの投資を絞り込まざるをえない。もし、設備の老朽化によって停電が発生すれば、やはり国民が損をするのである。

韓国国民の損を最大化させる政策を推進したのは、誰か。もちろん、2007年の大統領選挙において、韓国国民がみずから選挙で当選させた李明博その人である。

李明博政権のグローバル化政策は、最終的には米韓FTAというかたちで結実した。このころから、韓国国民の李明博政権に対する反発は、完全に高止まりしてしまったようである。

李明博大統領の支持率は、目を見張るほどの勢いで落ちていった。あげくの果てに、2012年4月の総選挙では、与党のはずのセヌリ党までもが李明博批判を叫び、結果的に過半数を確保した。李明博大統領は、みずからが所属する与党から人身御供《ひとみごくう》にされたのである。

さらに、2012年7月には李大統領の実兄が違法資金を受領した疑いで逮捕された。野党はもちろんのこと、いまや与党まで李明博批判の声を高めており、味方は誰もいない。

李明博大統領の任期は、2013年2月までである。そして、韓国の大統領は退任後、悲惨な運命をたどる確率がきわめて高い。第5章でふれるが、なにしろ、韓国では歴代大統領の多くが退任後に逮捕されたり、自殺というかたちで陰惨な最期を遂げたりしている。

李明博大統領の場合も、みずからが推進してきたグローバル化政策により、国民の受けはきわめて悪い。しかも、支持率が低迷している状況下で実兄が逮捕されたのだから、いまのうちになんとしても支持率を上げておかなければ、大統領引退後の自分の運命はどうなるのか。

というわけで、2012年8月10日、李明博大統領は日本国島根県竹島に不法上陸した。

日本国の領土に韓国の軍司令官が不法上陸したという話になり、日韓両国は安全保障問題を抱えることになった。

さらに、李明博大統領は8月14日、

「(天皇陛下が)韓国を訪問したいのなら、独立運動で亡くなった方々に対し、心からの謝罪をする必要があると(日本側に)伝えた」

と暴言を吐き、日本国民の神経を逆なでした。もはや、日韓関係が2012年8月以前にもどることはないだろう。

李明博大統領は、みずからの直筆の石碑を竹島に設置させた。石碑の高さは1・2メートルで、表に韓国語で「独島」と書かれている。さらに、裏には「大韓民国」の文字が、側面には「2012年夏　大統領　李明博」とある。要するに、歴代大統領が成し遂げることができなかった竹島への不法上陸を強行することで、国民の反日感情を煽り、みずからの支持率上昇に結びつけたかったのだ(のちに韓国の文化財庁が竹島の一部建造物を違法と判断し、石碑は撤去された)。

くわしくは第5章で述べるが、以上がこれまで日本のメディアや財界が「日本は韓国経済を見習え」と声高に叫んでいた、彼《か》の国の実情である。

2012年に中国・韓国の反日が激化した理由

くどいようだが、グローバリズムの推進者たちは、
「世界各国が資本的な結びつきを強め、互いに依存関係が深まれば、戦争は起きない」と主張しているが、現実にはグローバリズムによる諸国間の依存関係の深まりは、紛争や戦争の防止にはまったく役立たない。

それどころか、韓国の李明博大統領のように、グローバル化戦略が国民の不評を買い、打開策として故意に紛争を起こす冒険主義に乗り出す政治指導者もいる。

グローバリズムの進展で、日韓両国の経済関係はたしかに深まっている。だが、両国の関係が深化することで、はたして紛争や戦争を回避できるのだろうか。むしろ、話は逆ではないのか。グローバリズムの進展により経済関係が深まるからこそ、互いの利害が衝突するケースが増えていき、紛争や戦争が発生するのではないか。

たとえば、1929年に始まった大恐慌前の主要国の資本移動は、現在以上に活発だった。当然、主要国間の資本的な結びつきも、いま以上に強固だったのである。

現在以上にグローバリズムが進展し、資本移動が自由化され、国同士の資本関係が深まっているところでニューヨーク株式の大暴落が発生した。大恐慌の始まりだ。アメリカのバブ

ル崩壊を受け、ヨーロッパに投じられていたアメリカ系資本がいっせいに引き上げられた。結果的に、アメリカ1国のバブル崩壊がヨーロッパに伝播《でんぱ》し、世界的な大恐慌が始まった。世界各国は国同士の結びつきなど完全に無視し、自国経済を守るために金本位制を離脱した。自国通貨の為替レートを切り下げ、輸出ドライブ（輸出拡大圧力）により他国の所得と雇用を奪い取る通貨安戦争に突入した。ちなみに、真っ先に自国通貨の切り下げを実施し、通貨安戦争の引き金を引いたのは、自由貿易の盟主であったイギリスである。

1929年当時、世界のグローバル化がそれほど進展しておらず、各国が内需中心の国民経済を実現していたならば、アメリカのバブル崩壊が世界に波及することはなかったはずなのだ。世界大恐慌は、アメリカの株式バブルの崩壊そのものではなく、グローバリズムが進んでいたことで発生したのではないか。そして、世界的なデフレの深刻化が、最終的に第2次世界大戦へとつながっていったのではないだろうか。

1990年の日本のバブル崩壊は、たんなるわが国の国内問題にすぎなかった。諸外国のなかで、日本のバブル崩壊の影響を受けた国は1つもない。それに対し、2007年以降のアメリカのバブル崩壊は、ユーロ危機を引き起こし、世界的な経済の混乱へとつながった。

1990年と2007年の違いは何だろうか。ずばり、グローバリズムの進展である。世界の主要国がグローバリズムの思想に基づいて密接に結びついていたからこそ、システマテイックリスク（市場そのものに存在するリスク）が発生し、バブル崩壊の連鎖が発生したのである。

また、注意しなければならないのは、先ほどから民主主義の話ばかりしているが、世界には、資本主義経済は採用しているが民主主義国家ではない国が複数存在していることだ。代表的な国は、もちろん中国共産党の独裁支配下にある中華人民共和国である。

中国では、グローバリズム的な政策が、ほかの主要国（すなわち民主主義国）よりも派手に、かつ露骨に推進されている。結果的に、中国国内の格差は元・共産主義国とは思えないほどに開き、いまや国内の格差の指標であるジニ係数でアメリカをも上まわっている（詳しくは245ページ参照）。

日本やアメリカのような民主主義国では、グローバリズムを強引に推進しようとすると、有権者が反発する。それに対し、民主主義国家ではない中国の場合は、有権者など存在しないため、ほかの主要国よりも早いペースでグローバル化を推進できるという話である。

むろん、グローバリズム的な政策が人民（中国に「国民」は存在しない）を痛めつけるのは、ほかの先進主要国と同じだが、なにしろ中国は共産党独裁国である。政府のグローバル化に反対するような連中は、容赦なく弾圧し、死ぬまで強制収容所に放り込んでおけばいいのである。

とはいえ、独裁主義の中国であっても、人民がグローバリズム的な政策に反発を抱くのはほかの国と変わらない。なにしろ中国共産党政府は、農村の住民を軍隊を使って追い払い、不動産プロジェクトを強引に推進し、関係者が利益を懐に入れるという極端に腐敗したグローバリズム路線を邁進しているのだ。人民が共産党政府に対して抱いている不満感、不平等感は、先進主要国の比ではない。

しかし、中国人民の怒りが共産党に向かうと、自分たちの生命にかかわる問題となる。というわけで、中国も韓国と同様、国内の人民の不満を誰かにぶつける必要があった。タイミングよく、日本政府が尖閣諸島を国有化してくれた。「これは、すばらしい！」とばかりに、中国共産党は人民を煽り、ときには日当まで支払って、9月中旬以降、反日暴動（デモではない）を起こさせたわけである。

ところが、中国の反日官製暴動は共産党の予想を超えた広がりを見せ、日本企業や大使館が暴徒に襲われただけでなく、無関係な欧米資本までもが被害にあうというありさまであった。中国共産党はあわてて火消しに乗り出し、9月20日以降はピタリとやんだ。

お見事です！　中国共産党。

「日本経済は中国に依存している」は真っ赤なウソ

さて、日本のマスコミに少なくない媚中《びちゅう》派の方々は、

「日中両国の経済的な結びつきは強まっている。双方ともに矛《ほこ》を収めるべきだ」

などとトンチンカンなことを言っている。そういうセリフは、ぜひともハンドマイクをもって天安門広場に乗り込み、中国共産党政府に向けて叫んできてほしいと思う。

日本はたんに日本国固有の領土である尖閣諸島について、民間所有から政府所有に移しただけだ。それを国内で煽り、人民に官製暴動を起こさせたのは中国共産党政府であり、日本ではない。矛を収めるべきは中国側のみなのだ。

というよりも、彼らの言うように日中両国の経済的結びつきが強固ならば、なぜ中国共産党政府は人民を煽り、反日暴動を起こさせるのか。グローバリズムが進展し、国同士の貿易比率が高まり、資本関係が強まれば、紛争は起きないはずではないのか。

結論を書いておけば、グローバリズムによる国同士の関係強化は、安全保障上の問題発生に際し、何の妨げにもならない。なにしろ、安全保障は経済の上位に位置する。経済のために安全保障をおろそかにするような国は、普通は早期の段階で滅びる。当たり前だ。経済とは、確固たる安全保障のうえでこそ、はじめて健全に成り立つ。経済と安全保障は、まった

く別の次元の存在なのである。

むろん、強大な国民経済は安全保障を成立させるためのツールにはなりうるが、グローバリズム的な経済は必ずしもそうはならない。モノやサービスの供給について全面的に外国に依存するような国が、安全保障を自力で確立することは不可能なことなど、子どもでも理解できる。

すなわち、GDPの規模と比較した輸出入の割合が多ければ多いほど、その国の経済は外国に依存しているという話になり、安全保障の質は落ちざるをえない。

次ページの上図は、2011年の主要国の輸出依存度と輸入依存度をグラフ化したものだ。主要国のなかで、日本はアメリカ、ブラジルに次いで、輸出依存度も輸入依存度も低い国である。それに対して、中国の輸出依存度は26％強である。

何が悲しくて、日本の2倍近くも輸出依存度が大きい国から、「日本経済は中国に依存している。尖閣諸島の問題が悪化すると、日本経済はさらなる失われた20年に突入する」などと、「中2病」患者の戯言《ざれごと》のようなことを言われなければならないのだろうか（これらの論説は、実際に「人民日報」が書いていた）。

次ページの下のグラフは、2011年の経常収支黒字国、赤字国のそれぞれ世界トップ10の国について、黒字額と赤字額の推移を見たものである。これを見ると、2008年まで、

輸出依存の中国・韓国、そうではない日本

主要国の輸出依存度と輸入依存度（2011年）

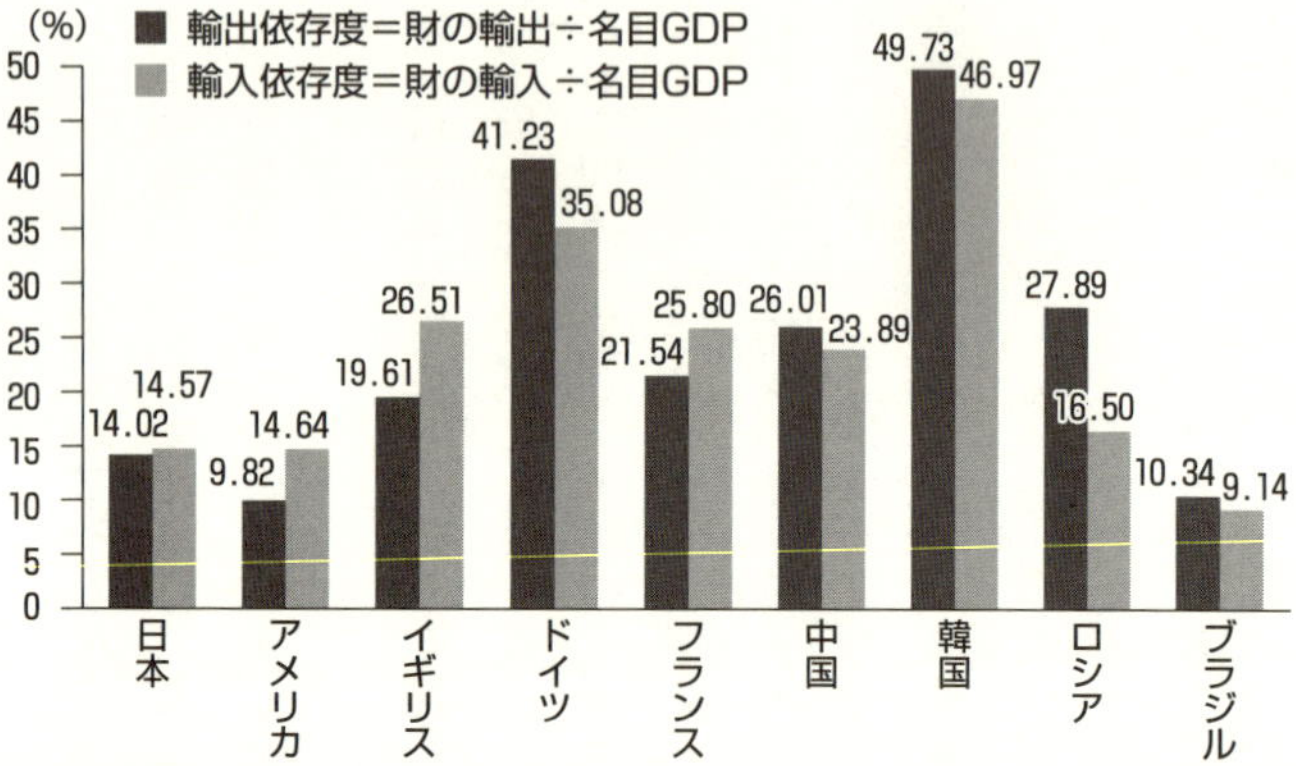

出所）内閣府、財務省、JETRO

グローバリズムに取り込まれた中国

世界の経常収支黒字国と赤字国の推移

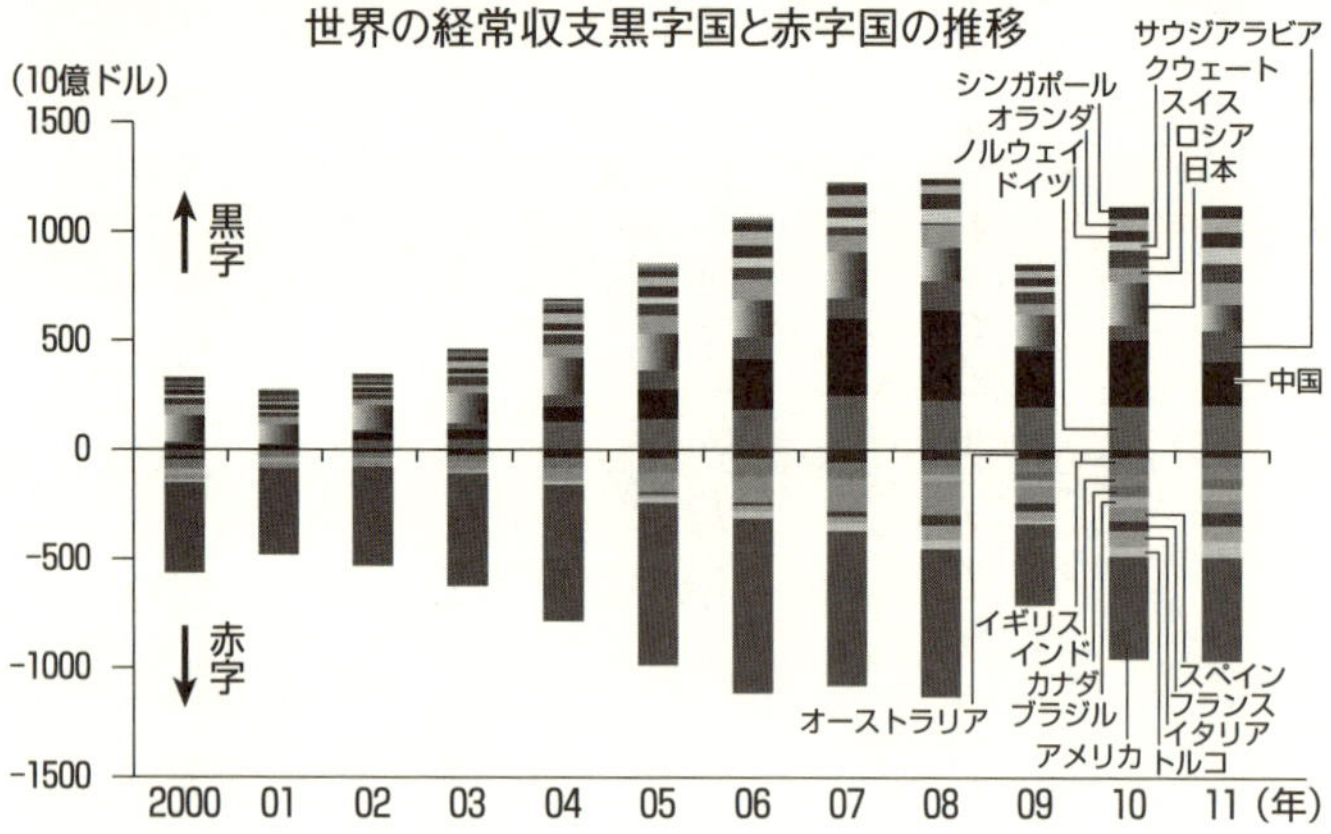

注）2011年時点での黒字国、赤字国のトップ10をグラフ化したもの。
出所）IMF

中国の経常収支の黒字が驚異的なペースで拡大しているのがわかる。中国こそが、グローバリズムの恩恵をもっとも受けた国なのだ。別の言い方をすれば、中国以上にグローバル経済に依存している国は存在しない。

それにもかかわらず、日本の評論家たちは、「グローバル経済や中国に依存しているのは日本のほうだ」というウソの言説を繰り返し、日本国民に中国に対しては逆らえないというイメージを刷り込もうとする。この手の情報操作にみずからを委ねてしまうと、まさしく中国共産党を利するだけの話になる。

2013年には国家間紛争がますます拡大する

中国共産党のなかに「グローバリズムが進展すれば、世界は平和になる」などとお花畑チックなことを思っている人は1人もいない。中国はたんに自国の国民経済を拡大し、よりたくさんのお金を軍事に使えるようになるのであればグローバリズムを利用するし、そうでなければあっさりと切り捨てるだけだろう。

そして、国家としての中国共産党のグローバリズムに対する姿勢は、間違いなく日本の「お花畑グローバリズム」よりも正しい。もっとも、中国経済は、1992年の鄧小平《とうしょうへい》による南巡講話（深圳や上海などを視察し、経済発展の重要性を説いた一連の講話）以降、あまりにもグローバル経済にビルトインされてしまった。中国はもはや、人民の個人消費という内需を中心とした成長路線をとることはできない（一応、志向はしているようだが）。

中国ではグローバリズム的な政策に人民が不満を抱き、毎年、国内で10数万件の暴動が発生している状況にある。グローバリズムによって所得を奪い去られ、共産党政府を恨みに思っている人民の気をそらすには、どうしたらいいだろうか。「そうだ！　われわれには『反日』がある」という話である。

ちなみに、1992年以降にグローバリズムが世界に広まり、中国がしだいに経済成長を遂げていくにつれ、「このまま中国人民の所得が上がれば、市民が権利意識に目覚め、民主化が達成される」などと主張していた人がいたが、現実にはそうなってはいない。

中国では民主化が推進されるどころか、グローバリズムに乗っかった特権階級（共産党員）が人民から所得を奪い取るシステムが完成し、国内の民主化の動きを片っ端から暴力で叩きつぶしている。中国の民主化のプロセスは、グローバリズムにより促進されるどころか、むしろ妨害されているというのが真実だ。

グローバリズムが民主主義を破壊するうえに、国際関係に緊張をもたらすことは、わが国と中韓両国の事例を見るだけでもあまりにも明らかだろう。むろん、グローバリズムがつねに国際紛争を引き起こすという話ではない。世界経済がインフレ基調で堅調に成長しているのであれば、グローバリズムはなんとなくよさそうに見えるのだ。

ところが、いったん、主要国でバブルの崩壊が発生し、その影響がグローバル化していることによって各国に伝播していくと、またたくまに影響が世界におよび、きな臭い動きが増えてくる。今回のケースでは、真っ先にバブルが崩壊した主要国はアメリカである。というより、1929年同様に今回もアメリカだった。

1990年以降の日本のバブル崩壊は、当時の世界がほとんどグローバル化されていなかったため、世界経済に与えた影響は軽微だった。しかし、2007年以降のアメリカのバブル崩壊は、世界がグローバル化していたがゆえに拡散し、あちこちで民主主義に危機をもたらし、不要な国家間紛争を引き起こしつつあるのが現実である。

これが2012年、そして2013年の世界なのだ。

労働市場の開放で民族間の憎悪が拡大する

さらに1つ、民主主義にダメージを与え、国家間の軋轢を高める問題がある。それこそが労働者の移動の自由化である。

なにしろ、主要国でバブルが崩壊し、各国の国民が自国では所得を得られない状況になった場合には、外国に赴き、現地で所得を獲得し、祖国に残る家族を養う以外に、生き延びる術《すべ》がなくなってしまうのである。

むろん、現在のほとんどの国は単純労働者の移動について、ある程度の制限を設けている（例外はあるが）。国家の役割が国民の所得を増やす、あるいは国民の雇用を確保することである以上、当たり前だ。とくに、先進国は相対的に国民所得が高い。というより、国民所得が高いからこそ先進国なのだが、たとえば、日本の1人当たりGDPが約4万2800ドルであるのに対し、ベトナムは1174ドルだ。その差、36倍強である。

筆者は、ベトナムに含むところはまったくない。ベトナムが交渉参加国の1つであるTPPは、当初は専門職の労働者のみ、移動の自由化を認めようとしている。だが、もし日本がTPPに参加し、将来的に単純労働者の移動も自由化されたらどうなるだろうか。いわば、TPP版シェンゲン協定である（第3章で詳述）。

なにしろ、国民所得が30倍以上も違うわけだから、日本の製造業がベトナム人労働者の雇用をやめるのは不可能に近い。労働者を外国人に入れ替えることで、企業の利益はますます大きくなる。結果的に、グローバル投資家を含む株主たちに配当金が支払われていく。

日本政府が、「日本国民の雇用も増やしてくれ」などと生意気なことを言ってきたら、企業側は、

「何だと！　労働者が外国人だろうが何だろうが、日本に残って操業を続け、法人税を支払

ってやっているわが社に対して、何たる言い草だ。そんなふざけたことばかり言っていると、いっそ工場を外国に移転するぞ。そうなると、法人税も徴収できなくなるが、いいのか」と怒鳴りちらせばいい。

これは極端な例だが、日本国内には「移民を1000万人受け入れよう」などと真顔で口にする人が少なくない。正式に提言までした政治家がいるから、困ったものだ。一体全体、彼らは国家を何だと思っているのだろうか。

日本における移民議論はきわめて奇妙で、たとえば、

「生産人口が減っているから、日本はデフレから脱却できないのだ。外国人を1000万人入れれば、デフレから脱却できる」

などと真顔で述べた経済評論家がいたから、度肝を抜かれてしまった。

日本の生産人口が減少しているということは、わが国はしだいに供給能力を喪失《そうしつ》していっているという話だ。供給能力が不足した国で発生する問題はインフレーションであり、デフレではない。需要に対し、供給能力が足りなくなれば、当然の話として物価は上昇する。

現在の日本はそれとは逆で、供給能力が需要に対して大きすぎるからこそ、デフレが継続しているのである。ここに外国移民を1000万人受け入れ、彼らの労働力が供給能力に積み重なったら、間違いなくデフレは深刻化する。

要するに、需給関係という経済の基本すら正しく理解せずに、「とにかく移民をたくさん入れたいんだ！」というおかしな認識をもつ人が、わが国には少なからずいるのである（べつに日本にかぎらず、欧米諸国にもこの手の人がけっこういる）。

こういう人たちは何かといえば、「人間はみんな平等だ。多文化共生主義こそすばらしい」といったお花畑的な理論を展開するが、人間は決して平等ではない。残酷な話だが、彼、彼女がどこの国で生まれたかにより、幸福な人生を過ごせるか否かは、かなりの部分が決まってしまう。「そんなことはない！」と言いたい人がいるならば、一度日本を出て、内戦や革命に明け暮れている国にでも移民してみるといい。筆者の言葉が真実であることがすぐにわかる。

人間は何らかの共同体に属さなければ、生きていくことはできない。共同体のもっとも小さいものが家族であり、最大のものが国家だ。国家より先はない。だからこそ、人類は遠い昔から互いに助け合い、ともに豊かになるために国家のシステムを発展させてきた。

モノやカネに加え、ヒトの移動の全面自由化まで主張する人たちは、グローバリストというよりは無政府主義者に近い。人間は言語、価値観、文化、伝統、歴史、ライフスタイルをある程度共有する人たちに囲まれなければ、落ち着いて生きていくことはできない。海外旅行に行き、即座に現地の社会に溶け込める人は存在しないだろう。

日本の外国人犯罪の４割が中国人

国籍・地域別の検挙状況（刑法犯検挙人員、2011年）

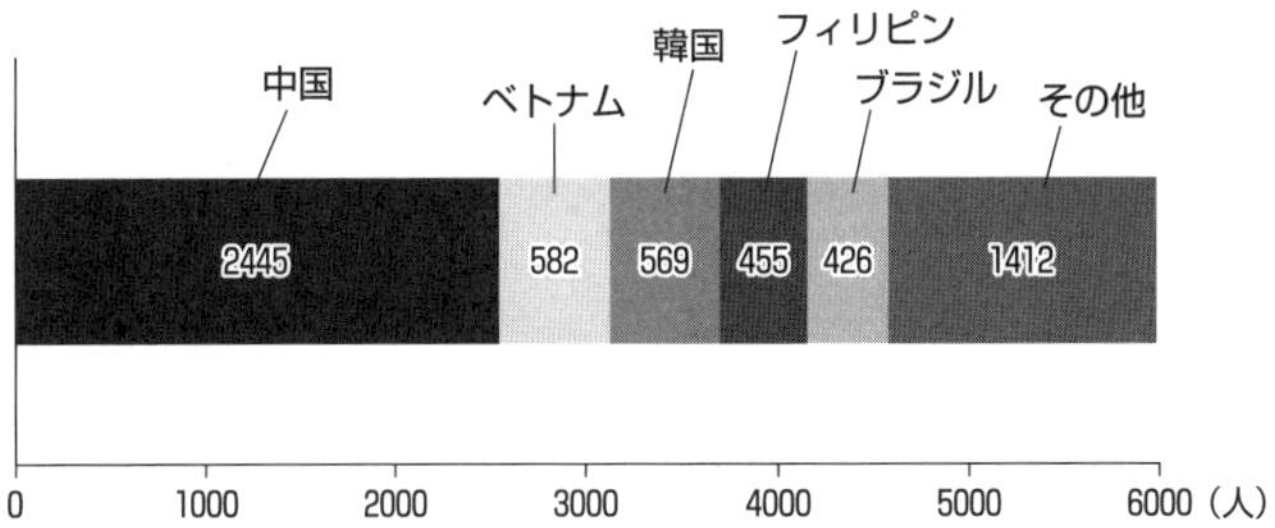

出所）警察庁

べつに、日本の若者が海外でチャンスを見つけようとするのを否定するつもりはないが、基本的に移民を送り出すのは、自国のみでは国民に十分な所得や雇用を与えることができない国家である。

その典型が、次章に登場するギリシャや、あるいは日本の隣国である中国や韓国である。日本のマスコミは中国や韓国を賛美する傾向が強いが、それならなぜ、日本のコンビニでは、あれほど多くの中国人や韓国人が働いているのか。中韓賛美派で、この現実についてきちんと説明してくれた人はいない。

外国人労働者の増加により国民の雇用環境が悪化すると、政府がどれだけ説明をしようとも、国民は怒る。結果的に、その国で外国人排斥の動きが発生し、最終的には国同士の軋轢が高まることになる。その典型的な例が、移民排斥の流れに乗り、2012年5月の総選挙ではじめて議席を獲得したギリシャの極右政党、「黄金の夜明け」である（公約は、「すべての移民を国外追放し、国境地帯に地雷を敷設する」というものだ）。

とくに、バブル崩壊後のデフレ期に移民排斥が起きがちなのは、国民と移民が雇用の奪い合いをするのに加え、職を失った外国人が犯罪に走るケースが少なくないためだ。ちなみに、2011年の日本における外国人刑法犯の国籍・地域別検挙状況は、前ページのとおりである。日本における外国人犯罪の4割は、中国人によるものなのだ。

グローバリズムの息の根をとめるのは日本だ

筆者はべつに、「中国人を差別しろ」と言っているのではない。たんに現実として、日本における外国人の犯罪に中国人が占めるシェアが圧倒的に大きいと言いたいだけだ。

グローバリズムの進展により、日本と中国は、両国間のモノ、カネ、ヒトの行き来を拡大してきた。その結果、日本国内で中国人の犯罪が増え、あるいは中国共産党は尖閣問題で圧力をかけるために在留日本人を人質にする。グローバリズムは、はたして平和をもたらしているだろうか。むしろ、話は逆ではないのか。

筆者は本作の前編にあたる『２０１２年 大恐慌に沈む世界 甦る日本』（徳間書店）の最終章で、「『グローバリズム１９９２』の終焉」について取り上げた。ちなみに、「グローバリズム１９９２」とは、１９９１年末にソ連が崩壊し冷戦が終わったため、グローバリズムが１９９２年から始まったことを意味したもので、それが終わることを書いたのである。

たしかに、世界は方向的にはそちらに向かっており、いくつかの選挙結果がグローバリズムの終焉《しゅうえん》を裏付けてくれてはいる。だが、革命ではあるまいし、「グローバリズム１９９２」は瞬間的に終わるわけではない。２０１２年も、２０１３年も、「グローバリズム１９９２」の終焉過程を進むといったところで、最終的なゴールはまだ見えないだろう。

とはいえ、筆者はいまのグローバリズムの流れが今後数年かけて終焉に向かうことだけは、確信をもって断言できる。理由は、本章で解説したとおり、グローバリズムが民主主義を危機に陥らせ、かつ国際的な紛争を引き起こすという、従来から信じられていたのとは逆の効果を引き起こすことが、しだいに明らかになってきたからだ。

中国はグローバリズムに取り込まれているがゆえに、民主化することはない。先進国でモノ、カネ、ヒトの移動を自由化するグローバリズムを推進しようとすると、民主主義の危機になる。グローバリズムにより国家間の関係が密になろうとも、紛争が防止されるわけではない。なにしろ、この世界には関係が緊密なことを利用して、安全保障上の交渉で優位に立とうとする国（代表は中国）が少なくないのだ。

いずれにせよ、安全保障は経済の上位に位置する。そして、グローバリズムとはあくまで経済の話なのである。

さて、日本はまだグローバリズムに取り込まれたとはいえない状況だが、世界にはほぼ完全なグローバリズムを実現した地域がある。世界に先駆けて域内のグローバリズムを推進し、結果的に現在は世界的経済危機の中心となっている地域、すなわち、ユーロである。

次章からは、ユーロ圏内で悲惨な状況に陥っているギリシャの実情と、ユーロの今後を考えてみたい。

第3章
ギリシャ発
世界大恐慌が迫っている

不法滞在者がギリシャを滅ぼす

現在のユーロは、第1章で解説したグローバリズムの定義、すなわち、

①モノやサービスの輸出入
②資本の移動
③労働者の移動

という3つの分野について、ユーロ域内における自由化をほぼ完成させている。

日本人には理解しがたい感覚だが、EU（欧州連合）加盟諸国は、人の移動の自由化を認める「シェンゲン協定」を結んでいるのだ（イギリスとアイルランドは除く）。この協定に加盟している国々では、国境を越える際に国境検査がない。パスポートを見せることなく、西は大西洋から東はポーランド、スロバキア、ハンガリーなどの対ベラルーシ、ウクライナ国境まで、北はバルト3国（エストニア、ラトビア、リトアニア）から南はイタリア、ギリシャまで、自由自在に動きまわることができる。

シェンゲン協定がどのようなものか、格好のエピソードが1つある。筆者は2012年10月にギリシャ取材に出かけたが、その際に、フランスのシャルル・ド・ゴール（CDG）空港を経由した。ユーロ圏への入国審査をフランスで受けたのである。フランスに入国し、そのままアテネ行きの飛行機に乗り換えたわけだが、ギリシャに入国する際には何のチェックもされなかった。

アテネの日本大使館に問い合わせると、最近、ギリシャを訪れる日本人観光客は極端に少なくなっているように「見える」そうだ。なにしろ、日本からギリシャへの直行便がないため、多くの人がCDG空港での乗り換えを選択するわけだが、フランス経由でギリシャに入国した日本人は統計にカウントされないのである。

これがモスクワやドバイ経由であれば、ギリシャ入国時の検査でカウントされる。だが、パリ→アテネのルートで入ってこられると、ギリシャ当局は日本からの観光客の人数を把握《はあく》する術がないのである。島国日本で育った日本人の身としては、なんとなく怖い。

また、ギリシャの隣のトルコはシェンゲン協定に加盟していないので、ギリシャ―トルコ間の行き来に際しては、普通に国境検査が行われる。とはいえ、両国を隔てる国境は川なのだ。トラキアを流れるエブロス川こそが国境線である。

現在、トルコ最西端の都市エディルネからエブロス川を渡り、ギリシャに不法入国する中東系、アフガニスタン系の人びとがあとを絶たない。なにしろ、トルコから川を越えて（あるいはエーゲ海を渡って）ギリシャに入れば、そこから先はシェンゲン協定の世界なのだ。エブロス川を渡ってしまえば、フランスだろうがドイツだろうがオランダだろうがイタリアだろうが、国境の検査なしで自由に行き来できるのだ。

というわけで、現在のギリシャはEUに向かう不法移民たちの通路のような存在になっている。むろん、そのままギリシャにとどまりつづける不法移民も少なくなく、ギリシャ人たちの怒りを買っている。財政難に悩むギリシャ政府も、さすがに2012年夏以降はエブロス川流域の警備を強化し、同時にアテネなど大都市にあふれる不法滞在者の摘発を開始した。

ギリシャ当局の発表によると、2011年、2012年上半期にギリシャで起きた窃盗事件のうち、ほぼ半分が不法滞在者による犯罪とのことだ。わかりやすい言い方をすると、不法滞在者たちがいるために、ギリシャ国内の窃盗事件数が2倍になっているのである。

結果的に、ギリシャでは極右政党、「黄金の夜明け」の支持率が上昇し、2012年6月の再選挙で300議席中、18議席を獲得するにいたっている。べつに、「黄金の夜明け」を支持するほど過激でなくても、アテネ市民が不法滞在者たちに白い目を向けているのは確かだ。

ギリシャのニコラオス・デンディアス市民擁護大臣は、

「きびしい対策を打ち出さなければ不法入国者があとを絶たず、犯罪が増加して国が滅びる」

と発言している。

デンディアス大臣は与党である新民主主義党（ND）の一員であり、「黄金の夜明け」とはまったく無関係であることはいうまでもない。

緊縮派は本当に選挙に勝ったのか？

さて、世界が注目した2012年5月、そして6月のギリシャ総選挙だが、争点はもちろん、EUから緊急支援の代償として強要されている緊縮財政であった。5月の総選挙では、緊縮財政を容認する与党系のNDが58議席、全ギリシャ社会主義運動（PASOK）が41議席、反緊縮財政派の急進左派連合（SYRIZA）が52議席であった。ギリシャの選挙制度上のルールで、第一党に50議席が上乗せされるため、NDの最終議席は108となった。

ところが、それでもNDとPASOKの合計議席が149にしかならず、過半数を獲得することができなかった。ND、SYRIZA、そしてPASOKの議席数3位までの各政党が連立を模索したが、ことごとく失敗したため、カロロス・パプーリアス大統領は再選挙を命じた。

2012年6月17日、全世界が固唾《かたず》を呑んで見守るなか、ギリシャの再選挙が実施された。結果は、NDが79議席、SYRIZAが71議席、PASOKが33議席となった。NDに50議席が上乗せされた結果、与党系(NDとPASOK)の総議席数が162に達し、なんとか政権を発足させることができた(17議席を獲得した民主左派も連立政権に加わった)。

とはいえ、よくよく数字を見てみると、50議席の上乗せがなかった場合、緊縮政策を支持していたNDとPASOKの議席数の合計は112である。上乗せ分を除くギリシャ議会の議席数は250であるため、両党の議席のシェアは44・8%にすぎない。すなわち、5月の総選挙同様、ギリシャの有権者は二度目の総選挙に際しても、反緊縮派の政党により多くの票を投じたことになる。

議席の上乗せがあったため、緊縮派が勝ったように見えるが、現実は違う。むろん、そんなことはNDもPASOKも承知している。結果的に、新たに発足したギリシャ連立政権は基本的にEUが要求する緊縮財政を実施するふりをしつつ、財政健全化の時期を可能なかぎり先送りするという、ある意味でわかりやすい路線を進みはじめたのである。

現在のギリシャ経済の環境を見るかぎり、サマラス新政権の「先送りとごまかし」は、じつに賢い選択である。あらかじめ述べておくと、ギリシャ危機の要因は複雑である。というよりも、奥が深い。ギリシャ危機について完璧にわかれば、国民経済について9割以上は理解していると断言できるほどに、各種の要件が入り乱れている。自業自得で危機にいたったギリシャが「先送りとごまかし」をするなど言語道断、といったシンプルな話にはならない。

ところで、2012年のノーベル平和賞を受賞したのは、なんとEUであった。EUがノーベル平和賞を受けるとは奇妙な時代になったものだ。EUから緊縮財政を強要され、国民の所得減少と失業率の上昇に苦しんでいる国はどのように反応するか注目していたところ、やはり罵声《ばせい》が飛び交っているようである。

ギリシャの連立与党の一翼を担っているPASOKが、

「EU加盟国民として誇りに思う」

と、当たり障りのないコメントを出したのに対し、野党のSYRIZAの報道官は、

「ギリシャで私たちは日々、戦争状態を経験している。（EUの受賞）決定は賞の価値を下げる」

と、闘志むきだしの声明を発表した。

選挙結果（5月、6月）や世論調査の結果を見るかぎり、いまのところSYRIZAの意見のほうがギリシャの多数派を占めているようだ。

EUのノーベル平和賞受賞について、ギリシャの一般市民のなかでは、

「ギリシャはいま、EUのせいできびしい状況に置かれている。なぜ、EUが受賞するのか、理由がわからない」

などという懐疑的な意見が少なくないようだが、それはそうだろう。現実に、EUから押

しつけられた緊縮財政により、自分たちの所得が減っているのだから。

緊縮政策でいよいよヤバいギリシャ経済

ところで、次ページのグラフからわかるように、2012年7月のギリシャの失業率は、ついに25%を上まわった。また、ギリシャの15~24歳の若年層失業率は54%にのぼっている。失業率25・1%という数字は、なんとアメリカの大恐慌時をも上まわっている。スペインも同じ失業率だが、こちらは8月時点だから、現時点においては、ギリシャの失業率がヨーロッパで最悪である可能性がきわめて高い(ちなみに、最新のデータによれば、8月時点の失業率は25・4%に増加している)。

むろん、ギリシャが対外債務の返済不能に陥ったのは、政府および国民の責任である。とはいえ、現地の人びとの話を聞けばわかるが、緊急融資と引き換えに国民に痛みや負担を強制するEUのやり方への反発は凄まじく、とくにユーロの盟主たるドイツに怒りをぶつけるギリシャ人は多い。

筆者が話を聞いたギリシャ人全員が、ドイツ人(というよりは、ドイツという国家)に対して不快の念を表明した。もっとも、怒っているとはいっても、ギリシャ観光に来たドイツ人が怒鳴られるとか、石をぶつけられるという話ではない。なにしろ、ギリシャはどこかの

ギリシャでは4人に1人が失業者

日本、アメリカ、ヨーロッパ各国の失業率（2012年 8 月時点）

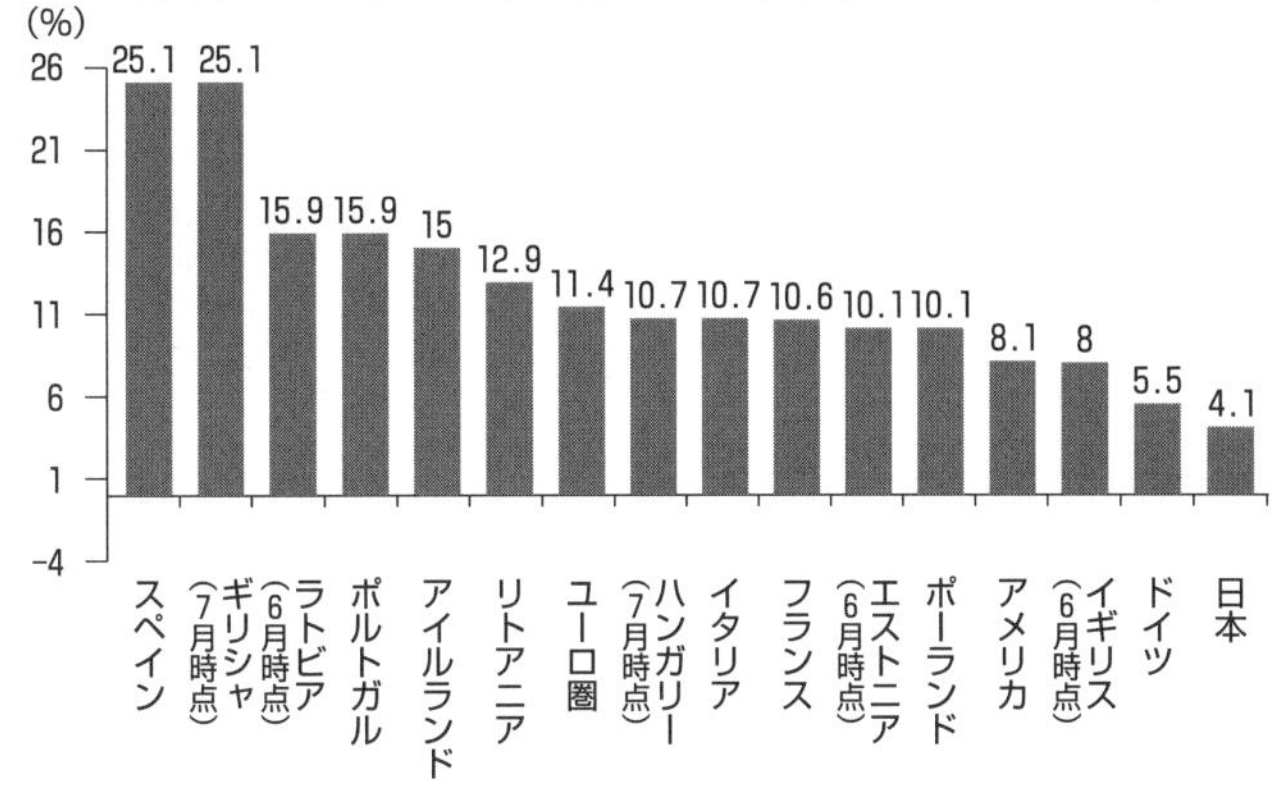

出所）ユーロスタット（欧州委員会統計局）

共産主義独裁国とは違い、文明国である。しかも、そもそもギリシャを観光で訪れる外国人は、じつはドイツ人がいちばん多いのだ。

　とはいえ、ドイツのメルケル首相がギリシャを訪問した際には、さすがにギリシャ人も直接、怒りをぶつけずにはいられなかったようである。２０１２年10月９日、２００９年に欧州債務危機が起きて以降、はじめて、メルケル首相がギリシャを訪問した。財政危機に陥っているギリシャでは、ＥＵから押しつけられた緊縮財政政策により失業率の上昇と所得の減少が続いており、国民生活は疲弊《ひへい》しきっている。

　当然、ＥＵの緊縮財政路線を主導するドイツに対する、ギリシャ市民の反発は強い。

アテネの中心部だけで市民2万人が結集し、メルケル首相を〝歓迎〟した。このとき、デモ隊の一部が暴徒化し、警官隊と激突。さらに、国会前広場ではデモ隊の一部が石や火炎瓶を投げ、警官隊が催涙ガスで応酬し、数十人が拘束される事態にいたった。

アテネ中心部を練り歩いたデモ隊は、

「お前は歓迎されていない。帝国主義者は帰れ！」

「第四帝国にノー！」

などの露骨な横断幕を掲げていた。

さらに、デモ隊の一部はナチス・ドイツの制服を着用し、ハーケンクロイツ（鍵十字）を掲げ、ナチス式の敬礼でメルケル首相を出迎えるというパフォーマンスを演じたわけだから、手荒い歓迎としか表現のしようがない。

くどいようだが、EUがギリシャに求めている各種の緊縮政策は、メルケル政権が主導している。いいかえれば、ギリシャの失業者や所得が減っている人びと（つまり、ほぼすべてのギリシャ国民）にとって、メルケル首相は自分たちを苦しめている主犯なのだ。

ちなみに、筆者がギリシャで出会った公務員の女性は、緊縮財政により、すでに給与所得を4割減らされたと話していた。「4割減らされた」と簡単に書いたが、自分の身に置き換えてみれば、これがどれほど悲惨なことかがわかる。マクロ的、国民経済的な問題はさておき、ギリシャ人1人ひとりがドイツに怒りを向けるのは、ある意味で当然である。

アテネ市民から派手な歓迎を受けたメルケル首相は、同地での会談において、次のように発言した。

「(ギリシャがきびしい緊縮政策をとっていることについて)私はこのきびしい道にはその価値があると深く信じており、ドイツはよきパートナーであることを望んでいる」

「多くのことが成し遂げられたが、まだなすべきことは多い。ドイツとギリシャは密接に協力していく」

とはいえ、メルケル首相が主導する緊縮財政政策では、現実にギリシャ経済を救うことはできない。ギリシャは今後、これまで以上に所得が落ち込み、税収が減るなかで、輸出を拡大できず、政府の財政はさらに悪化することになる(すでに悪化している)。ギリシャの財政危機が深刻化すると、EUは再度の緊縮政策を求めざるをえず、ギリシャ国民の所得は下がり、失業率がひたすら上昇する悪循環に陥るだろう。

ギリシャの失業率は、ここ数年間、発表のたびに悪化(上昇)しており、一度も改善したことがない。失業率が上昇するということは、所得を得られなくなった国民が増えるという話だ。国民が所得を得ることができなければ、当然、税収が減る。税収が減れば、ギリシャの財政危機は間違いなく悪化する。

いったい、ドイツやEUの首脳たちは、いつになったらこの不毛な政策のミスに気がつくのか。首を傾げざるをえないほどに同じ間違いを続けている（日本も他人のことはいえないが）。

2013年、ついに5年連続のマイナス成長か

ところで、ギリシャ人がドイツを嫌っているのは、メルケル首相だけが理由ではない。おもにドイツの政治家たちが、ギリシャについて口を開くたびに、

「ギリシャ人は怠け者だ。彼らが怠けていたからこそ、こんな事態に陥ったのだ」

とコメントし、ギリシャ人は働かないというイメージを世界に植えつけたためである。

実際には、ギリシャ人の労働時間はドイツ人よりも長い。ウソを世界に広められたギリシャ人が怒るのは、無理もない話だ。労働時間だけ見ると、ギリシャ人は間違いなく日本人やドイツ人よりも働いている。

次ページのグラフを見ていただきたい。OECDの調査によると、2011年のドイツ人の年間労働時間は1413時間、日本人は1728時間、そしてギリシャ人は2032時間である。

ドイツ人がギリシャ人は働かないという印象をもつのは、夏の暑い時期にギリシャ人建設

ギリシャ人は本当に「怠け者」なのか

OECD主要国の労働者1人当たり平均労働時間（2011年）

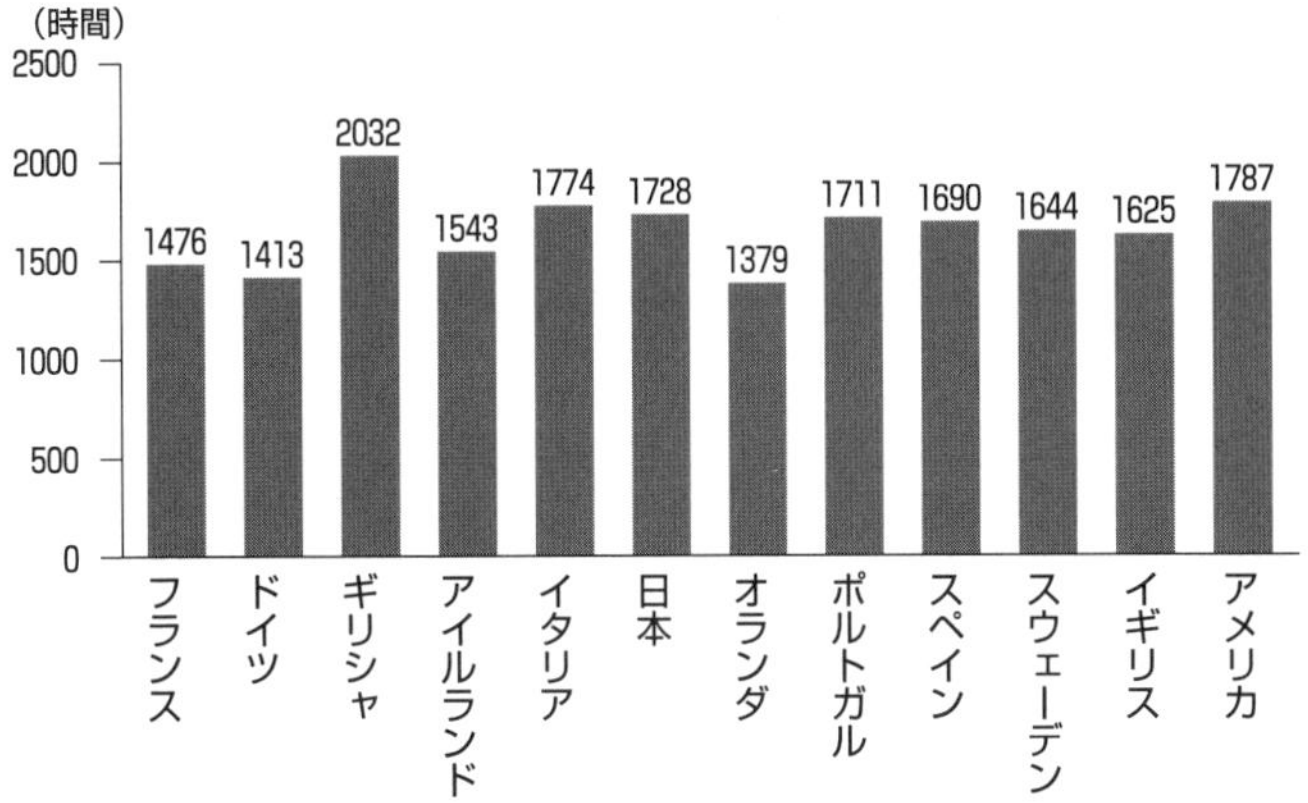

出所）OECD

労働者がシエスタ（昼の休憩）をとる、あるいは土曜・日曜に、アテネの住民がエーゲ海のすばらしいビーチへ休暇に行っている、といったイメージに基づくもののようである。

とはいえ、夏のギリシャの暑さはとにかく半端ではない。夏の昼間に建設現場で働くのは、能率が上がらないという以前に、作業員が片っ端から倒れてしまう。つまり、非効率極まりないのだ。

また、土・日にビーチへ行くことまで文句をつけられるのは、さすがにギリシャ人が気の毒になる。アテネから車で30分程度のところに、すばらしいビーチがあるのだ。休日にビーチで気分転換をすることまで、ドイツ人から非難される筋合いはないだろう。海水浴などが不可能な北国ドイツの人たちにすれば、ギリシャ人が手軽にビーチに行けるのがうらやましく、やっかみ半分で批判したのではないかと疑わざるをえない。

もっとも、ギリシャ人が働かないというのは、定義によっては正しくなる。ギリシャ人の労働時間はたしかに日本やドイツを上まわっているが、1人当たりGDPを見ると、日本はギリシャの1・56倍、ドイツは1・48倍である。ギリシャ人は、日本人やドイツ人よりも長い時間、働いているにもかかわらず、所得が少ないのである。

労働時間が長いわりに所得が少ないということは、生産性が低いということになる。つまり、ギリシャの問題は労働時間ではなく、生産性の低さなのである。

生産性とは、労働者1人当たりの付加価値を意味する。そして、付加価値は所得（および消費・投資）とイコールになる。「GDP3面等価の原則」（生産＝支出＝分配）により、一定期間の付加価値と所得、それに消費・投資は統計的に必ず一致する。ギリシャ経済の問題は、長時間働いても国民が所得を稼げない、GDPを稼げない、といいかえることが可能である。

いっぽう、ギリシャ人は消費が大好きだ。ギリシャでもっとも大きな産業は、じつは観光ではなく小売業である。次ページのグラフからわかるように、ギリシャのGDPに占める個人消費の割合は、なんと74・5％に達している。これはアメリカをも上まわっている数値で

ギリシャ人は消費好き

ギリシャの経済成長率と個人消費対GDP比率の推移

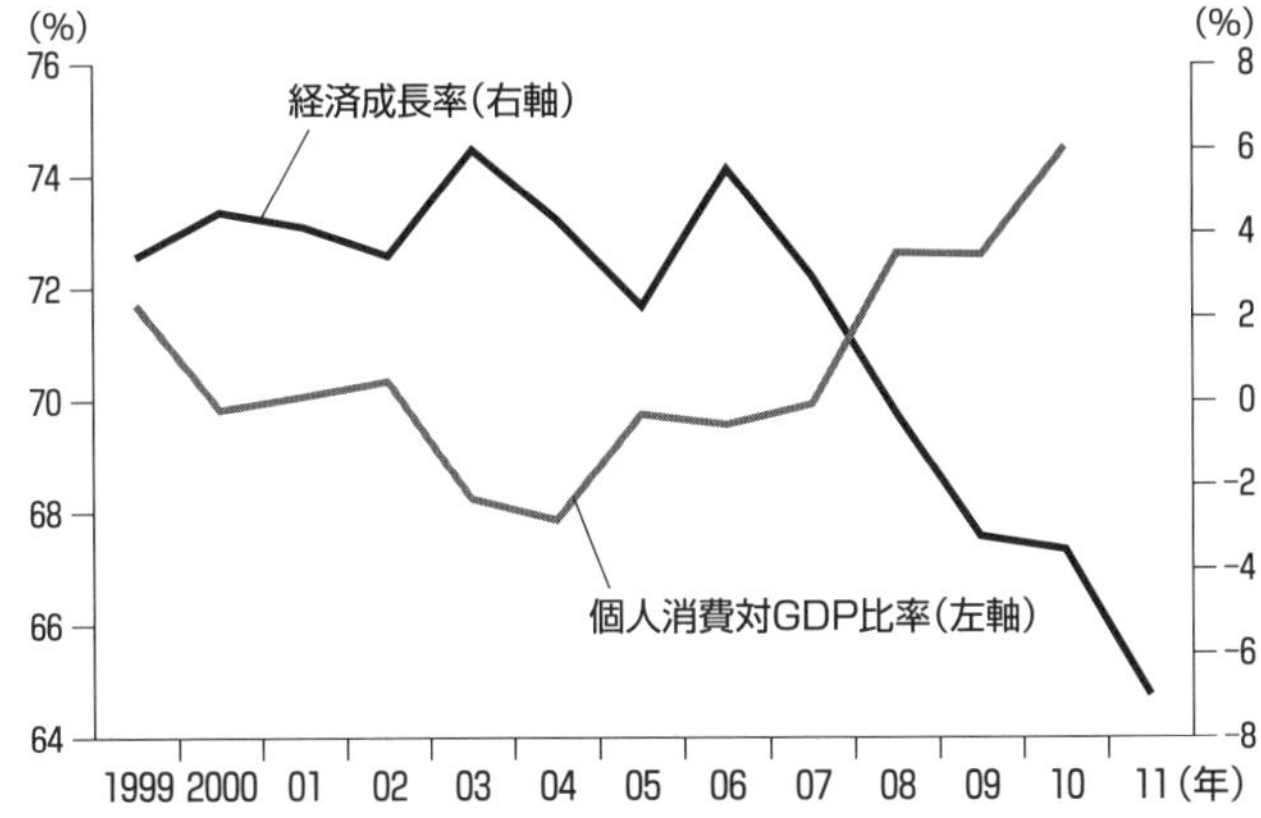

出所) 世界銀行

あるわけだから、尋常ではない。ちなみに、日本を含めた先進国では、個人消費がGDPに占める割合は60%程度である。

2008年以降、経済危機が深刻化するなかで、ギリシャのGDPに占める個人消費の割合はむしろ上昇していった。これは、危機のさなかでさえギリシャ人が消費を拡大したということではなく、母数のGDPが急激に小さくなったためだ。

なにしろ、ギリシャの経済成長率は、2008年がマイナス0・16%、2009年がマイナス3・25%、2010年がマイナス3・52%、そして2011年はなんとマイナス6・91%であった。2008年から4年連続のマイナス成長となっているうえに、マイナス幅がしだいに拡大しているのである。

ギリシャのシンクタンク、経済産業調査財団は、2012年の成長率について、2011年と同様にマイナス6・9％と予想しているが、失業率の急激な悪化を見るかぎり、とてもそんなレベルですむとは思えない。

若年層の失業増加が暗示するもの

というわけで、ギリシャ人の所得が減少し、消費を減らしているのは確かなのだが、全体のGDPのほうがそれ以上に縮小しているのだ。結果的に、2010年のギリシャの個人消費は、GDPの74・5％という高水準に達している。

とはいえ、危機が進行し、GDPの縮小が始まる前を見ても、やはりギリシャの個人消費は多すぎる。なにしろ、2007年時点で70％前後に達しているのだ。

ちなみに、ギリシャ人が（経済規模に比して）これだけ巨大な消費をする以上、ギリシャにおける雇用の担い手は小売業になる。これもまたギリシャの問題の1つなのだが、ギリシャの小売業は基本的には中小零細企業で、大企業は少ない。

先日まで、フランスのスーパーマーケット、カルフールがギリシャに出店していたが、経済危機の深刻化を受けて撤退してしまった。カルフールの店舗は地元の企業が引き受け、看板はそのままカルフールで運営している。カルフールの国際調達網が使えなくなったため、スーパーの棚に並ぶ品揃えはずいぶんと変化したそうである。それまでは輸入品ばかりだったのが、ギリシャ産が増えてきたとのことだ。

ギリシャでは教育に力を入れており、高等教育を受けたバイリンガルの若者を大勢育成した。当然のことながら、大学で高いレベルの教育を受けた人たちは、中小の小売業に勤めようとはしない。結果、ギリシャで若者の雇用の担い手になったのは政府だったのである。言葉を選ばずに書いてしまうが、ギリシャでは高等教育を受けた若者の就職先は公務員以外にほとんどなかったのだ。なにしろ、ギリシャには大企業や製造業が少ないのである。

ところが、2008年以降の経済危機を受け、EUやIMF（国際通貨基金）への緊急支援要請に追い込まれたギリシャ政府は、公務員のリストラに乗り出した。先にも書いたとおり、既存の公務員は数割という単位で所得を削られている。

さらに、ギリシャ政府は公務員数についても減らさなければならないのだが、さすがにそれは政治的に簡単にはいかない。というわけで、ギリシャ政府は新規の雇用をストップさせる自然減方式で公務員数を削っていっている。要するに、公務員の新規採用を停止し、若者に犠牲を強いるかたちで公務員数を減らそうとしているのだ。

なんとなく、どこかで聞いたような話だが、ギリシャの若年層失業率が極端に高いのは、政府みずから若者の就職機会を奪っているためでもある。日本も同じだが、若者の雇用機会が奪われることはきわめて重大な問題だ。就職できない若者は、仕事の経験やスキル、技術、ノウハウなどを蓄積できないからだ。

これは個人にとっても問題だが、国家全体で見ると、さらに深刻な問題となる。若者が就職できないということは、現役世代の技術や経験などが継承されないことを意味する。すなわち、国民経済にとって〝虎の子〟である供給能力（モノを生産する力、サービスを供給する力）が未来永劫《えいごう》、失われてしまうのだ。

もっとも恐ろしいのは技術が消滅すること

具体的な例を1つあげておくと、日本の伊勢神宮（ちなみに、正式呼称は「神宮」）の式年遷宮《せんぐう》だ。式年遷宮とは、20年ごとに伊勢神宮の内宮《ないくう》（皇大神宮《こうたいじんぐう》）と外宮《げくう》（豊受大神宮《とようけだいじんぐう》）の2つの正宮《しょうぐう》の正殿《しょうでん》などを造り替え、神座《しんざ》を遷《うつ》すことである（そのほかにも、別宮《べつくう》の社殿や宝殿、鳥居、御垣《みかき》なども造り替える）。

式年遷宮は690年以降、一時の中断や延期を除いて延々と繰り返されてきた。次回（2013年）の式年遷宮が62回目となる。現在、この式年遷宮に向けて、各お宮の建設工事が進められている。

第62回式年遷宮建設現場(2012年10月、撮影・渡辺康平)

信じがたい方も多いだろうが、伊勢神宮のお宮は、基本的には弥生建築である。私たちが歴史の教科書でしか習わない時代の建築方式を、いまだに継承しているのだ。1500年以上も昔の建築方式がいまも現役である国など、世界じゅうに日本一国しかない。

なぜ、伊勢神宮は20年ごとにお宮の建物を造り替え、神さまにお遷りいただくのだろうか。理由はいろいろと推測されているが、もっとも実利的な理由は、若い世代への技術伝承である。20年に一度、遷宮が行われるのであれば、1人の宮大工が少なくとも二度は弥生方式の建築に携わることになる。お宮を繰り返し造り替えることで、大工たちの技術が延々と伝承され、弥生方式の建築手法が現代に伝わるという(他国からしてみれば)信じがたい現実が伊勢に存在しているのだ。

今回の伊勢神宮の式年遷宮の費用は、少なくとも500億円以上にのぼる。500億円といえば、個人から見れば天文学的な金額である。だからといって、この500億円を「もったいない!」「ムダだ!」「事業仕分けだ!」などと節約し、式年遷宮を見送ったらどうなるだろうか。100年もしないうちに、わが国から弥生建築は失われてしまい、二度ともどってこない。

インフラは、メンテナンスを継続しなければ、いずれ使えなくなる。そして、技術も、若い世代に伝承されていかなければ、立ち消えてしまうのだ。べつに、文化伝統系の技術にかぎらず、国民生活を成り立たせるための基本技術も同じだ。

現在の日本はデフレが深刻化し、建設産業がリストラを繰り返し、若い世代が建築技術にふれることができなくなってきている。この状況が続けば、いずれわが日本は、道路を造れない、橋を架けられない、トンネルを掘れない、高層ビルを建てられない国に落ちぶれることになる。

あるいは、巷《ちまた》では反原発論が花盛りだが、このまま国民が原発に背を向けつづけ、原発関連の技術者がいなくなると、放射性廃棄物の最終処分ができなくなってしまう。脱原発を達成したいのであれば、なおさら、原発関連の技術開発が必要なのだ。反原発の人たちは、「いますぐ原発を廃止しろ！」とヒステリックに叫ぶが、放射性廃棄物の処理問題についてはどう考えているのだろうか。まさか、放っておくつもりではないだろう。

こんなことを言うと、即座に、

「だから、原発はダメだったんだ！」

などと、より甲高い声が返ってくるわけだが、やかましく騒ぎ立てたところで問題は解決しない。

原発の問題は、最終処分を含めて、完全に科学の問題である。落ち着いて考えてみれば、誰でもわかるはずだ。現在の日本がヒステリックな反原発論に迎合し、原発関連の技術を喪失してしまうと、逆に原発問題の最終解決の日は遠のく。

ちなみに、アメリカは1979年のスリーマイル島原子力発電所事故を受け、原発関連の技術にお金や人を投じることを徐々にやめていった。それから30年以上が経過したわけだが、これだけの時間が経つと、さすがにアメリカ国内の原発関連技術は失われたも同然になってしまった。もはやアメリカは、日本やフランスの企業（東芝、アレヴァなど）に発注しないかぎり、国内に原子力発電所を建設することはできないのだ。

日本やアメリカにかぎらず、一度、失われた技術を回復するのはきわめて困難をともない、ときには不可能である。だからこそ、企業は若者を雇用し、ゴーイング・コンサーン（企業

アテネ・アクロポリスのパルテノン神殿（2012年10月、筆者撮影）

が継続して事業を行うこと）の精神で技術やノウハウを伝承していく必要があるのだ。

とはいえ、デフレ期には、企業は生き残りのためにリストラを推進せざるをえない。国民経済にとって不可欠な供給能力が毀損《きそん》されるからこそ、デフレは悪なのだ。

それはともかく、ギリシャは日本なみに（あるいは日本以上に）歴史が古い民族（国家ではない＝後述）だが、アテネ観光の目玉といえば、文句なしでアクロポリスのパルテノン神殿である。

パルテノン神殿が建設（紀元前438年に完工）されたのは、古代ギリシャの絶頂期、アテネのペリクレス（BC495〜BC429）の時代である。パルテノン神殿は古代ギリシャの象徴たるドーリア式建造物で、装飾や彫刻もじつに見事なものだ。現在は右の写真のとおり、ギリシャ文化・観光庁により補修作業が進められている。

パルテノン神殿が破壊されたのは、ギリシャがオスマン帝国の支配下にあった1687年である。オスマン帝国と戦争をしていたヴェネチア共和国の臼砲《きゅうほう》（投石機の一種）から放たれた砲弾が、パルテノン神殿の弾薬庫を直撃したのだ。実際にパルテノン神殿に行くと、まず間違いなく「何てことをしてくれたんだ！　ヴェネチア人！」と思う。

いずれにせよ、パルテノン神殿は、伊勢神宮のように定期的に造り替えられてきたわけではない。古代ギリシャ時代の建築家や彫刻家たちの技術は、その後のギリシャの激動の歴史のなかで失われてしまい、二度ともどってこないのである。

それにしても、伊勢神宮とパルテノン神殿を見ると、両国の文化の違いをまざまざと見せつけられないだろうか。日本は木の文化であり、ギリシャは石の文化なのだ。

自前で国債を発行できない国の悲哀

現代世界の経済政策、とくに先進主要国で行われている緊縮財政系の政策が若者に負担を強いている。要するに、若年層失業率を引き上げてしまうという話だが、それは現在の彼らのみの問題ではなく、将来の国家の問題になりうるのだ。

現在のギリシャも、EUから押しつけられた緊縮財政により、若者の職が失われている。むろん、大学で高等教育を受けた若者が、地元の中小小売業に就職するという道はあるわけだが、教育のミスマッチはいかんともしがたい。

可能ならば、ギリシャは国内の製造業で若年層世代の雇用を受けとめるべきなのだが、先述のとおり、ギリシャには大手製造業が存在しない。国民があれほどまでに消費好きなのだから、国内の製造業が興隆してもよさそうなものだが、そうはなっていない。

しかも、ギリシャは公共交通機関が発展しておらず、完全な車社会である。21世紀を迎え、アテネでようやく地下鉄が開通したものの、人の移動は基本的には自動車と飛行機、さらに高速船で行われている。にもかかわらず、ギリシャにはギリシャ資本の自動車企業は存在しない。街なかを走っているのは、ドイツ車、日本車、イタリア車、韓国車ばかりだ。

車社会で消費大好きな国民が暮らすギリシャが、自動車を自国では生産しない。となると、当然ながら外国から自動車を輸入するという話になり、貿易赤字が膨らむことになる。そして、貿易赤字は対外純負債（対外純債務）の増加になり、かつ経常収支の赤字をもたらす。経常収支赤字国は国内が過小貯蓄状態になり、政府は国債発行を国際金融市場に頼らざるをえなくなるのだ。

次ページのグラフのとおり、ギリシャは２００１年のユーロ加盟に向けた動きが本格化す

もともと高インフレだったギリシャ

ギリシャの経常収支とインフレ率の推移

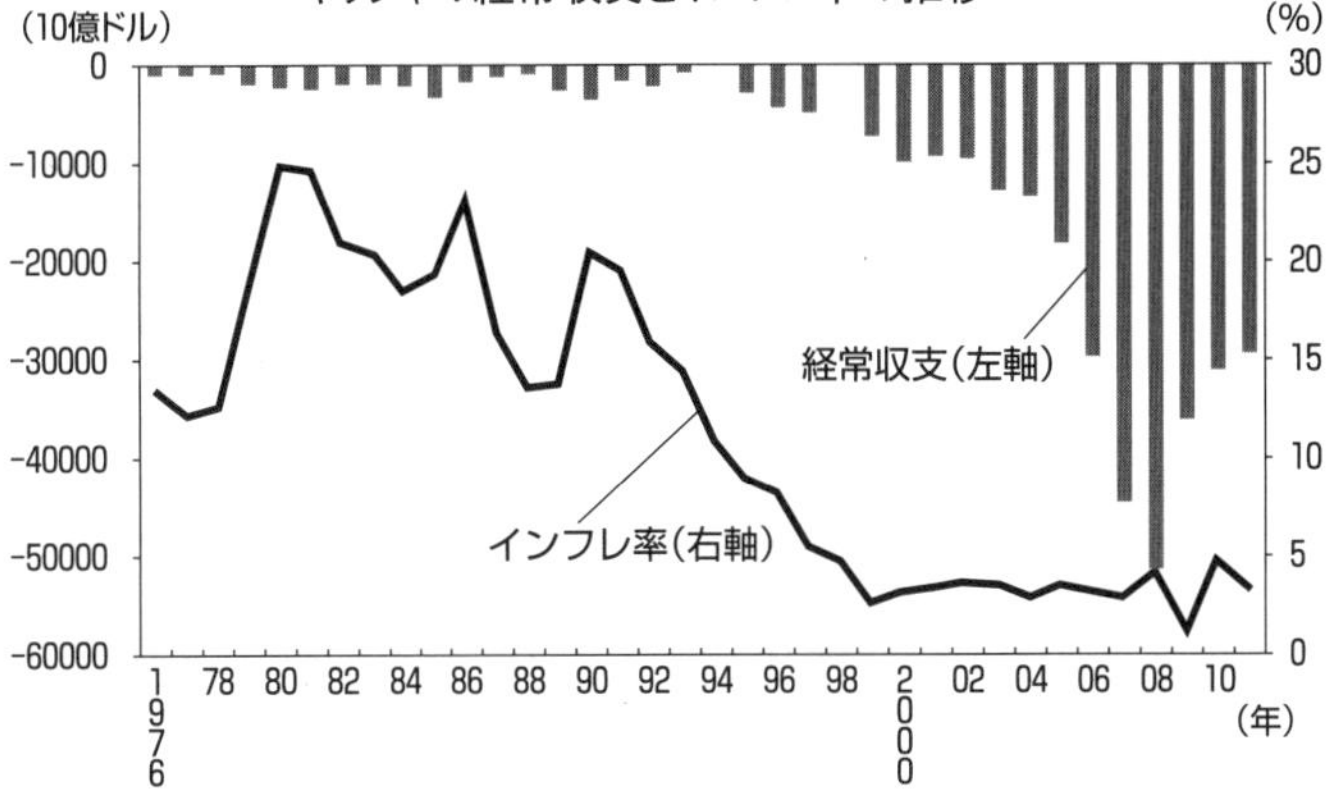

注）インフレ率は消費者物価指数の変動による。
出所）世界銀行

るまで、現在の日本人には想像もつかない高インフレの国であった。10%を超えるインフレ率が普通なのだから、半端ではない。

ギリシャのインフレ率が高めに張りついていたのは、当たり前だ。なにしろ、消費大好きなギリシャ人が、モノをつくらないのだ。国民の需要は大きいにもかかわらず、供給能力が不足しているため、ユーロ加盟前のギリシャでは、現在の日本とは逆にインフレギャップが発生していたのである。インフレギャップが発生している国では、物価は継続的に上がっていく。

国内でモノをつくれないならば、外国から輸入すればいいではないか、などと思うなかれ。これだけインフレが進むと、実質金利（国債の名目金利−《マイナス》インフレ率）の低下により為替レートが下落する。為替レートが下落すると、その国はしだいにモノを輸入することが不可能になる。

ギリシャ・ドラクマの為替レートは、1993年1月時点では、1ドル＝216ドラクマであった。それが、ユーロ加盟直前の2000年10月には、1ドル＝400ドラクマに下落した。7年間で、ギリシャ・ドラクマの対ドル価値は約半分になったのだ。

為替レートが下落していくと、さすがのギリシャ人といえども、輸入物価の上昇により外国から次々にモノを買っていくなどという真似は不可能だ。そのため、貿易赤字はそれほど拡大せず、経常収支の赤字幅もある程度で抑えられていた。

需要に対して供給能力が足りない場合、以下の2つが必ず発生する。

①物価が上昇する（インフレ率が上昇する）

②輸入が増えることで、貿易赤字が拡大する（あるいは、貿易黒字が縮小する）

たとえば、2011年の日本は、東日本大震災、福島第1原子力発電所の事故のあとに、菅（直人）政権が全国の原発を停めてしまったため、貿易赤字に陥った。各地域の電力会社は、原発を停めさせられたことを受け、すでに停止していた火力発電所を稼働せざるをえなくなったのだ。

火力発電所を動かすには、膨大な天然ガスが必要になる。日本の電力会社は、おもにカタールなどの中東の産油国から天然ガスを輸入している。カタールの首長は、日本が政治的に原発を動かせないことを知っている。だから、「どうせ日本は、わが国から天然ガスを買うしかないのだろう。少々高値にしても、買ってくれるだろう」というスタイルになるわけである。

実際、日本はカタールから膨大な（兆円単位の）天然ガスを追加的に購入することになり、わが国の貿易収支は見事に赤字化した。さらに、資源コストの上昇を受け、各電力会社は値上げに踏みきらざるをえなくなってしまった。

電力の場合、需要が存在している状況で供給（原発）を一方的に縮小したのだから、電力料金が上がり、貿易赤字になるのは、少なくとも方向的には正しいのである。日本の場合は、いまのところ、供給能力不足により物価が上昇している産業は少ない。電力以外では、医療、建設が供給能力不足に陥りつつあるが、全体ではあくまでデフレである。すなわち、供給能力が需要を上まわっている。

ところが、ギリシャはいまも昔も、国民の需要を国内の供給能力だけでは満たせない。ユーロ加盟前は、117ページのグラフのとおり、インフレ率の上昇により国内のインフレギャップが埋められていた。たしかに、経常収支は赤字傾向ではあるが、それほど目立って拡大していたわけではない。

問題は、むしろユーロ加盟後なのだ。2001年にユーロに加盟した前後から、ギリシャのインフレ率がきわめて低位安定していることに気がつくだろう。1999年以降は、ギリシャの消費者物価指数の上昇率は5%未満で推移しており、それまでの同国を思えば夢のような低インフレ社会である。

とはいえ、ユーロに加盟したからといって、ギリシャの供給能力不足という根本的な問題が解決したわけではない。ユーロに加盟することで、たしかに為替レートが安定し、輸入物価の高騰は発生しなくなったが、これはギリシャ人がモノをつくりはじめたからではないのだ。

ギリシャが世界大恐慌の引き金になる恐れ

ギリシャがユーロに加盟した結果、何がどうなったかといえば、インフレ率が低位安定するかわりに、貿易赤字、経常収支の赤字が拡大したのである。それはそうだ。おおもとの問題であるインフレギャップが解消したわけではないにもかかわらず、インフレ率は急落したのだ。ユーロに加盟して以降、ギリシャ人はそれまで以上に個人消費を増やしていった。

結果、当たり前の話として、ギリシャの貿易赤字、経常収支の赤字が拡大していき、現在の財政危機の種まきがされたのである。ユーロ加盟以降のギリシャの経常収支赤字幅の拡大ペースは、まさに驚異的だ。2008年まで、まるで指数関数のように、経常収支の赤字額が増えている。

統計的に、経常収支の赤字は対外純負債の増加であり、国内の貯蓄不足である。経常収支赤字国、貯蓄過小国（この2つは同じ意味だが）が公務員を増やし、年金制度を充実させるとなると、政府は最終的には外国からの負債拡大に追い込まれることになる。

ギリシャが独自通貨ドラクマを使いつづけた場合、為替レートの下落により輸入が減り、輸出が増えることで貿易赤字が縮小する。ユーロ加盟前のギリシャは、実際にそうだったのだ。

ギリシャがユーロに加盟しなかった場合は、経常収支の赤字幅は拡大することなく、対外純負債の増加に歯どめがかかったはずなのだ。だが、ギリシャはユーロ加盟国となったため、対ユーロ諸国で変動しない為替レートに依存し、ドイツなどから延々と輸入を続けた。その結果、現在の危機にいたったのである。

ギリシャのサマラス首相は、アテネを訪問したメルケル首相に対し、

「ギリシャは約束を守り、この危機を克服する決意だ。ギリシャ国民は苦しんでいるが、競

争力を取り戻す戦いに勝ち抜く覚悟を決めている」

と、何というか威勢と悲壮感がたっぷりと詰まった発言をしている。

しかし、実際には、現在の緊縮財政を継続するかぎり、ギリシャが財政問題を解決することはできない。ギリシャが対外債務を返済するためには、方法は次にあげる2つしかない。

①国民経済を内需中心で成長させ、GDPを増やし、税収増で獲得したユーロを外国に返済する。

②輸出競争力を高め、貿易収支（あるいはサービス収支）を黒字化することで経常収支を改善し、対外純資産の増加をめざす。

ギリシャが現在の緊縮路線をひた進むかぎり、国内需要の拡大は起こりえない。なにしろ、労働者の4分の1を占める公務員の給与が4割も削減され、さらに年金にまでメスが入っているのだ。外国人観光客だけはなんとか増えているが、これはギリシャにとってサービスの輸出に該当し、内需ではない。

また、外国からの観光客が少々増えたところで、ギリシャ人の、消費は大好きだが自国で生産しない傾向が続くかぎり、貿易・サービス収支の黒字化はない。自分たちでモノをつくらない以上、内需を増やすといってもすぐに限界になる。輸入は経済成長率にマイナスの影響を与える。

ギリシャが輸出競争力を獲得するためには、対ユーロ諸国で通貨を切り下げるしかないのだ。さもなければ、競争力を確保できるほどにまで国民所得を小さくしなければならないわけだが、これは失業率が25％を超えている国において、さらに「国民に貧乏になれ」という話である。とてもではないが、政権がもたないだろう。

しかも、ギリシャ国民の所得を小さくすればするほど、当然の結果として税収は減る。税収減により財政危機は高まり、EUはまたもや緊急支援を要請される事態にいたる。

というわけで、ユーロに残留するかぎり、ギリシャは内需中心の成長も外需中心の成長も望めない。しかも、ギリシャは簡単にユーロから離脱できないある事情を抱えている。それは、安全保障である。

ギリシャ王国成立までの凄惨な歴史

ほとんどの日本人は知らないだろうが、ギリシャの歴史は凄惨である。というより、そもそもギリシャ人は、1830年にギリシャ王国が成立するまで、祖国というものをもったことがないのである。つまり、ギリシャ人の国は存在しなかったのだ。

こう書くと、「古代ギリシャはどうなんだ」と思われた読者も多いだろう。だが、古代ギリシャ（ヘレニズム文明）は、独立した都市国家、すなわちポリスの集合体であった。各ポリスの住民はギリシャ語を話したが、主権はバラバラだったのである。

ご存じのとおり、現在のオリンピックの起源はギリシャだ。紀元前776年ごろ、オリュンピアで第1回古代オリンピックが開催され、その後、4年に一度開催されることになった（古代オリンピックは393年まで続いたとされている）。

その後、紀元前490年にペルシャのダレイオス1世の軍がギリシャに侵入した。マラソンの起源になっているマラトンの戦いにより、ギリシャ側が勝利した。さらに紀元前480年に、再びペルシャ軍が侵攻してくる。有力ポリスの1つ、スパルタを中心とするギリシャ軍はテルモピレーの戦いでは敗れたものの、サラミスの海戦で勝利し、ペルシャ軍は撤退した。

紀元前462年、古代ギリシャを代表する政治家ペリクレスがアテネ（アテナイ）の実権を握った。ペリクレスはデロス同盟の資金をアテネの管理に移し、パルテノン神殿を建設した。このころが古代アテネの絶頂期といえる。その後は、ポリス間の対立が深まり、幾度かの戦争を繰り返し、ギリシャ地域は最終的にはマケドニア（アレキサンダー大王）の支配下に陥ちてしまう（紀元前336年）。

そのあとのギリシャ地域はローマ帝国に吸収され、ローマ帝国分裂後はビザンチン（東ローマ）帝国領となった。ビザンチン帝国はキリスト正教会（オーソドックス）の国家であったが、主力民族はギリシャ人であった。とはいえ、当時のギリシャ人は、ギリシャ語をしゃべっていながらギリシャ民族という意識はなく、自分たちのことをローマ人と呼んでいた。ギリシャ民族と正教会が中心であったビザンチン帝国は、１４５３年にメフメト2世率いるオスマン帝国軍がコンスタンティノープルを陥落させたことで、終焉のときを迎えた。コンスタンティノープルが陥落した5月29日は火曜日だったため、いまでもギリシャ人は、「火曜日は縁起が悪い」と考えている。

オスマン帝国に滅ぼされて以降、ギリシャ民族あるいはギリシャ地域は、トルコ人の支配下に置かれた。オスマン軍がアテネを占領したのは１４４５年、ギリシャ王国成立が１８３０年であるから、じつに４００年近くもの期間、ギリシャ人はイスラム教徒の帝国において、オーソドックスを信じる異教徒として生きてきたのである（オスマン帝国支配下のアテネは、人口わずか1万２０００人の小都市であった）。

古代ギリシャに対する憧憬が深い日本人は少なくないと思うが、実際のギリシャ人は、パルテノン神殿やオリンポス、ギリシャ神話、ヘレニズム文明の後継者としてではなく、単純にギリシャ語をしゃべる正教徒として歴史を重ねてきたのである。しかも、４００年もの長きにわたり、異教徒（イスラム教徒）の支配下に置かれていたのだ。それはもう、古代ギリシャや西欧諸国と異なる人びとになっていって当たり前である。

つい最近まで、ギリシャ人が西欧諸国などに行く際には、「ヨーロッパに行く」と表現していた。そもそもヨーロッパの起源は、ギリシャ神話に登場するお姫さまのエウロペなのだが、当のギリシャ人が自分たちはヨーロッパ人ではないと認識していたのである。なにしろ（しつこいが）ギリシャ人は400年もの期間、イスラムの帝国支配下で生きてきたのだ。

逆に、ヨーロッパの人びとのほうがギリシャ文明をヨーロッパ文明の起源として認識しており、ギリシャへの憧憬が深かった。その点では、現在の日本人と大差ない。

イギリスのロマン派詩人であるパーシー・B・シェリーは、詩句において、「われわれはすべてギリシャ人である」（We are all Greeks.）という有名な言葉を残している。

何度も繰り返されてきた財政危機とデフォルト

さて、悲惨な独立戦争を経て、1830年にギリシャ民族はようやくギリシャ王国として独立したのだが、その後の歴史も凄まじいかぎりだ。

独立当初のギリシャ王国の領土は、ペロポネソス半島とアテネ周辺、いくつかのエーゲ海の島々にかぎられており、人口はわずかに80万であった。当時のギリシャ民族は、クレタ島からギリシャ本土、マケドニア、トラキア、西アジア、さらには黒海南岸のポントスまで拡散していたのである。

というわけで、ギリシャ王国は、「オスマン帝国から、ギリシャ人が住んでいる地域を取り戻そう！」と、失地回復運動を始めたのである。これを「メガリ・イデア」と呼ぶ。メガリ・イデアとはギリシャ側の呼び方で、オスマン帝国のほうからしてみれば、ただの侵略である。

ギリシャ軍とオスマン軍はバルカン半島を中心に何度も戦火を交わし、クレタ島で死闘を展開した。たいていのケースで、ギリシャ軍はオスマン軍にかなわないのだが、列強の支援や運に助けられ、しだいに本当に失地（ギリシャから見て）を回復していく。

ギリシャはバルカンやエーゲ海の島々で戦闘を繰り返し、マケドニアや島々を奪取していく。ついに1913年には、クレタ島もギリシャ王国に併合され、同国の人口はこの時点で480万人に膨れ上がっていた。

さらに、第1次世界大戦にオスマン帝国が同盟国側で参戦し、敗北した結果、ギリシャはついにあこがれのコンスタンティノープルを目前とするトラキアを得た。しかも、2000年以上もの長期にわたり、ギリシャ人が住みつづけてきた小アジア西岸のスミルナまで獲得してしまう。メガリ・イデア達成まで、もうほんのわずかである。

だが、ギリシャの侵略は、オスマン帝国のトルコ人たちの愛国心を呼び覚ましてしまった。1920年、トルコのムスタファ・ケマルが革命政権を樹立し、ギリシャ軍を相手に戦端を開く。

1921年8月、トルコ軍は小アジアのサカリヤ川の戦いにおいて、決定的な勝利を得る。翌22年9月には、トルコ軍はスミルナ（トルコ名はイズミル）を奪還し、小アジアからギリシャ軍を追い落とすことに成功した。スミルナ炎上により、2500年間も続いた小アジアのギリシャ社会が消滅することになってしまった。

1923年、ギリシャとトルコとのあいだで住民交換協定が締結された。トルコ側から110万人のギリシャ人（厳密には正教徒）がギリシャに渡った。逆に、ギリシャ側からは38万人のトルコ人がトルコへ移送されたのである。

トルコと戦いつづける期間、ギリシャは国内でも大統領暗殺、国王追放、国家分裂と、とにかく忙しく政治的事件を繰り返していた。1933年にアンカラ会議を受けた友好条約が締結され、ようやくトルコとの国境が確定したわけだが、29年には世界大恐慌が勃発し、ギリシャ経済は悪化していく。現在さながらに（というかそのものだが）財政危機とデフォルトを繰り返したギリシャは、その後、第2次世界大戦にまきこまれることになる。

1940年、ムッソリーニのイタリア軍がギリシャに攻め寄せてきた（イタリア・ギリシャ戦争)。ギリシャ軍は山岳地帯をうまく活用し、枢軸国第1弾として攻め寄せてきたイタリア軍を見事に撃退した。

しかし、イタリア軍のあとにやってきたドイツ軍にまたたくまに敗北し、ギリシャはナチス・ドイツ、イタリア、そしてブルガリアの支配下に置かれることになった。ナチス・ドイツのギリシャ占領政策により、20万〜30万人が餓死し、経済は定義どおりのハイパーインフレーションに突入した。

ドイツ軍は1944年にギリシャから撤退していったが、同年12月3日、ギリシャ共産党系の民族解放戦線(EAM)の呼びかけに応じたデモ行進がアテネで行われ、無防備な参加者に警官隊が発砲。10数人が殺され、「12月事件」と呼ばれた。

第2次世界大戦で枢軸国が敗北すると、イギリスの介入により、EAMは壊滅状態に陥った。1945年にEAMはアテネを撤退したが、40年から44年にかけたナチスの支配やEAMと政府軍の戦闘で、ギリシャ国民の8%にあたる55万人が死亡するという悲惨な状況になった。さらに、政府軍によるEAMに対する白色テロ(旧体制側である為政者による弾圧行為)が続き、1192人が殺害される。

悪化の一途をたどる「ギリシャ病」

ギリシャ政府は、ナチスや共産党をなんとか追放することに成功したわけだが、話はここで終わらない。

1946年、山岳地帯へと逃れたEAMを中心に、ギリシャ民主軍が結成された。そして、翌年から、ギリシャ政府軍と民主軍の内戦が始まったのである。ギリシャは国民同士、ときには兄弟同士が殺し合う、血で血を争う内戦に突入した。

1949年、ギリシャ民主軍はグラモス山での戦いに敗北し、潰走する。その結果、10万人近いギリシャ人が「鉄のカーテン」の向こう側に亡命を余儀なくされた。

内戦が終結し、ようやくギリシャに平和が訪れると思いきや、現実はきびしかった。1967年には軍の強硬派がクーデタを起こし、軍事独裁政権が始まる。西側諸国のなかで、戦後に軍のクーデタにより独裁政権が成立したのは、唯一、ギリシャのみだ。

ギリシャ国王のコンスタンティノス2世は反クーデタを企てるが、失敗。ローマに亡命を余儀なくされ、この時点でギリシャ王国が終焉した。クーデタ首謀者のパパドプロス大佐はギリシャ・キリスト教文明の創造を提唱し、古代ギリシャ文明をギリシャのアイデンティティに据える。

1973年には、オイルショックの影響でインフレ率が急騰した。庶民の生活は困窮を極め、学生たちによる反軍事政権のデモが始まる。同年11月にはデモ隊と軍部が衝突し、多くの犠牲者を出す羽目になる。

1974年、国民からの評判がどん底まで落ちた軍事政権は、キプロス併合に活路を見出そうと、軍事的冒険に乗り出す。起死回生を求めたギリシャ軍はキプロス首相マカリオス3世の暗殺を企てるが、ものの見事に失敗。しかも、宿敵トルコの介入を招いてしまう。トルコ軍は悠々とキプロスに侵攻し、北部を占領する。ギリシャの軍事政権は、政治的にも軍事的にも追いつめられる。亡命していた有力政治家のカラマンリスがパリから帰還し、新民主主義党（ND）を設立するとともに、新政権を発足させ、軍事政権がついに終了した。

さらに、過去に三度もギリシャ首相を務めたゲオルギオス・パパンドレウの息子、アンドレアス・パパンドレウが全ギリシャ社会主義運動（PASOK）をスタートさせる。ここに、NDとPASOKの2大政党時代が始まった。

1981年、ギリシャはEC（ヨーロッパ共同体、現・EU）に加盟した。同年、PASOKが総選挙で勝利する。そして、パパンドレウ政権による、ECから借款を受け、国民に公的機関や国営企業の職を与える政策が大規模に始まった。ギリシャでは、それまでも、政治家とのコネクションを利用した就職活動などは行われていた。PASOKが政権を握って以降、それが政党として行われるようになったのである。

1990年には政権がNDにもどるが、低投資、成長不振、国庫補助金への依存、財政赤字、高インフレ、貿易赤字、金融逼迫《ひっぱく》というギリシャの病は完治できなかった。

1993年、またもやPASOKが政権を取る。政権が変わるたびに公的部門が拡大するという、現在にまでいたるギリシャの病が深刻化していった。

安全保障からユーロ離脱をしぶるギリシャ

ギリシャの労働人口に対する公務員（政府職員）数は約25%と、福祉国家ではないわりに、たしかに高い（ちなみに、日本は5%）。というよりも、25%という数値も、2010年に、はじめてギリシャ政府が公務員数の統計をとったことで判明したものだ（実数では約100万人）。2010年以前は、ギリシャ政府は公務員数をきちんと数えたことがなかったのである。

政権が交代するたびに、新たに権力を握った政党がコネクションを活用し、支援者を公務員として採用する。その後、再び政権交代したとしても、前の政権が雇ってくれた公務員が解雇されるわけではない。

なんとなく以前からいる人も公務員として居座り、なんとなく新たに採用された人と仕事を分け合う（あるいは仕事をしない）という、日本人には信じがたい状況が続き、ギリシャの公務員数は増えつづけたのである。

公務員数のむやみな拡大と同様に、軍事政権崩壊以降のギリシャの歴史を象徴するのが、やはり宿敵トルコ共和国との軋轢《あつれき》である。なにしろ、ギリシャとトルコは500年前からの因縁の相手だ。ギリシャ王国独立後は、領土をめぐって何度も戦火を交えている。

ギリシャ側は「400年も支配してくれやがって！」、トルコ側は「よくも領土を削り取ってくれたな」というわけで、両国の国民がわかり合える日は永遠にやってこないだろう。というよりも、普通の国は遠交近攻（遠い国と親しく、近い国とは争う）が基本なので、ある意味でグローバルスタンダードな両国である。

現在にいたっても、キプロスやエーゲ海において、ギリシャ軍とトルコ軍はにらみあいを続けている。ギリシャにとっての仮想敵国は、文句なしでトルコなのだ。

ところで、1973年にキプロス紛争が本格化した際に、ギリシャは北大西洋条約機構（NATO）の支援を期待した。だが、NATOは動かなかった。理由は簡単で、ギリシャと同様、トルコもNATOの加盟国だったからである。

NATOが味方してくれないことにショックを受けたギリシャは、ヨーロッパに接近する。1981年、ギリシャはECに加盟し、2001年にはユーロに参加した。

現在、トルコはユーロ加盟を欲しているわけだが、ギリシャは事実上の拒否権をもっている。というのも、ユーロの基本は全加盟国一致が原則であるから、ギリシャが反対するかぎり、トルコはユーロに加盟することができない。この現実は、ギリシャ共和国の安全保障に、相当程度、貢献している。

というわけで、ギリシャはユーロから離脱すると、トルコに対するカード（しかも巨大なカード）を1枚失うことになってしまう。経済的な面はともかく、安全保障面から、ギリシャはユーロ圏を離脱することができないのだ。ギリシャがユーロを離脱すると、宿敵トルコが嬉々としてユーロ加盟への歩みを進めるだろう。これは、さすがにギリシャ側は甘受できない。

とはいえ、ギリシャが現状のままユーロに加盟しつづけていると、国民所得減少により税収が減り、財政がひたすら悪化していくことになる。税収が減り、財政が悪化すると、またもやギリシャ政府は、ＥＵもしくはＩＭＦに緊急支援を要請せざるをえない。ＥＵやＩＭＦは、当然のことながら、ギリシャ政府にさらなる緊縮財政を要求する。

ギリシャ政府が緊縮財政を強行すると、国民の所得は間違いなく縮小する。所得が小さくなると、またまた税収減になる。税収減は財政の悪化であり、ギリシャ政府は対外債務の返済ができなくなるため、再度、ＥＵやＩＭＦに緊急支援要請をする。すると、ＥＵやＩＭＦ

経済成長できずに負債が膨らむギリシャ

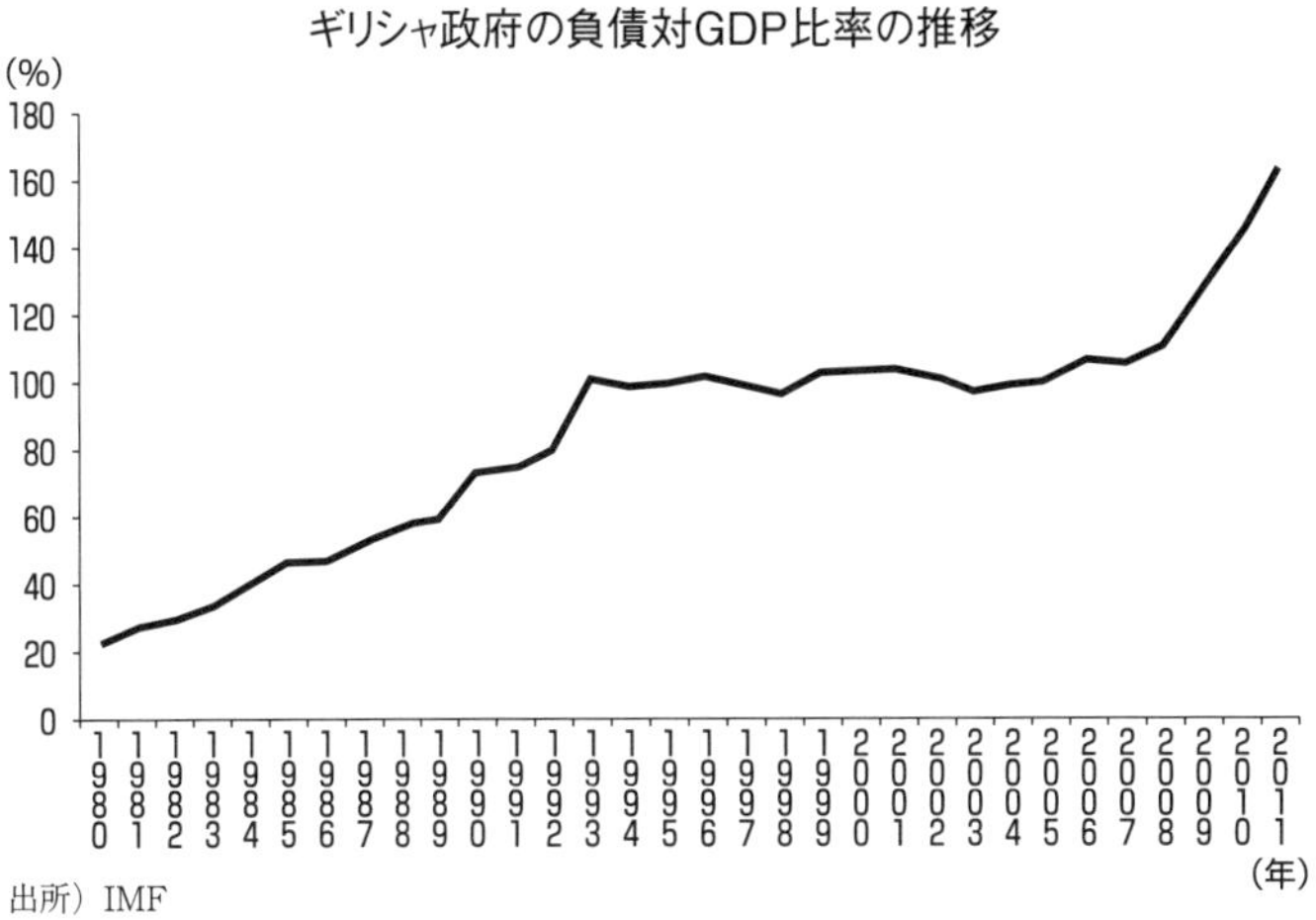

出所）IMF

は融資と引き換えに、ギリシャに緊縮財政を迫る。ギリシャ政府が緊縮財政を強行すると……と、延々と悪循環が続いていく。

ギリシャ政府が緊縮財政を継続しているかぎり、ギリシャ国民の所得は減少し、かつ失業率が上昇する。先述したとおり、8月時点でギリシャの失業率は25・4％であり、ヨーロッパでは最悪である。ここで政府が歳出を削減し、政府の支出による雇用が生まれないとなると、失業率は30％を超え、40％に接近することになるだろう。それまで政権がもつとは、とうてい思えない。

むろん、ギリシャ政府が緊縮財政を強行することで、所得の下落が続き、ギリシャ国民がいずれ輸出競争力を高められるほど貧乏になることはありうるかもしれない。

というよりも、そもそも緊縮財政の目的は、国民を貧乏にすることで競争力を獲得するためである、と主張する経済学者もいるのだ。

しかし、ギリシャ国民が輸出競争力を得るほどに貧乏になっているあいだに、ギリシャの対外債務問題は間違いなく悪化することになる。なにしろ、国民の所得減少により、政府は歳入（税収）を増やせないのだ。歳入が増えなくても、最低限、どうしても必要な支出というものはある。結局、ギリシャ政府は国際金融市場で国債を発行し、高利回りの借金をせざるをえないだろう。

実際、ギリシャ政府の負債対GDP比率は、前ページのグラフからもわかるように、バブル崩壊と財政危機が始まった2008年以降、ひたすら悪化を続けている。この間、EUやユーロ加盟国は懸命にギリシャへの支援融資を続けたが、事態はまったく改善していない。所得と税収を増やす肝心の経済成長を達成していない以上、当たり前だが。

ユーロから離脱しないかぎりギリシャに未来はない

筆者がギリシャを訪問したとき、アテネの日本大使館の方がおもしろいことを話してくれた。それは、ギリシャがユーロを離脱し、為替レート暴落により価格競争力を手に入れたとしても、ギリシャの農作物の品質が悪すぎて輸出することはできないだろう、というものだ。

「ユーロを離脱しても、ギリシャは外国に売るものがないよ」という話なのだが、よくよく考えてみると、ユーロに加盟して以降のギリシャは、そもそも農産物の品質を高める、あるいは自動車製造業を立ち上げる、あるいは全般的に生産性を高める努力をする必要がなかったのだ。

なにしろ、自国で良質な製品を産出しなくても、フランスの農産物なり、ドイツの自動車なりを同一為替レートのもとで輸入しつづければよかったからである。むろん、自国で生産しない以上、貿易赤字は拡大する。貿易赤字は経常収支の赤字を引き起こし、ギリシャの対外純負債はひたすら拡大し、政府の対外債務も増えざるをえない。

だが、だから何だというのだろうか。フランスやドイツが農産物や製品を生産し、消費大好きなギリシャ国民がそれらを輸入し、消費する。対外純負債や政府の国債金利の上昇が発生しなければ、何の問題もなかったという話である。

とはいえ、現実には、対外純負債や政府の対外債務があまりにも悪化したため、ギリシャは財政危機に突入した。ギリシャの対外債務が悪化したのは、同国が自国で消費する生産物を生産しようとしなかったためだ。

そういう意味において、ドイツ人が、「ギリシャ人は働かないから、こんな事態にいたった」と批判するのは正しい。ギリシャ人はドイツ人よりも長時間働いているが、自国民の需要を自国企業のみで満たすべく、供給能力を高めようとはしなかったのだ。

だが、ＥＣに加盟する以前のギリシャは、すでに見てきたとおり凄惨な歴史を繰り返してきた。日本のように、設備投資を繰り返し、じっくりと供給能力を蓄積することが可能な環境にはなかったのである。

繰り返すが、ユーロ加盟後は、ギリシャはそもそも供給能力を蓄積し、製品や農産物の品質を改善し、さらには生産性を高める努力をする必要がなかった。そんな努力をしなくても、一定の為替レートのもとで、ドイツから自動車を、フランスから農産物を輸入すればすんだのだ。

というわけで、筆者は、ギリシャはユーロから離脱しても外国に輸出できる製品がないのではなく、そもそもギリシャはユーロに加盟していたからこそ外国に輸出できる製品がない、という視点が正しいのではないかと思う。

ギリシャがユーロに加盟していなければ、消費大好きの国民であるわけだから、生産性を高める努力をせざるをえなかったはずだ。もしかしたら、ギリシャ民族資本による自動車企業を創業し、発展させるという動きが起きたかもしれない。

とはいえ、現実のギリシャはユーロに加盟し、為替レートの変動なしでドイツから延々と自動車を輸入することが可能であった。しかも、ギリシャ政府が自国の自動車産業の興隆を思い立ったとしても、ユーロに加盟しているかぎり、対ユーロ諸国に関税をかけることはできない。つまり、自動車企業を育てようとしても、関税によるバックアップは不可能なのだ。なにしろ、ユーロ圏はモノ、カネ、ヒトの移動がほぼ完全に自由化された、ユーログローバリズムの支配下にある。

現在のギリシャに対する解決策は、たとえ輸出できる製品がなかったとしても、ユーロを離脱し、変動相場制と関税を取り戻すこと以外にはない。独自通貨ドラクマにもどると、100％、政府の対外債務はデフォルトに陥るが、普通の国がもっている為替レートと関税という武器をようやく取り戻すことができる。

ユーロを離脱し、さらに法人税を引き下げれば、為替レートの下落による相対的な低賃金化に惹《ひ》かれた外資系企業が、ギリシャに資本を投じてくれるかもしれない。そうなると、かつてアイルランドが「ケルトの虎」と呼ばれたように、ギリシャは「エーゲの竜」（まあ、呼称は何でもかまわないが）になれる可能性があるわけだ。ギリシャ国内の製造業が活性化すると、やがて民族資本の自動車企業が誕生するかもしれない。

ギリシャ民族資本による製造業が勃興してくると、ようやく高等教育を受けた若い世代の雇用の受け皿ができるだろう。また、外国企業がギリシャに資本を移動する際に、ギリシャのバイリンガルの若い世代は間違いなく有益であるはずだ。

しかし、こうした解決策はギリシャがユーロに加盟しているかぎり、たんなる夢で終わってしまう。

本章の結論だが、モノを生産できないという点では、ドイツ人のいう、「ギリシャ人は働かない」は、たしかに正しい。だが、ギリシャ人がモノを生産しないのは、あるいはこれまで生産しなかったのは、じつは同国がユーロに加盟していたためという可能性が濃厚なのだ。そして、ギリシャがユーロに残留しつづけるのは、対トルコの安全保障上の問題が存続しているためである。

そうなると、ギリシャは、結局はユーロから離脱をせず、国内で製造業が勃興することもなく、国民はひたすら貧乏になり、かつ対外債務問題が膨らみつづけるという不毛な未来しか残されていないという話になる。これがユーログローバリズムに属する、ギリシャの現実である。

第4章

2013年、ユーロが終焉する日

GDPには3つの顔がある

前章において、ギリシャ国民は消費が大好きで、車社会であるにもかかわらず、「ギリシャ製の自動車は存在しない」と書いた。

その理由として、ユーロに加盟するまでのギリシャは、国内の政治的混乱により供給能力の蓄積が困難だったことをあげた。さらに、ユーロ加盟後のギリシャは、域内の共通通貨に依存し、ドイツの供給能力を活用することによって車社会を実現していったのである（実際にはドイツ車以外の車も少なくないが）。

さて、第1章で、自由貿易を掲げたイギリスがムガール帝国に市場を開かせ、自国製品を雪崩《なだれ》のように売りつけたと書いた。その結果、インドの衣料産業で働いていた人びとが失業し、所得を得られなくなってしまった。反対側で、イギリスの労働者が綿製品工場で働き、所得を得ていったのである。

国民の所得の合計がGDPになるわけだが、外国とのモノやサービスの輸出入は純輸出として統計される。純輸出とは、「輸出 −《マイナス》 輸入」で計算されるGDPの需要項目の1つである。むろん、輸入が輸出を上まわっている国は純輸入となり、その分、国内総生産であるGDPが減る。すなわち、国内で得られる国民の所得は減少する。

輸出が減り、輸入が増えると……

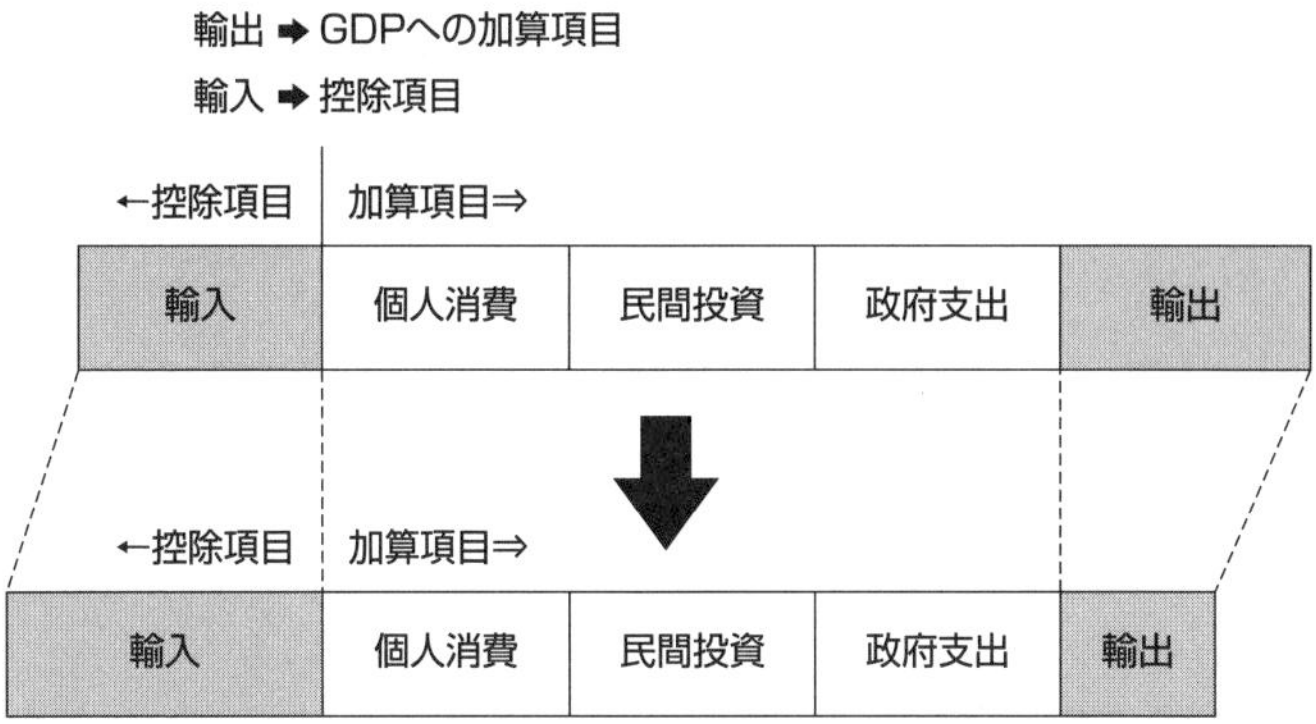

その国のGDPは減少する

それに対して、輸出が増えると、その分だけ国内で生産が増えるという話になり、国民の雇用と所得は必ず増える。逆に、輸入が増えると、その分だけ国内で生産しないわけだから、雇用と所得は減少する。

これはべつに、重商主義的なことをいいたいわけではない。たんに、国民所得の統計上、輸出は国内の所得や雇用を増やし、輸入は減らすことが事実だと言いたいだけだ。

自由貿易論者は、「グローバリズムにより貿易の障壁をなくすことで、消費者が『より安い製品』『より安いサービス』を購入できるのだ。すばらしいだろう」といったレトリックをひんぱんに使うが、話はそれほど単純ではない。

なにしろ、消費者は同時に、働き、モノやサービスを生産し、所得を得ている生産者でもあるわけだ。というよりも、消費のために使われるお金の出所は、所得である。国内の生産活動が減少し、輸入品で需要を満たす傾向が高まると、国民の所得は減っていく。

「所得と消費、どちらが重要なのか?」という問いは、まさに〝鶏と卵〟であり、答えは、「どちらも重要」である。なにしろ、人間は食料や水を消費しなければ死んでしまう。とはいえ、狩猟時代ではあるまいし、食料は人間が生産しなければ産出されない。そして、誰かが食料を生産し、別の誰かがそれを購入(消費)したとき、支払われたお金が生産者の所得となる。

食料の生産によって所得を得た人は、それをみずからの消費にまわし、別の誰かの所得を生成する。このとき、誰かが何かを消費するためには、必ず反対側に生産がなければならない。

というわけで、国民経済の基本であるGDPは、

①誰かが働いて生み出した生産物(付加価値)の合計である生産面のGDP
②生産物への支払い、すなわち消費と投資の合計である支出面のGDP
③生産物に消費、投資が行われた結果、生成された所得の合計である分配面のGDP

という3つの面から見ることができ、この3つのGDPは必ず一致する。これを、「GDP3面等価の原則」と呼ぶ。

143ページの図は支出面のGDPの概要を図示したものだが、輸出とは外国の消費であり、輸入は外国の生産になる。外国の消費は、当然ながら自国のGDPの加算項目になる。輸出を増やせば増やすほど、自国の雇用、所得、そしてGDPは増える。

逆に、輸入は外国の生産であるため、自国のGDPには含まれない。外国の生産物は自国で消費、もしくは投資として当初はGDPに加算されるため、のちにあらためて輸入分を控除（差し引く）する必要があるのだ。

輸出が加算項目で、輸入が控除項目であるため、支出面のGDPにおける輸出入は、「輸出－《マイナス》輸入」である純輸出で計上される。当たり前だが、ある国（たとえば、ドイツ）が純輸出になったとき、反対側に必ず純輸入（たとえば、ギリシャ）になる国が存在する。むろん、一国ではなく、複数の国の純輸入により、ある国の純輸出は構成されることになるのだが。

欧州圏への輸出で経済成長を続けるドイツ

現時点でユーロの経済的な盟主となっているのは、いうまでもなくドイツだ。ドイツの輸出や直接投資、それにＧＤＰの構成を見ると、現在のユーロがどのような状況になっているかが一発で理解できる。

次ページの①のグラフを見ると一目瞭然だが、ドイツのＧＤＰに占める輸出（モノだけではなく、サービスの輸出を含む）の割合は２００２年以降は上昇傾向にあり、２０１１年にはついに50％を上まわってしまった。

むろん、ＧＤＰに統計されるのはあくまで純輸出であるが、それにしてもドイツの外需依存は凄まじい。日本になじみが深い国々のなかで、ドイツの輸出依存度を超えるのは、唯一、韓国だけだ。

ちなみに、２０１１年の日本の輸出総額（サービス含む）は71兆円だった。名目ＧＤＰが４６８兆円であるため、わが国の輸出対ＧＤＰ比率は15・２％にすぎず、ドイツはわが国の３倍も輸出依存度が高いということになる。

いまだに、「日本は輸出依存である」などと言っている人には申し訳ないが、日本の輸出依存度が20％を超えていたことは、高度成長期を含め、戦後は一度もない（戦前はあった）。少なくとも戦後の日本が輸出依存国（相対的に）だった事実はないのである。

それに対し、ドイツはもともと日本をはるかに上まわる輸出依存国であり、いまや輸出対ＧＤＰ比率が50％以上である。ドイツの人口を考えると、これは極端に大きな数値と断言で

ドイツの外需依存は凄まじい

①ドイツの支出面のGDP（名目値）

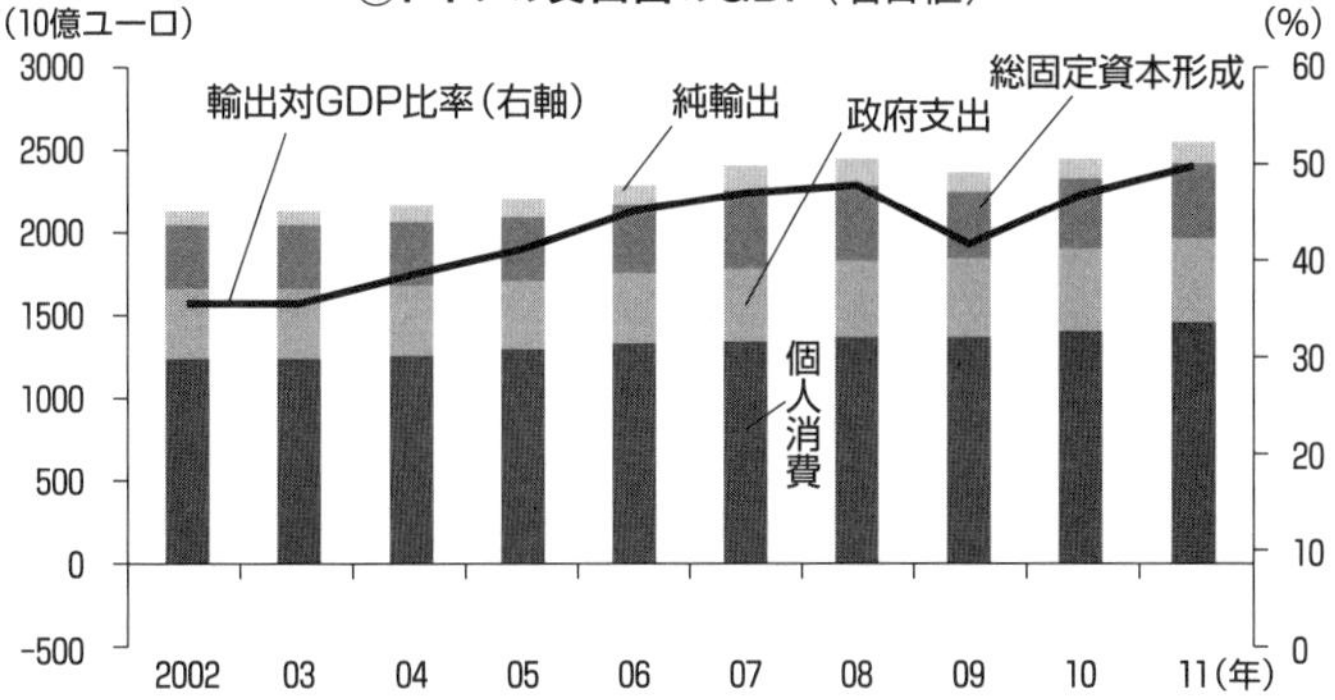

②ドイツの国別財の輸出（単位：100万ユーロ）

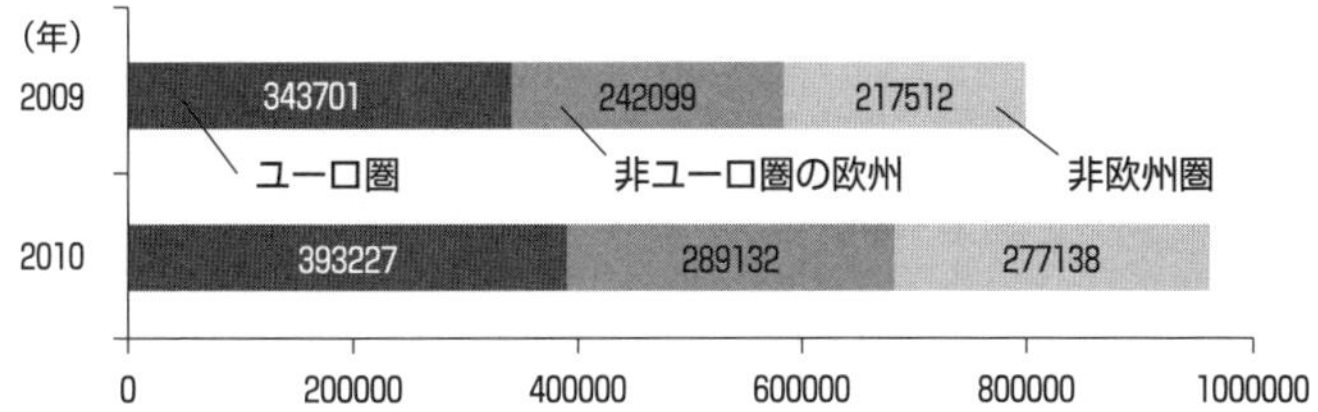

③ドイツの国別対外直接投資（単位：100万ユーロ）

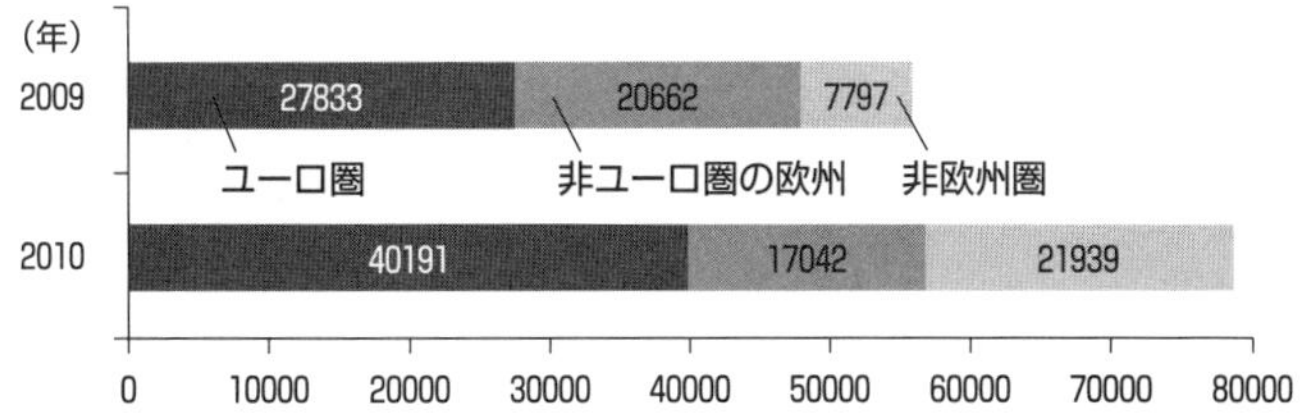

注）①のドイツの支出面のGDPの「純輸出」および「輸出対GDP比率」は、サービスの輸出を含む。
出所）JETRO

きる。

②のグラフを見ると、2010年のドイツの輸出の約4割がユーロ圏、約3割がユーロ圏以外のヨーロッパであることがわかる。つまり、ドイツの輸出先の約7割はヨーロッパ地域なのだ。ユーロの盟主といわれながら、じつはドイツこそがヨーロッパへの輸出に大きく依存している現実がわかる。

ところで、ドイツがギリシャに製品を輸出したとして、代金はギリシャの所得から共通通貨ユーロで支払われる。ギリシャに製品を売ったドイツ企業は、ギリシャから獲得した所得であるユーロを、そのままギリシャに投資する。ギリシャに店舗を開設したり、あるいは工場を建設したりした場合、ドイツの対ギリシャ直接投資が実施されたことになる。

というわけで、ドイツの輸出の多くがヨーロッパ向けである以上、対外直接投資も同じ状況になっている（③のグラフ）。ドイツの直接投資の約5割がユーロ圏、約2割が残りのヨーロッパである。輸出同様に、ドイツの直接投資も約7割がヨーロッパ地域により占められている。

ドイツは、2001年のＩＴバブル崩壊により国内の製造業がダメージを受け、2003年にはついにマイナス成長に陥った。ユーロが始まったのは1999年だが、ＩＴバブル崩壊後のドイツは見事なまでにユーログローバリズムを活用し、自国を回復路線に立ちもどらせたのである。

黒字国と赤字国の不均衡がますます拡大する

ユーロでは、これまで述べてきたグローバリズムの定義をほぼ満たした制度設計がなされている。すなわち、域内で製造業の生産性が高いドイツが、ギリシャやスペインなどの南欧諸国への輸出をどれだけ拡大しても、相手側は関税により防御することはできないのである。ノーガードのまま、ドイツからの輸出攻勢を受けざるをえない。

さらに、ユーロ加盟国間では為替レートが変動しない。ギリシャの1ユーロは、対独貿易赤字がどれだけ膨れ上がっても、つねにドイツの1ユーロと一定に保たれる。

関税と為替レート（の下落）は、生産性が低い後発組が、先行組から自国市場、さらには雇用と所得を守るための盾といえる。ところが、ユーログローバリズムの支配下に置かれた国々は、高生産性の国々からどれだけ一方的に輸出攻勢をかけられても、それに対抗する手段をもたないのである。

その結果、高生産性諸国からの輸入が増大した国々は、貿易・サービス収支が赤字化し、最終的には経常収支の赤字が膨らまざるをえない。経常収支が膨らんだ国は、普通は関税で外国製品を締め出すとか、為替レートの下落により輸入が減るなど、バランスを取り戻そう

凄まじいドイツの経常収支黒字

ユーロ主要国の経常収支の推移

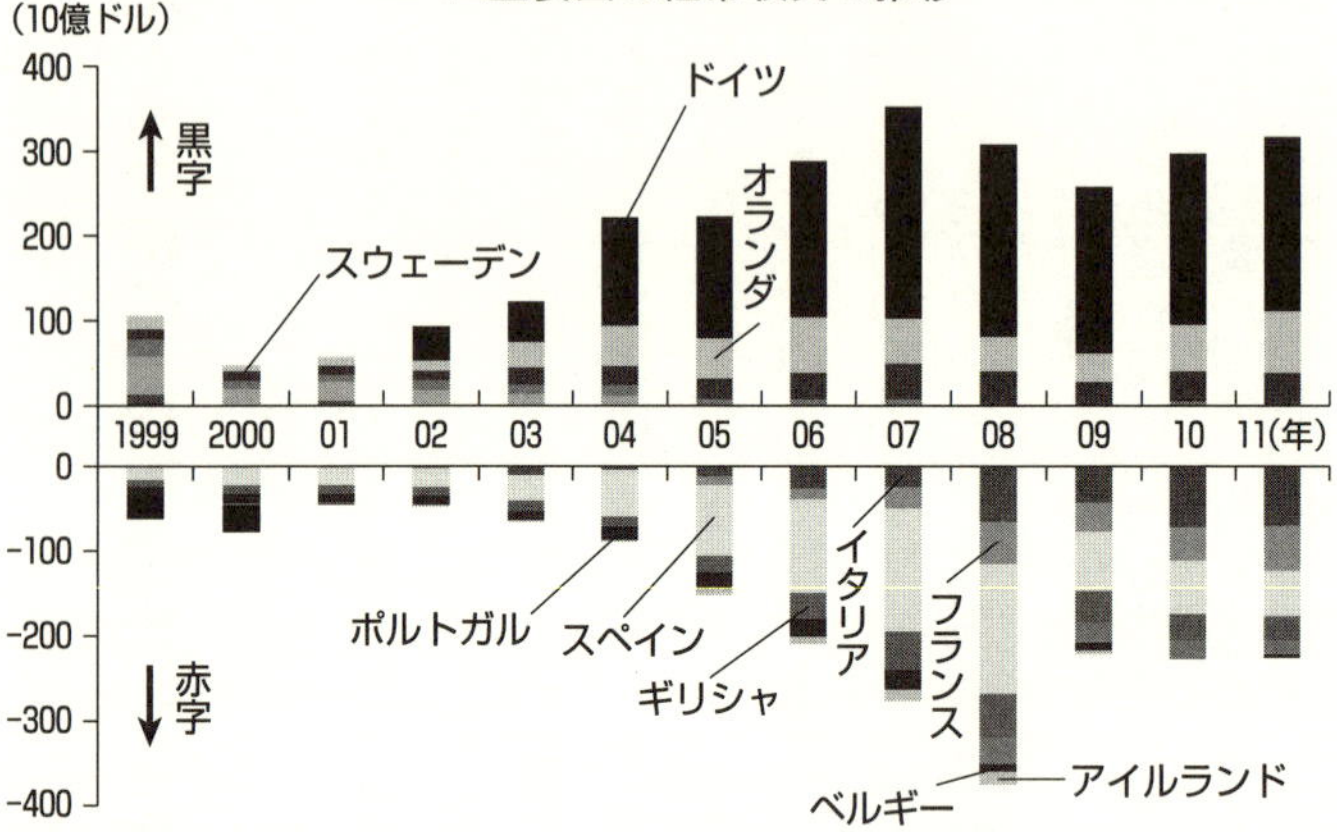

出所）IMF

とする動きが働く。ところが、ユーロにはこの種のバランス機能がいっさい存在していない。

結果的に、ユーロ加盟国のあいだで、経常収支黒字国はひたすら黒字幅を拡大し、経常収支赤字国はひたすら赤字幅を拡大するという、いわゆるユーロ・インバランス（不均衡）が進展していった。

信じがたいことに、2001年までのドイツは経常収支赤字国だったのだ。経常収支の赤字分、ドイツはどこかの国に所得の一部を献上していたわけである。

とはいえ、経常収支が赤字であろうとも、国民所得の合計である名目GDPが堅調に拡大していれば、べつに問題はない。現に、世界最大の経常収支赤字国であるアメリカにしても、サブプライム危機以前は堅調に内需主導で経済成長を遂げていた。

たしかに、輸入が拡大し、貿易赤字、経常収支赤字になった場合、その国は他国に所得の一部を献上しているという話になる。だが、他国への所得献上分（経常収支の赤字金額）を上まわるペースでGDPが成長していれば、べつにかまわないのだ。

実際、2000年のドイツは経常収支こそ赤字だったものの、経済成長率は3・3％と、そこそこの水準を維持していた。問題は、ITバブルの崩壊後だ。ITバブルの崩壊により、ドイツの経済成長率は2001年に1・64％、2002年に0・03％、そして2003年にはマイナス0・39％と順調に落ちていった。さらに、ドイツの成長率は2004年に0・7％、2005年にいたっても0・84％と相変わらずの低調が続いた。

経済成長率は、名目ではなく実質で見たGDPの拡大を意味するが、ドイツはITバブルの崩壊後、国民経済が実質的にまったく成長しないゼロ成長時代に突入したのである。実質GDPが成長しない場合、国内企業は投資を控える。というよりも、国内企業が投資をしないからこそ、実質GDPが成長しないわけだが、いずれにせよ失業率は悪化する。すなわち、国民が働いて所得を得る場がしだいに失われていくのである。

次ページのグラフのとおり、ITバブル崩壊後のドイツの失業率は悪化の一途をたどり、2005年にはなんと11・2％に達した。信じがたいことに、この時期のドイツの失業率は、

失業率が上がりつづけるギリシャとスペイン

ユーロ主要国の失業率の推移

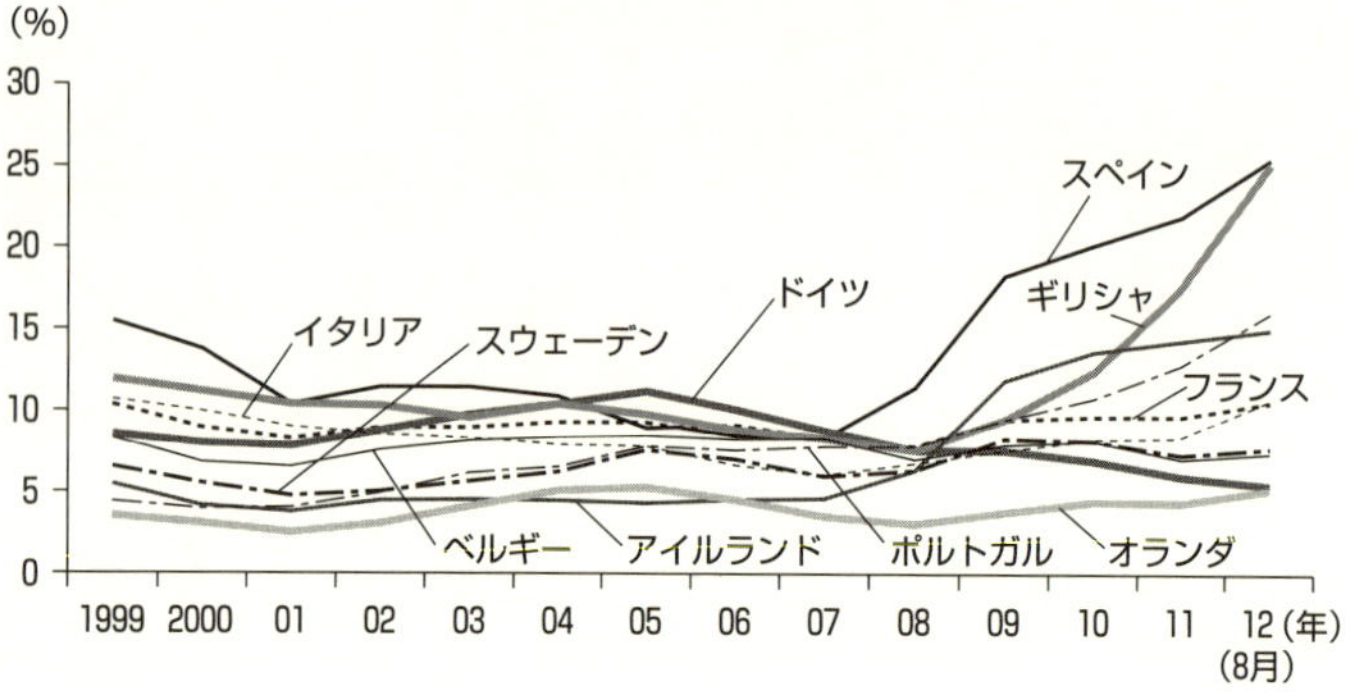

注）ギリシャの2012年８月の失業率は７月時点。
出所）IMF

失業大国スペインをも上まわっていたのである。

ＩＴバブルの崩壊から立ち直れないドイツ経済を成長路線にもどすには、どうしたらいいのか。ずばり、ユーロ加盟国への輸出攻勢である。ユーロ圏内で相対的に生産性が高いドイツが、南欧の低生産性諸国にモノを大量に輸出すれば、ドイツ経済は成長を始める。輸出を中心に製造業の稼働率が上がっていけば、いずれは設備投資が回復し、雇用環境も改善するだろう。

むろん、ドイツからの輸出攻勢を受ける南欧諸国は、自国のＧＤＰを純輸入の拡大（もしくは純輸出の縮小）というかたちで奪われていくことになる。普通の環境であれば悲鳴をあげたくなるところだが、そんなことをする必要はなかった。

ドイツのブンデスバンク（ドイツ連邦銀行）を母体につくられたＥＣＢ（欧州中央銀行）が、２００１年５月から断続的な政策金利の引き下げ（金融緩和）に乗り出してくれたのである。もともとは４・75％だったユーロ圏の政策金利は、２００３年６月までに２％に引き下げられた。

政策金利が引き下げられ、不況に苦しんでいたドイツはたしかに助かったのだが、それ以上に重要なポイントがある。べつに、不況でも何でもなかったドイツ以外のユーロ諸国で過度な金融緩和が実施された結果、各国で不動産を中心とするバブルが拡大していったのだ。

ドイツの輸出攻勢がギリシャのデフォルトを招く？

話はもどるが、対ユーロの関税自主権や為替レートがなかった場合でも、経常収支の赤字拡大の歯どめになるものがある。それは、政府の国債金利だ。経常収支赤字国は、統計的に国内が過小貯蓄であることを意味している。要するに、国内の貯蓄以上に消費をしているがゆえに、経常収支が赤字になるのだ。

ここでいう消費された製品やサービスを生産するのは、べつに外国でもかまわない。ドイツがギリシャに自動車を大量に輸出すると、反対側から見れば、ギリシャがドイツ車を大量に輸入し、国民が消費をしたという話になる。というわけで、貿易・サービス収支の赤字が膨らみ、経常収支赤字が拡大している国は、国民が消費（＝輸入）をしすぎたために、過小貯蓄状態に陥っていることになる。

国内が過小貯蓄の国において、政府が国債を発行しようとしても、銀行側は全額を引き受ける余力がない。なにしろ、過小貯蓄なのだ。

経常収支が赤字で過小貯蓄の国は、政府が国債を発行しようとした際に、国際金融市場に頼らざるをえない。もちろん、国際金融市場は、経済力が小さい国に対し、その国の通貨でお金を貸してくれるほど甘くはない（日本、アメリカ、イギリスなどは除く）。というわけで、経常収支赤字国の政府が国際金融市場に国債を発行する場合、普通は外貨建てになる。

もっとも、ユーロ諸国の場合は外貨建てではなく、共通通貨建てになるわけだ。この共通通貨ユーロ建て国債は、ある意味で外貨建て国債よりも厄介である。なにしろ、外貨建て国債の場合は、最悪、自国通貨を発行し、為替レートの暴落を覚悟で外貨に両替し、返済してしまうという荒業が使えるが、共通通貨の場合は不可能だからだ。

ギリシャだろうがスペインだろうが、あるいはドイツだろうがフランスだろうが、ユーロを勝手に発行することはできない。各国は通貨発行を含めた金融政策の機能をＥＣＢに委譲しており、各国の中央銀行は、政府のいうことを聞いてはならないという独特のルールが設定されているのである。各国政府の意向に従い、中央銀行が勝手にユーロを発行することを不可能にしたわけだ。

さて、ITバブル崩壊後のドイツがギリシャに輸出攻勢をかけたとしよう。この場合、ギリシャは、貿易・サービス収支の赤字を原因とした経常収支赤字が拡大していくことになる。経常収支の赤字が拡大するということは、ギリシャの過小貯蓄状態が悪化していくことを意味する。

過小貯蓄状態のギリシャにおいて、政府が国債を発行しようとすると、国際金融市場に頼らざるをえない。実際に、ギリシャ政府は国際金融市場でユーロ建て国債を発行し、財政赤字をファイナンスしてきた。

とはいえ、こうした状況が続くと、ギリシャは無限に国際金融市場でユーロ建て国債を発行せざるをえなくなり、長期金利が上昇していく。そもそも、ドイツの輸出攻勢で国民所得の一部を奪い去られているわけだから、これを放っておくとGDPが縮小し、税収が減る。税収が減ると、ギリシャはまたもや国際金融市場でユーロ建て国債を発行せざるをえなくなり、長期金利がさらに上昇する。

最終的には、ギリシャ政府が対外債務を返済できない（デフォルト）というかたちで、ドイツの輸出攻勢は終了することになる。ギリシャ政府はドイツ製品に対し、関税をかけることができない。為替レートも変わらない。しかし、ギリシャ国債の金利は上昇するという、まことに不本意なかたちで、ドイツの対ギリシャ輸出攻勢は早期の段階でストップがかかってしまうはずなのだ。

ドイツなしには成り立たないギリシャ経済

では、ドイツの輸出攻勢がどれだけ続いても、ギリシャの経済成長率が落ち込まなかった場合は、はたしてどうなるだろうか。

前章で解説したとおり、ギリシャ人は消費が大好きだ。もっとも、ギリシャ人が消費する製品がドイツからの輸入の場合、その分、GDP成長がキャンセルされる。ドイツからの輸入製品をギリシャ人が消費しても、GDPは拡大せず、税収は増えない。

ところが、支出面のGDPは、個人消費と純輸出のみで構成されているわけではない。大きな需要項目だけでも、ほかに政府支出と民間投資がある。ギリシャ人が輸入増に基づく消費を拡大しても、同国のGDPは拡大しない。ギリシャ人が消費（および輸入）を拡大させると同時に、民間投資と政府支出（とくに公共投資）を増やしてくれれば、ギリシャのGDPは成長する。

GDPが成長すれば、税収が増える。税収が増えれば、ギリシャ政府はそれほど国際金融

ギリシャ式帝国循環が破綻を招く理由

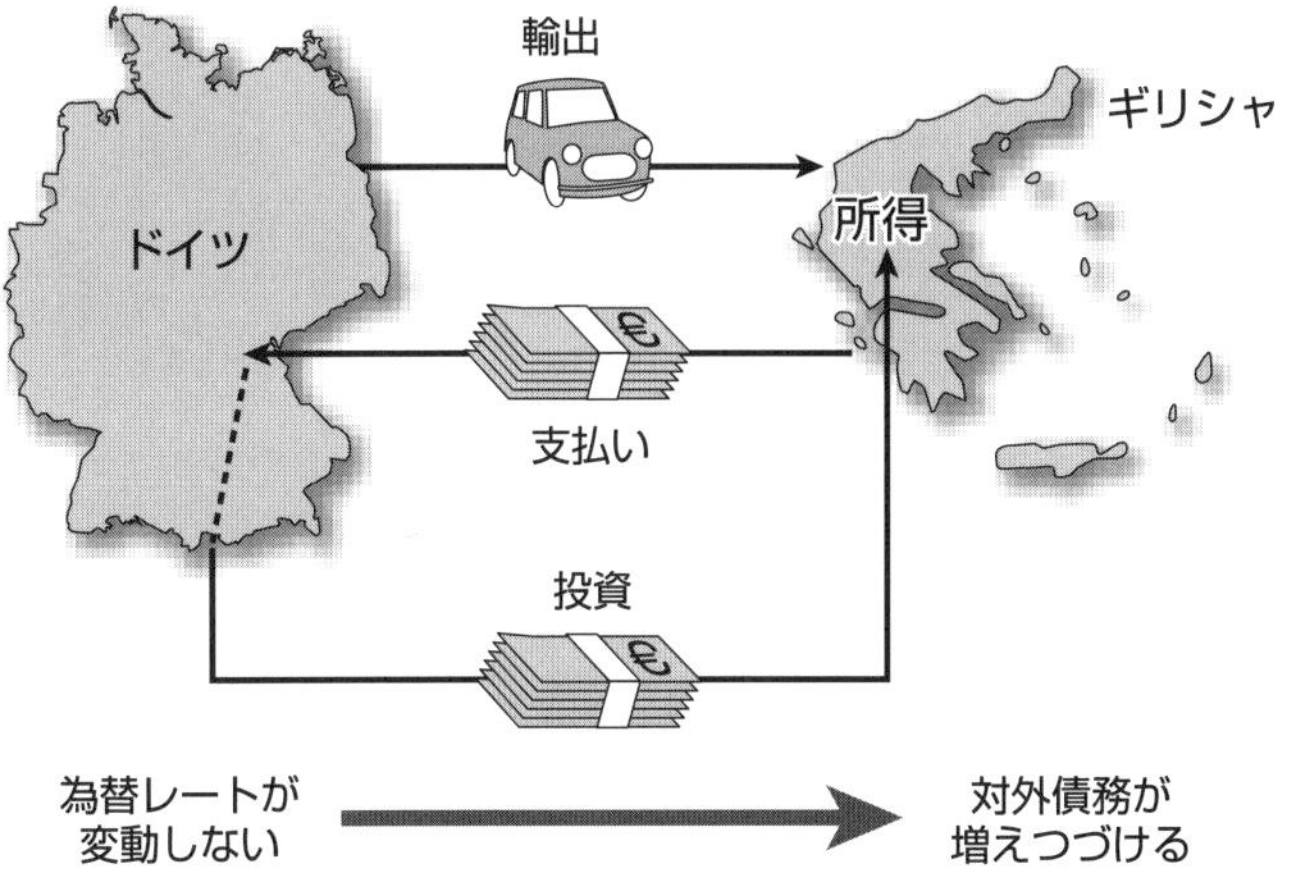

市場に頼る必要はなく、デフォルトの時期は先延ばしされる。要するに、消費がいまひとつGDP成長に貢献しない（輸入が増加するため）環境でも、投資を増やせば、べつに問題はないという話である。

とはいえ、民間投資や公共投資を拡大するには、お金が必要だ。ギリシャはドイツなどの輸出攻勢により、経常収支の赤字が続き、国内は過小貯蓄状態であった。当たり前だが、過小貯蓄の国が国内の貯蓄で投資を拡大することはできない。ならば、誰のお金でギリシャ国内の投資を拡大すればいいのだろうか。もちろん、ドイツだ。

ドイツがギリシャに自動車を輸出する。ドイツがギリシャから代金として受け取るのは、いうまでもなくユーロだ。ドイツはギリシャから受け取ったユーロについて、そのままギリシャ国内の投資先に投資する。ドイツがギリシャで投資をすると、ギリシャ国民の誰かの所得が増える。その所得が、次のドイツ車を輸入するための資金となる。

こうした循環が続くかぎり、すなわちドイツが自動車の輸出代金として受け取ったユーロをギリシャ国内に投資しつづけるかぎり、ギリシャの国民経済は成長を続ける（おもに投資拡大により）。結果的に、ギリシャ政府の税収は大きく減ることがなく、ある程度の水準で財政赤字の拡大を抑えられ（実際にはギリシャは抑えていなかったが）、ドイツはお得意の自動車を延々とギリシャに輸出しつづけることができる。

これが、「ギリシャ式帝国循環」の仕組みだ。ここでいう帝国とは、ドイツではなく、ギリシャである。ギリシャはドイツなどから製品を輸入しまくったにもかかわらず、支払った代金がそのまま自国に投資されるため、好景気を維持することができた。2004年のアテネオリンピック以降も、ギリシャの失業率はとくに悪化することはなく、むしろ改善しているのだ（152ページのグラフ参照）。

たしかに、最大の雇用主が政府だったのは問題だが、それにしても公共事業などの特別な景気対策を打たなくてもかまわないわけで、財政の悪化はそこそこのレベルで収まるのである。また、国内がバブル景気に沸き立てば、当然ながら政府の税収は増える（もっとも、ギリシャは高い脱税率という別個の問題を抱えているが)。

アメリカ式帝国循環とギリシャ式帝国循環の違い

じつは、現在のアメリカがまさに前述の帝国循環の仕組みを構築している。しかも、より巧妙というか、アメリカが得をするかたちで。たとえば、日本がアメリカに輸出をする。輸出製品の代金として支払ってもらうのは、もちろんアメリカドルだ。日本は円高になるのが嫌なので、受け取ったアメリカドルをアメリカ国内で投資をする。

誰か(この場合は日本)が投資をした場合、必ず誰か(アメリカ国民)の所得が生まれる。アメリカ国民は日本の投資により生成された所得で、再び日本製品を輸入する。あるいは、日本が稼いだドルでアメリカ国債を購入すると、アメリカ政府の支出によりアメリカ国民の所得が増える。

これを続けると、当然、アメリカの対日貿易赤字が拡大していく。アメリカの対日貿易赤字の拡大とは、対日純負債(純債務)の膨張そのものである。アメリカは帝国循環が続くかぎり、対日で純負債をひたすら積み上げていくのである。

とはいえ、日本とアメリカは、ともに変動相場制の国だ。アメリカの対日貿易赤字が拡大していくと、ドルの為替レートは対日本円でしだいに下落(ドル安・円高)していく。すなわち、アメリカの対日純負債の実質的な価値が、しだいに目減りしていくのである。

たとえば、日本が1兆ドルの対米資産をもっていたとしよう（アメリカから見ると、対日負債）。1ドル＝100円と仮定すると、日本円換算で100兆円だ。そのあと、為替レートが円高に動き、1ドル＝80円になった。そうなると、1兆ドルの対米資産は、実質価値が80兆円に目減りしてしまうのである。日本側はとくに何もしていないにもかかわらず、対米資産が実質的に2割も消滅したことになるのだ。

こうして、アメリカは為替レートの下落で債務を実質的に消しながら、日本から製品を買いつづけることができる。これが真のスタイルの帝国循環である。

ギリシャ（およびギリシャ以外の経常収支が赤字のユーロ加盟国）の帝国循環の仕組みが不完全だったのは、ドイツとのあいだで為替レートが下落しないという点である。アメリカ式帝国循環のような、為替レートの下落による実質的な債務消滅は決して起こりえないのだ。

そのため、あるイベントが発生すると、ギリシャ式帝国循環は破綻《はたん》し、一気に財政危機に突入することになる。あるイベントとは、もちろん、バブル崩壊だ。

先にも書いたとおり、ECBは2001年5月以降、政策金利を引き下げていった。結果的に、ギリシャやスペインなど、ドイツを除くほとんどのユーロ加盟国で不動産バブルが発生した。

ドイツは不動産バブルが発生した国に製品を輸出し、代金として受け取ったユーロを、そのままその国の不動産市場に投資したのである。あるいは、その国の国債が買われ、政府の支出経由で誰かの所得が生まれる。ドイツという外国の投資により、その国では次々に所得が生成され、次なる輸入代金の支払いに当てられるわけだ。

べつにドイツにかぎらないが、ユーロ圏内の生産性が高い国々、あるいは輸出製品がある国々は、ゼロ関税と変動しない為替レートをいいことに、もたざる国々に自国製品を売りつけていった。輸出代金として受け取ったユーロは、そのままそれらの国々に投資された。

結果的に、もたざる国々は外国人の投資を中心に所得を生み出すことが可能となり、次なるもてる国々からの輸入代金の支払いに当てることができた。各国で不動産バブルが崩壊するまでは。

ユーロの欠陥によって経済格差は広がるばかり

ギリシャの話ばかりしてきたが、ユーロのもたざる国の代表はスペインである。150ページのグラフを見ればひと目でわかるが、ユーロ・インバランスが拡大している期間、もっとも経常収支の赤字を膨らませたのはスペインであった。

スペインの経常収支赤字がここまで膨らんだのは、経済規模が大きいことに加え、不動産バブルの規模が凄まじかったためだ。なにしろ、スペインの住宅価格は、ピーク時にはスペイン国民の平均年収の60年分にまで高騰していたのである。

次ページのグラフは、スペインの住宅価格指数の推移を図示したものである。2012年6月末時点で、スペインの住宅価格指数はピーク時から28%下落となっている。2007年1月以前のデータがないのは、たんに住宅価格指数の統計が始まったのが、この月からであるためだ。

スペイン、ギリシャ、アイルランド、ポルトガル、すべて理屈は同じだ。ユーロ圏の経常収支赤字国（アイルランドは2009年まで経常収支赤字国だった）でバブルが崩壊し、銀行に不良債権問題が発生した。1990年の日本のバブル崩壊時とは異なり、現在の世界では各国の資本的な結びつきが強まっている。とくに、ユーロの経常収支赤字国のバブルは、同じ通貨圏のドイツやフランスなどの対外資産が流れ込んで膨れたものだ。

スペインやアイルランドの銀行が不良債権問題で倒れると、その影響はドイツやフランスの金融機関を直撃する。なにしろ、スペインやアイルランドの不動産バブルのもともとのお金の貸し手は、ドイツやフランスの銀行なのだ。

あるいは、ギリシャが国債の返済不能に陥ると、ギリシャ債をもつドイツやフランスの銀行に不良債権問題が発生する。債権の不良化は国境を越えて伝播《でんぱ》し、最終的には両国の銀行

バブルが崩壊したスペインの悲惨

スペインの住宅価格指数（インデックス）の推移

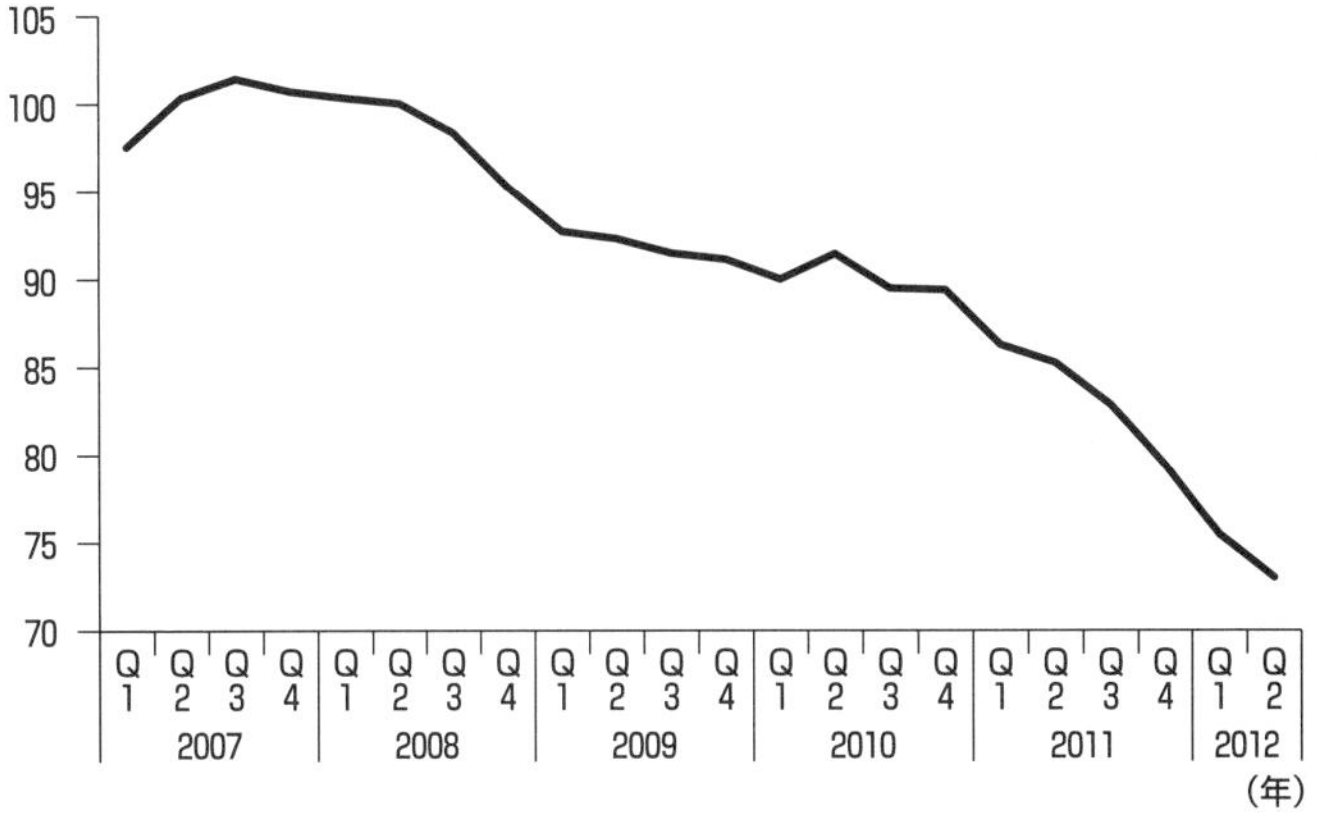

出所）スペイン国家統計局

システムを破壊する。そして、ドイツやフランスの銀行にお金を貸したどこかの国にも危機が伝播していく。

２０１２年10月20日、ドイツのベルテルスマン財団は、ギリシャ、ポルトガル、スペイン、イタリアの南欧４カ国がデフォルトし、ユーロ圏を離脱した場合、世界の主要42カ国の経済的損失が、２０２０年までで17兆１６００億ユーロにのぼるという試算を発表した。もっとも損失額が大きくなるのは、フランスの２兆９１００億ユーロだという。

ところで、スペインやアイルランドの場合、不動産バブルが膨張していた時期はＧＤＰの成長が著しく、税収増によって政府は財政収支が黒字化していた。しかし、バブル崩壊後は、国内の銀行を救済するためにEUなどからユーロを借り入れざるをえなくなり、もともとは銀行の対外債務問題であったのが政府の対外債務問題に切り替わってしまった。

それに対して、ギリシャは当初から政府の対外債務問題であった公算が濃厚だ。ポルトガルは、ギリシャ型とスペイン・アイルランド型の中間である。

すでにご理解いただいているだろうが、ギリシャやスペインの対外債務問題がここまで膨らんだのには、おもに2つの原因がある。

①ユーログローバリズムのもとで、南欧諸国はドイツなどからの輸出攻勢を回避する術がなかったため。

②ユーロ・インバランスが拡大するなか、ドイツなどが南欧諸国のバブルに経常収支の黒字で稼いだユーロを投じていったため。

もちろん、ECBの低金利政策も、ユーロ圏のバブルにひと役買ったのである。

南欧諸国が不動産バブルに酔い、ドイツが延々と輸出ドライブをかけていた期間、ユーロ圏の失業率はいかなる動きをしていたか。152ページのグラフのとおり、ひと言で書けば、

「ドイツのみが雇用環境をひたすら改善していった」わけである。一時はスペインをも上まわっていたドイツの失業率は、2006年以降は改善に転じ、本書執筆時点では5・4％にまで下がっている。

ドイツが失業率を改善する反対側で、スペイン、ギリシャ、アイルランド、ポルトガルなどの雇用環境は急激に悪化していった。不動産バブルが崩壊し、帝国循環が破綻した以上、これらの国々は外国の投資による所得生成が不可能になったのだ。それどころか、ドイツやフランスの銀行は、南欧の破綻国に容赦なく投資資金の返済を要求してくる。結果、南欧諸国およびアイルランドでは、銀行が次々にギブアップしていった。

現在のドイツは、ユーロ危機を主因としたユーロ安を利用し、今度はユーロ圏外へ輸出攻勢をかけ、GDP成長率を高めようとしている。

さらに、南欧などの破綻国に対し、

「彼らが借金を返済できなくなったのは、怠けていたからだ」

などと暴言を吐き、それに対して南欧諸国側が、

「何を言ってやがる！　われわれの財政危機でユーロが下落し、お前らの輸出が増え、雇用が維持されているんじゃないか」

と言い返しているわけだ。

もっとも、もう1つ重要なポイントがある。すなわち、

「ユーロ加盟国からの輸入品には関税をかけることができない」

「ユーロ加盟国間では、為替レートの変動がない」

「ECBの政策金利引き下げにより、各国でバブルが膨張した」

この3つの条件がすべて、ITバブル崩壊後のドイツが南欧諸国に輸出ドライブをかける前提になっていたのである。もし1つでも欠けていたら、2006年以降のドイツの雇用環境の改善はなかった。

要するに、スペインやギリシャは自国の対外負債を膨らませ、輸入を拡大することで、ドイツの失業率の低下に貢献したのである。現在のユーロ安がドイツの雇用を改善しているのではない。ユーロとは、ECBが政策金利の引き下げを開始した時点から、ドイツの失業率を引き下げるために機能していたのである。まさに、ドイツの、ドイツによる、ドイツのためのユーロである。

これが、ユーロ加盟国ではない国同士で発生したならば、輸出ドライブをかけられたほうが関税を上げるなり、為替レートが下落するなりすることで、ある時点で歯どめがかけられただろう。ところが、ユーロ加盟国間ではこうした歯どめがまったく存在しないのである。

「外需依存」を叫びつづける財務省の愚

現在の南欧諸国は、ＥＵやＩＭＦに緊急支援を要請した結果、国内で緊縮財政を強いられている。しかし、バブルが崩壊した国が緊縮財政を強行したところで、問題の解決にはいたらない。それどころか、ＧＤＰが縮小し、税収が減ることで、状況はひたすら悪化していくのである。なにしろ、税収の源はＧＤＰだ。

２０１２年10月７日、スペインの法人税収が、金融危機が始まる以前（要はバブル期）と比べ、３分の２近く減少していることが判明した。税収が３分の２になりつつあるのではなく、３分の１近くに減ってしまったわけだから、誤解しないでほしい。

スペインの法人税が減少した原因は、大きく２つ考えられる。

①中小企業の破綻が増加していること。
②スペインの大企業が国内市場に見切りをつけ、海外に重点を移していること。

税金は、基本的に所得から徴収される。そして、国内で生成された所得こそが、まさにＧＤＰになる。その国の税収の源はＧＤＰであって、ＧＮＩ（国民総所得）ではないのだ。

企業が外国に直接投資をしたとして、そこから上がってきた売り上げや利益から税金をとることはできない。税金を徴収するのは、あくまで企業の直接投資を受け入れた外国の政府になる。日本企業がアメリカに大規模な工場を建設したとして、その地から生み出された製品がどれだけ売れても、税金を徴収できるのはアメリカ政府であり、日本政府ではない。

スペインの大企業が、たとえばドイツで所得を得た場合、税金を徴収できるのは、当然の話としてドイツ政府であり、スペイン政府ではない。繰り返すが、GNIではなく、GDPにかけられるのが税金なのだ。誰の所得かではなく、どこで稼いだ所得であるかが問題になるのである。

そういう意味で、財政が悪化しているにもかかわらず、

「内需拡大はもはや不可能だ。日本企業は外需で稼ぎなさい。TPPです。みんなでグローバルに行け！」

などと主張している日本の財務省は、二重の意味で奇妙だ。

たとえば、日本企業が円高を活用して海外に投資をし、現地で所得を得たとしても、外国税額控除により日本政府は税金をとれない。日本のグローバル企業が海外直接投資を増やし、外国で生産と雇用を生み出しても、日本の財政健全化には寄与しないのだ。

ついでに書いておくと、企業の海外直接投資は、日本のGDPにも貢献しない。外国に工

場を建設したところで、日本人の雇用や所得が生み出されない以上、当たり前だ。外国からの配当金が所得収支の黒字になり、ＧＮＩは押し上げられるというポジティブな効果はあるが、あくまで副産物にすぎない。

財務省が税金を徴収する先は、基本的には日本国内なのだ。これは、日本の新聞社が日本国内のみを市場としているのと同じである。「財務省の市場は日本国内」と表現すればいいだろうか。

そうである以上、財務省がめざすべきものは国内の所得の拡大であり、企業のグローバル化ではないはずだ。ところが、なぜか日本の財務省は、経済産業省とともにＴＰＰを推進してきている。税金をみずから減らす行為に手を染めているわけで、意味がわからない。

日本の財務省は、「わが国の内需はダメだ。これからは外需だ！」と、まるで経済産業省のごとく「外需依存を高めよ」と声高に叫びつづけている。ドイツのように、輸出対ＧＤＰ比率が50％に達するような国をめざせというのだろうか。

だが、日本が本気で輸出対ＧＤＰ比率50％を望んだとして、各国でバブルが崩壊している現在の環境で、いったいどこの国がそれほどまでに輸入を増やしてくれるというのだろう。

財務省は、日本が輸出を拡大し、他国の所得と雇用を奪い取りたいと望みさえすれば、他国が「はい、わかりました」と応じてくれるとでも思っているのだろうか。また、財務省が、

「これからは外需だ！」というのであれば、税金をとるべき先は大手輸出企業（外需）であり、国内の消費者（内需）ではないだろう。

財務省みずから、「これからは伸びない」と断言している内需から税金をとり、これから伸びるらしい外需に対しては、法人税減税を推進しようとしているわけで、本当に二重三重の意味で変なのである、日本の財務省は。

要するに、財務省は、税金の源が国民の所得であるという基本的なことすらわかっていないという話なのだろうか。信じがたいが、そうとしか思えない。

債務の返済負担から解放される日はくるのか

いずれにせよ、スペインの例からもわかるとおり、バブル崩壊後の増税、緊縮財政は、税収減をもたらし、財政をかえって悪化させる。

たとえば、ポルトガルは2011年11月に付加価値税を21％から23％に引き上げ、さらに一部の軽減税率を撤廃した。ポルトガルでは、ホテルなどのサービス分野や、電力などのエネルギー分野において、それぞれ13％、6％の軽減税率が適用されていたのだが、それを撤廃したのである。

ポルトガル政府は、増税を実施する際に、「対前年比で11・6％の税収増になる」と豪語していたが、現実には2012年7月末までの集計で1・1%の税収減になっている。増税しても、減収になる。まさに、日本の橋本（龍太郎）政権が犯した愚を、ポルトガルもそのまま踏襲しているわけだ。

なにしろ、ポルトガルは2013年まで3年連続でマイナス成長になる見込みなのだ。結果的に「税収減」になることが予想されており、これでは財政は悪化していくばかりだ。

また、ギリシャでも2012年4月の政府の歳入が、前年同月比で10・2%も減少したことが報じられた。主因は、消費税収入が13・5%も落ち込んだためである。

次ページのグラフのとおり、スペイン、ギリシャ、アイルランド、ポルトガル（いわゆるPIGS諸国）の各政府の歳入は、2008年のバブル崩壊後からさんざん増税しているにもかかわらず、まったく増えていない。政府債務は基本的には税収から返済するしかないため、こんなありさまでは解決への道筋をつけることすら不可能だ。

そのため、各国は定期的に長期金利の上昇に見舞われ、国債のデフォルト危機をEU、IMFへの緊急支援要請でしのぎ、さらなる緊縮財政を強いられている。まさに、その緊縮財政こそが、各国の税収を減らし、問題を悪化させていることにも気づかずに。

いや、もちろん、PIGS諸国の政府は気がついているのだろうが、なにしろユーロの盟主たるドイツが緊縮財政一辺倒である。はっきりいって、現在のユーロ圏の苦境を救うには、

増税しても増えないPIGS諸国の歳入

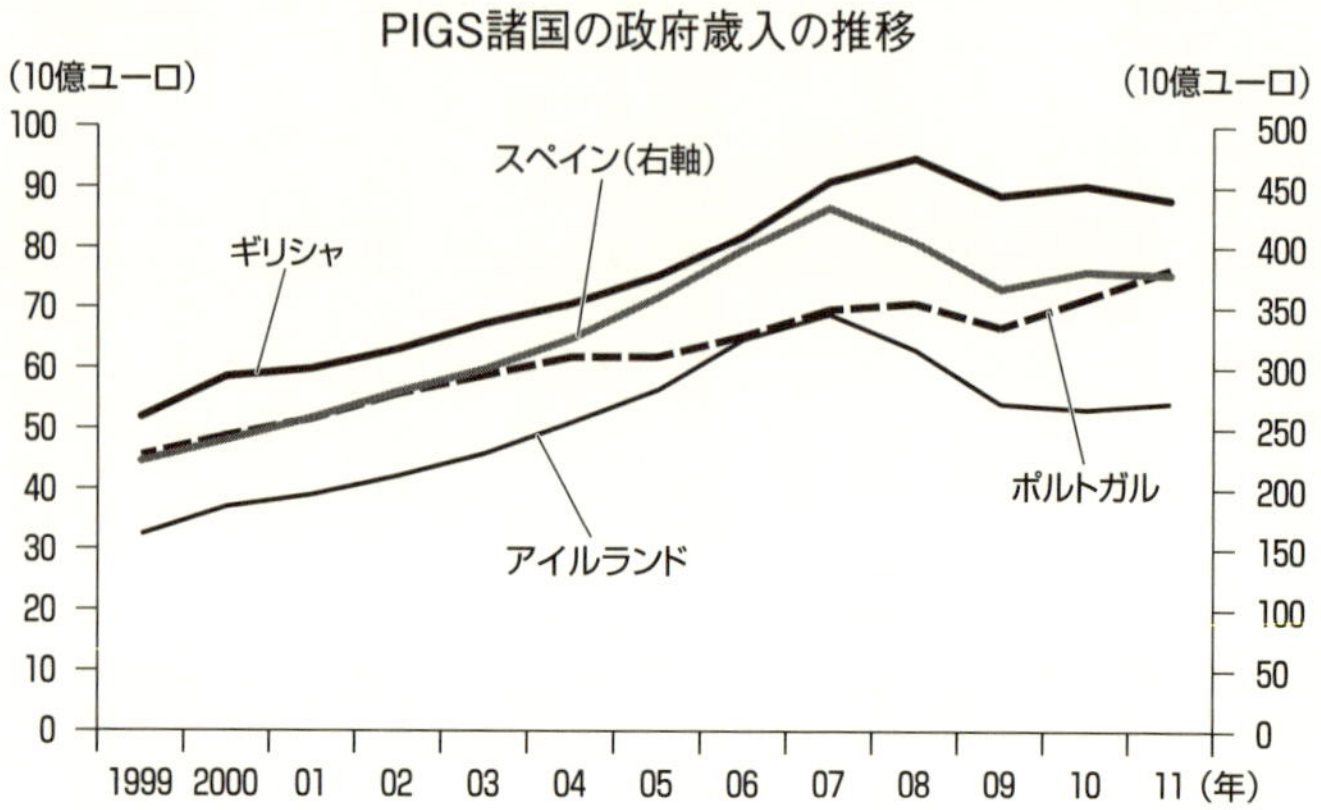

出所)IMF

ＥＣＢが必要な分だけＰＩＧＳ諸国などの国債を買い入れるしかない。ＰＩＧＳ諸国の政府は、長期の国債をＥＣＢに買い入れてもらうことで、債務の返済や利払い負担から解放される。

ＰＩＧＳ諸国が対外債務の返済負担から解放されてはじめて、これらの国々は経済成長と税収増をめざした政策がとれるのだ。バブルが崩壊した国において、税収増↓対外債務問題解消↓経済成長などというルートは存在しえない。

現実にあるのは、対外債務問題の解消↓経済成長↓税収増だけだ。中央銀行が国債の買い入れにより対外債務問題を解消しないかぎり、経済成長も税収増も実現することはないのである。

しかも、ＥＣＢは、ギリシャなどから買い入れた国債の償還（返済）を要求している。日本銀行が日本政府に国債の償還を求めるなどありえないが、ＥＣＢは違うのだ。ＥＣＢが各国に国際償還を求めるのでは、長期国債の中央銀行による買い入れさえ、ギリシャやスペインなどの問題解決には役立たないことになってしまう。

バブル崩壊後に必要なのは緊縮財政より経済成長

ともあれ、２０１２年９月６日、ＥＣＢは財政危機に直面しているユーロ加盟国の借り入れコストを引き下げるため、新たな国債買い入れプログラム（ＯＭＴ）を実施することで合意した。ＯＭＴのもとで、ＥＣＢは金融市場から償還期間が３年までの国債を量的な限度を設けずに買い入れるとのことである。

もちろん、このＯＭＴに対しては、インフレ嫌悪症のブンデスバンクのバイトマン総裁が反対した。ブンデスバンクは、ＥＣＢのＯＭＴについて、次のようなコメントを報じている。

バイトマン独連銀総裁は、ユーロシステムによる国債買い入れをめぐり、これまでと同様、直近の討議において、実証済みの批判的立場をあらためて表明した。こうした買い入れは紙幣増刷による政府への財政ファイナンスに等しい、とバイトマン総裁は考えており……（略）。

正直、筆者としては、国債の買い入れが財政ファイナンスになるといって、何が問題なのか？　と言いたいが、ブンデスバンクやドイツ首脳部とは価値観が異なるとしか言いようがない。

ついでにいうと、日本国債の買い入れについて、「財政ファイナンスになるからダメ」と主張しつづけている日本銀行の白川方明《まさあき》総裁とも価値観が違う。筆者の価値観の中心は、国民経済をいかに成長させるかであり、それ以外はない。

とくに、デフレという通貨価値が上昇する局面において、

「中央銀行の国債買い入れは、財政ファイナンスに該当し、通貨価値を損なうからダメだ」

などと主張する日本銀行は、率直にいって何を言っているのかわからない。筆者は政府に対し、「デフレ対策を実施し、インフレ率を高めろ」と提言している。インフレ、すなわち、

「通貨価値を損なえ」といっているわけだ。

「通貨価値を損なうように、財政ファイナンスを実施しろ」

と主張している反デフレ派に対し、日本銀行は、

「財政ファイナンスは通貨価値を損なうからダメだ」

と言っている。

べつに、通貨価値を維持することは、日本の国民経済の目的ではない。通貨価値の維持は、わが国の国民経済が堅調に成長するための手段にすぎないのだ。ところが、日本銀行は国民経済の成長を犠牲にしてさえ、通貨価値を維持しようとする。もはや、手段と目標が入れ替わっているとしか思えないのだ。

手段と目標が入れ替わっているのは、ドイツも同様だ。あるいは、国債買い入れを表明したとはいえ、ブンデスバンクの影響力が強いＥＣＢも同じなのかもしれない。

ＥＣＢのドラギ総裁は、２０１２年10月９日の欧州議会における証言で、

「ユーロ圏経済は、回復に向けて長く苦しい道のりが残されており、財政削減の実施以外に解決策はない」

という認識を示した。相も変わらず、バブル崩壊後の国が財政削減を実施した場合に何が起きるかについて、理解していないように思える。

ドラギ総裁はまた、９月に決定したＯＭＴについて、ユーロ圏の破壊的なシナリオを回避する支援装置にはなりうるが、ユーロ加盟国には今後、困難な道のりが待ち受けていると述べた。

「過去２、３カ月間に改善もあったが、この先の道のりは、引きつづき長い上り坂となって

いる。ユーロ圏が数カ月前から見舞われている信用の危機は改善したものの、依然として存在している」

さらにドラギ総裁は、ユーロ加盟国が実施している緊縮財政策により、経済成長は短期的に抑制されるとしながらも、「緊縮財政に代わる措置はない」と表明した。

結局のところ、ECBもまた、ドイツやブンデスバンク同様、問題の本質を理解していないとしか言いようがない。バブル崩壊後の国にとって必要なのは経済成長であって、財政再建ではない。財政の再建は、経済が成長路線にもどらないかぎり不可能なのである。

ドラギ総裁は、ECBには行動を起こす用意ができているとしつつも、OMTについては、「対象国が厳格で、かつ効果的な条件を順守するかぎり、ECBはOMT（のもとでの国債買い入れ）を実施する」

と述べるにとどめた。

すなわち、ユーロ加盟国がドイツ主導の緊縮財政を受け入れないかぎり、OMTが適用されることはないという話だ。財政問題を解決するOMTの適用を受け入れるためには、「財政を悪化させる緊縮財政を受け入れろ」というわけで、ひいき目な言い方をしても、「アクセルを踏みつつ、ブレーキを踏み込む」としか表現のしようがない。これでは、スペインやイタリアがOMTの適用に躊躇《ちゅうちょ》して当たり前である（2012年10月現在）。

ドイツが中央銀行の国債買い入れを嫌う本当の理由

ドイツ（およびブンデスバンク、ＥＣＢ）は、なぜここまで中央銀行の国債買い入れを嫌うのだろうか。もちろん、第１次世界大戦後のドイツが、フランス・ベルギー軍にルール地方を占領された結果、定義どおりのハイパーインフレーションに突入したという経験をもつためであろう。

ドイツ人は、とにかくインフレを心底から嫌悪する。ＥＣＢがＰＩＧＳ諸国の国債を買い入れていけば、当然の話としてユーロ全域でインフレ率が上昇していく。ドイツにしてみれば、モノを生産しないＰＩＧＳ諸国が自業自得で財政危機に陥ったにもかかわらず、彼らのせいで自国の物価が上昇するなどということは、絶対に受け入れられないのである。

とはいえ、先述のとおり、スペインやギリシャの対外債務問題が深刻化したのは、ドイツの雇用を改善するためだった。断定的な書き方は避けるとしても、少なくともＰＩＧＳ諸国の経常収支の赤字拡大により、ドイツの失業率が低下したのは間違いない事実である。

だが、ドイツの国民は、こうしたマクロ的な動きは理解しない。それどころか、ドイツの政治家さえ理解しているのかどうか、怪しいものだ。ＰＩＧＳ諸国の状況悪化が、完全にドイツの雇用改善の裏返しであることを認識していたならば、「ギリシャ人は働かない怠け者だから、財政危機に陥った」といった発言は出てこないだろう。

ところで、ドイツ人というか、ドイツの政治家がECBの国債買い入れを嫌悪する理由は、もう1つある。ドイツ人の「インフレ嫌い」といった定性的な話とは異なり、こちらはより学術的な理由である。すなわち、現在のドイツやユーロが完全に新古典派経済学にはまっているためだ。

新古典派経済学、あるいは新自由主義の発想に、「中央銀行は政府から独立させるべし！」というものがある。新古典派経済学は市場原理を重んじ、基本的に政府の規制を排除しようとする。代表的な政府の規制は関税であり、さらにサービスの自由な輸出入を不可能にする各種の社会制度だ。

加えて、新古典派経済学は資本移動の自由について断固として推進しようとする。また、労働者の移動の自由についても国境での制限を肯《がえん》じない。新古典派経済学は、基本的に政府の存在を否定しようとする。政府は有権者から選挙で選ばれた政治家により構成される。そして、政治家は投票で選ばれる以上、ある程度は有権者のわがままを聞かざるをえない。

新古典派経済学の主流派経済学者たちは、政府について、

「奴ら（政治家）に任せておくと、有権者のわがままや圧力に屈し、不要な公共事業で金を使ってしまう」

「奴らに通貨発行権を委ねた日には、有権者の要望に応じるために無制限に通貨を発行しようとするだろう。結果的に、インフレをとめられなくなる。中央銀行は政府から独立させなければならない」

「とにかく政治家に任せておくと、市場に投入されるリソースにひずみが生じる。政府の機能はできるだけ縮小し、規制緩和や民営化、自由貿易を推進しなければ、経済成長は達成できない」

「資本移動を政府に制限させるなど、とんでもない。自由貿易や資本の自由な移動こそが、グローバルな経済成長を可能にする。とにかく、政府の役割を小さくしなければならない」

というように、だめな存在という発想に満ち満ちている。

ユーロ圏に緊縮財政を強要する新自由主義者たち

べつに、筆者は、「政府はすばらしい」などと共産主義者のようなことを言う気はないのだが、政府がだめならば、民間もだめというのが正しい認識なのである。この世に完璧な人間はいないし、完璧なシステムもない。人間が企業を経営し、あるいは政治をコントロールする以上、100%を期待する時点で間違っている。

たしかに、政府の公共投資や技術開発投資にはムダなものが少なくない。将来的に、ちっとも実を結ばないものもあるだろう。だが、ならば民間企業の投資はすべて成功するのか？そんなはずはない。

民間企業だろうが政府だろうが、人間が投資の判断をする以上、100％の成功などありえない。ときには成功し、ときには失敗する。そして、リスクを背負った投資である以上、失敗する例のほうが成功例よりも間違いなく多い。

だいたい、民間の投資がまったく失敗しないならば、倒産企業などは存在しないことになるではないか。たしかに、政府も愚かだが、同じように民間も愚かというのが真実なのだ。そもそも、今回の日本やユーロ圏、アメリカの経済混乱の発端となったバブルを膨らませたのは、民間の企業や家計であり、政府ではない。

現実の世界では、不完全な有権者や政治家、官僚たちが、不自由な社会のなかであがき、それでも将来を信じて投資を積み重ねることで前に進んでいくものなのだ。当然、人間が判断を繰り返していく以上、ときには大きく間違えることもある。新古典派の経済学者たちが忌《い》み嫌う、政府と有権者の癒着による「ムダ」や「非効率」といったリソース配分のひずみも、実際には少なくないだろう。

だからといって、すべてをシステム化すれば、リソース配分のひずみが発生しないなどということはありえないし、それにチャレンジしたとしても、最終的には失敗せざるをえない。

なにしろ、現実の経済では、設計時の想定をはるかに上まわる混乱が民間主導で起きるのだ。「当初の想定を上まわる混乱」が具体的に何を意味するのかといえば、もちろん、バブルの崩壊である。

ドイツは第1次世界大戦時のルーデンドルフ体制のころから、国家システムを一定理論に基づいて設計することが大好きだった。最近のドイツは、完全に新古典派経済学にはまっているように見える。つけ加えると、共通通貨ユーロのシステム自体が、グローバリズムを推進する新古典派経済学の発想そのものである。

アメリカの元財務長官ローレンス・H・サマーズ教授は、現在の世界経済の状況について、以下のとおり語っている。

短期的には成長の促進や雇用拡大を重視し、長期的には債務を抑制する必要があることについては誰でも見解が一致しているが、その方法をめぐっては各国内、および国ごとのどちらの面でも、見解に大きな隔たりがある。

「オーソドックスな見解」は、公的および民間セクターによる過度の借り入れが現在の問題を招いたと考え、長期的に債務の増大を抑制する必要性を強調する一方、緊縮的な財政政策や金融政策を重視し、成長を刺激するため需要喚起を目指す短期的な措置よりも長期的な構造改革が必要だと指摘している。

それに対し、「需要サポート見解」（筆者注＝有効需要〈ＧＤＰ〉を政府が拡大しなければならないという、いわゆるケインズ的政策の支持者）は、債務の増大を抑制し、インフレ率の上昇を食い止める必要性を認識しながらも、景気を押し上げ、所得拡大、雇用創出、金融セクターの強化という好循環を生み出すため、短期的に需要を拡大する措置が必要だと強調している。

過去2〜3年、経済に関する世界の議論は、この2つの見解の間で揺れ動いてきた。2009年春や現在のように成長に対する不安がとりわけ強い時期には、すべてではないにしても、国際通貨基金（ＩＭＦ）をはじめとする金融・財政当局は需要を喚起する政策を重視する傾向が高まる。しかし、成長を取り巻く霧が晴れ始めれば、早々に「オーソドックスな見解」が盛り返し、緊縮財政策や長期的な金融の健全性に関心がシフトしてきた。

こうした動きは、どちらの「見解」に与《くみ》したとしても危険なサイクルとなる。医師は患者に抗生物質を投与する際、症状が改善しても抗生物質の服用を途中でやめないよう注意を促す。途中で服用をやめれば、症状が再発するリスクがあるばかりか、抗生物質が効かなくなる恐れがあるためだ。

経済政策にしても同じことだ。需要促進を重視している私のような人々は、景気拡大策が講じられる期間が短すぎれば成長を軌道に乗せることができないばかりか、政策の有効性が損なわれ、政策に対する信頼感も低下すると懸念している。

（「コラム：ＩＭＦは緊縮策の弊害回避を」、「ロイター」２０１２年10月16日付）

サマーズ教授が「オーソドックスな見解」とやんわりと呼んでいる人びとこそが、ドイツの緊縮財政至上主義者であり、日本の増税至上主義者である。経済学でいえば、新古典派経済学、あるいは新自由主義者と呼ばれる人びとに該当する。

まさに、「公的および民間セクターによる過度の借り入れが現在の問題を招いた」と主張し、緊縮的な財政政策や金融政策を重視し、「成長を刺激するため需要喚起を目指す短期的な措置よりも長期的な構造改革が必要」というオーソドックスな見解を共有する政治家、経済学者たちが、現在のユーロ圏でＰＩＧＳ諸国に緊縮財政を強要し、各国の国民に苦痛を与えているのである（ついでに書いておくと、日本もアメリカも同じだ）。

ヨーロッパを徘徊する新古典派経済学の亡霊

そもそも、先にも書いたとおり、共通通貨ユーロのシステムそのものが、新古典派経済学をベースとする「オーソドックスな見解」に基づいて設計されたものである。

たとえば、ドイツは経常収支黒字国で、国内が過剰貯蓄状態にあるにもかかわらず、国債の過半を国際金融市場に売却している。なぜ、ドイツ政府は不要であるにもかかわらず、国際金融市場からお金を借りているのかといえば、オーソドックスな見解として、国内の公的および民間セクターによる過度の国債の買い入れを問題視しているためである。

オーソドックスとは「正統派」という意味だが、たしかにバブルが崩壊する以前の世界では、新古典派経済学は正統派の経済学であった。かつて、1929年にニューヨークのウォール街で株式バブルが崩壊する以前は、古典派経済学が正統派であったように。

政府の財政赤字拡大や国債の増発は、インフレ率を高騰させる。中央銀行を政府の傘下に置くと、通貨発行により、やはりインフレ率を高騰させてしまう。政府の不要な規制や保護貿易は民間の活力を削ぎ、市場競争を妨げるため、国民経済の供給能力（潜在GDP）が伸びない。結果的に、インフレはいつまでたっても解消しない。

この問題に対する正統派（オーソドックス）のアプローチは、

「中央銀行を政府から独立させる」

「国債は、経常収支とは無関係に、国際金融市場に向けて発行し、外国人投資家に政府を監視してもらう」

「財政赤字が拡大した国は、増税や、公共事業の削減、社会保障の削減を実施すべし」
「供給能力を向上させるため、規制緩和や民営化を中心とした構造改革を実施すべし」
「自由貿易も、競争の激化により供給能力を高めるため、やはり正しい。関税をゼロにするのはもちろん、サービスの輸出入の阻害《そがい》要因となる社会制度（非関税障壁）を撤廃せよ」
「企業も労働者も、国境線を越えて自由自在に動きまわることができれば、国同士の競争も刺激され、供給能力が高まる。資本移動の自由、労働者の移動の自由も認めよ」

まさに、これらのオーソドックスな新古典派経済学の思想に基づいて設計されたのが、ユーロという共通通貨のシステムなのだ。あるいは、ドイツがＰＩＧＳ諸国に対し、融資と引き換えに緊縮財政を要求している理由でもある。

１９３０年代前半のオーソドックスな古典派経済学も、バブル崩壊後の、「民間がお金を借りたくない。使いたくない」という環境への解決策をまったく提案できず、やがて誰からも顧みられなくなってしまった。「経済学」はまたもや、あのときと同じミスをしようとしている。

ドイツがＰＩＧＳ諸国に対して、状況を悪化させる緊縮財政を要求するのは、たんに、「財政が悪化した国は、市場の信頼を取り戻すために緊縮財政を実施すべし」が新古典派経済学の教義であるため、ただそれだけなのである。

新古典派経済学が現実を説明する学問ではないにもかかわらず、経済学者たちが現実を新古典派経済学に基づいて設計されたシステムに合わせようとした結果、世界で何が起きたか。あるいは、何が起きているかについては、拙著『日本経済を殺した真犯人はだれだ!?』(マガジンハウス)をお読みいただきたい。

ちなみに、ドイツのオーソドックスな経済学への信仰は凄まじく、なんと「均衡財政の憲法化」という究極の手法すら、すでに採用されている。ドイツは均衡財政を憲法で義務づけ、毎年対GDP比で0・3%までの財政赤字しか認めないようにシステム設計しているのだ。

グローバル金融に戦いを挑むフランス新大統領

ドイツは、2012年1月のEU首脳会議において、各加盟国の財政赤字幅について、景気循環の影響などを除いて対GDP比0・5%に抑える新財政協定を提案し、各国の首脳が署名した(イギリスとチェコを除く)。

新財政協定は2013年1月の発効をめざし、各国で批准プロセスが進んでいる。ドイツのオーソドックスへの執念たるや、まさに恐るべしという感じだ。

もっとも、緊縮財政によって人びとが苦境を極めている国々にとっては、ドイツの頑なな態度がインフレ恐怖症に基づくものなのか、あるいはオーソドックスな経済学の教義に従っ

大統領就任式でサルコジ前大統領と握手を交わすオランド新大統領
（写真提供：AP／アフロ）

ているためなのか、そんなことはどうでもいい話だろう。

さすがに、諸外国の民主主義が、ドイツ主導のオーソドックス的な手法に反発を抱きはじめた。2012年5月6日のフランス大統領選挙（決選投票）では、メルケル首相の盟友的な存在であったサルコジ大統領が、社会党のフランソワ・オランド第1書記に敗れた。現職のフランス大統領が大統領選挙で負けるのは、1981年のジスカール・デスタン以来31年ぶりの出来事だ。

オランド新大統領は、大統領選出馬に際した演説において、

「われわれの敵には、名前がなく、顔もなく、政党に属してもいません。立候補も、選挙の洗礼も受けたことがありません。それでも、

われわれを支配しています。その敵とは、金融界です」

と、グローバル金融こそが真の敵であると発言した。むろん、実際に大統領に就任した以上、国際金融市場やグローバリズム、あるいはドイツ式オーソドックスな設計主義とも、ある程度の妥協を重ねていかなければならないだろう。それでも、フランス国民が、「敵は金融界」と明言した人物を大統領に就任させた意味は大きい。

また、オランダでは、2012年4月に緊縮財政をめぐる混乱で連立内閣が崩壊した。オランダのルッテ政権はドイツの新財政協定に賛成し、ギリシャなどに対し財政再建努力を迫っていたが、国内で反緊縮財政の声が高まったのだ。その結果、連立の一角を占める自由党が財政赤字削減策を拒否し、連立政権は終わりを告げたのである。

新たな政権を発足させるための総選挙は同年9月12日に実施され、ルッテ首相率いる自由民主党は前評判を覆し、41議席を獲得して第一党になった。とはいえ、オランダ国民が無条件に、ルッテ式、あるいはメルケル式の緊縮財政路線を支持したかといえば、そうではなく、反緊縮財政の労働党が39議席を獲得し、小差で第2党になった。

ルッテ首相が安定政権を樹立するには、労働党と大連立する以外に手はない。だが、福祉の堅持、成長、雇用を重視する政策を掲げている労働党と連立するためには、ルッテ政権の緊縮財政路線をある程度は転換しないわけにはいかないだろう。

フランスやオランダ、それにギリシャの選挙結果を見ると、有権者の、「ユーロ離脱やEU離脱は嫌だけど、ドイツ式緊縮財政も……」という微妙な意思が表示されているようで、非常に興味深い。

銀行同盟によってユーロはいつまでもちこたえるか

現在のユーロ圏は、成長重視のオランド・フランス大統領と、緊縮固持のメルケル・ドイツ首相とが何かにつけて鍔《つば》ぜり合いを繰り広げる状況が続いている。2012年10月18日に始まったEU首脳会議では、ヨーロッパにおける銀行の監督管理や破綻処理、預金保護などの仕組みを一本化する、いわゆる銀行同盟をめぐって、オランド大統領とメルケル首相が衝突した。

フランス側は、2014年はじめまでに、域内の6000もの銀行をECBの監督下に置くことをめざすことで合意したと発表した。ところが、ドイツ側は、ECBはシステム的に重要な銀行の監督を担当し、全銀行を対象とはしないと主張したのである。

要するに、銀行同盟により金融システムの規制強化を主張するオランド大統領に、ドイツ側が反発しているという話だ。また、預金保険を共通化した場合、健全な銀行を保有する国が、非健全な国に対して援助するかたちとなる可能性があり、ドイツ側が難色を示しているという事情もある。

ところで、銀行同盟とは何だろうか。じつは、現在のユーロ圏は共通通貨ユーロにより通貨同盟を締結しているわけだが、さらに、各国の銀行を国家から切り離し、ユーロ圏（実際にはＥＣＢ）で管理しようと図る、きわめて野心的な試みである。

今回のユーロ危機において、アイルランドやスペインなどのケースで明らかになったのは、「各国の銀行の対外債務問題が悪化した結果、話がいつのまにか『各国政府の対外債務問題』に変わってしまう」という問題である。

たとえば、アイルランドの銀行が対外債務を返済できなくなり、アイルランド政府が資金注入をしたとする。とはいえ、アイルランド政府は十分なユーロがなく、通貨発行権もないため、国際金融市場に国債を売却するしかない。すなわち、アイルランド政府は外国から借りたお金で、自国の銀行を救うことになるわけだ。

結果、もともとはアイルランド国内の銀行問題だったのが、いつのまにかアイルランド政府とアイルランド国民の対外債務問題となってしまうのである。ちなみに、アイルランド国民が自国の銀行の責任で負った対外債務は、３世代かかっても返済できないといわれている。

こうした責任のゆがみを解決するために、ユーロ圏では各国の銀行を各国政府の管轄下から切り離し、ＥＣＢのもとで一元的に監督するという動きが始まっているのだ。銀行の債務不履行問題の最終的な責任者を、各国政府ではなくECBにしてしまおうという発想である。これがすなわち、銀行同盟である。

この銀行同盟が実現すれば、ESM（欧州安定メカニズム）が危機に陥った銀行に資本を注入することになる。その結果、各国政府（あるいは国民）に負担が押しつけられることはなくなる。

ただ、ECBの銀行監督業務やESMの資金源については、ユーロ加盟国がそれぞれの経済力に応じた負担を強いられることになるため、ドイツが反発しているわけだ。なにしろ、銀行同盟でもっとも負担を負わされるのは、間違いなくドイツなのだ。

というわけで、先述のとおり、ドイツは銀行同盟をめぐって、

「銀行同盟はすべての銀行ではなく、重要な銀行のみをECBの監督下に置くものだ」

「過去の問題は銀行同盟ではなく、各国の政府が対応するべきだ」

と主張し、負担の軽減を図っているのである。

とはいえ、それ以前に筆者は、「銀行を自国から切り離し、ECBのもとで監督統合する」という発想自体に違和感を覚えざるをえない。国家と切り離され、政府の規制を受けなくなった銀行が、モラルハザードに陥らず、健全に営業していくことができるとはとうてい思えないのだ。

ユーロとは、ユーログローバリズムのもとで通貨同盟を実現したシステムだ。銀行同盟はさらに一歩踏み込み、銀行と国民の利益を乖離《かいり》させる措置にしか見えない。ユーロというドイツ的な設計主義で構築されたシステムにひび割れが生じ、どう考えても継続できないにもかかわらず、さらに設計主義的な銀行同盟でつぎはぎをしようとしている。それに対し、設計主義の本家本元たるドイツが反対しているという、きわめて不可解な状況に陥っているのだ。

銀行にせよ金融システムにせよ、国家（そして国民）の管轄下に置かれなければ、国民経済の成長のための健全なビジネスは不可能と思うのだが、いかがだろうか。

フランスのオランド大統領は銀行同盟を推進しているが、これは金融システムの規制強化という点では正しいが、国民経済と自国の金融システムが切り離されることにより、別種の問題が発生することにならないだろうか。

結局のところ、銀行同盟はユーログローバリズムの延長線上にあり、問題を改善するどころか、かえって各国の傷を深め、経済成長路線への道から遠ざかるように思えてならない。国民経済とはその国の国民、政府、企業、そして金融機関が互いに目標を共有したうえで成長していくのが健全な資本主義だと思う。銀行同盟は間違いなく、国民と銀行を切り離し、目標の共有を不可能にしてしまう。

国家や国民の自由を奪うユーロの実態が明らかに

いずれにせよ、2013年のユーロは、会合や選挙のたびにユーログローバリズムをめぐって論戦が繰り広げられ、首脳会談のたびにドイツとフランスの意見がすれ違い、時が経つにつれて事態が悪化していく状況を続けることになるだろう。

要するに、2012年と同じように、危機の深刻化と危機の緩和を繰り返しながら、長期的には事態が悪化していくという話だ。すでにおなじみとなったパターンといえる。

もっとも、2013年9月には、ドイツで総選挙が予定されている。メルケル首相の反対陣営は、間違いなくユーログローバリズムやギリシャなどへの援助を争点にもってくるだろう。この総選挙において、ドイツ国民はいかなる判断を下すのか。

それにしても、ユーロ加盟国は、そのすべてが民主主義国である。民主主義国であるにもかかわらず、ユーロに加盟していることで各国の主権は小さくなってしまっている。有権者が反ユーログローバリズムという判断を下したからといって、「はい、さよなら、ユーロ」というわけにはいかないのだ。

新古典派経済学に基づいて設計された社会システムは、紆余曲折《うよきょくせつ》しながら、泥のなかを泳ぐように進んでいく民主主義的なシステムと比べ、明らかに柔軟性に乏しい。いったんユーロに加盟してしまうと、金融政策の主権を失い、PIGS諸国にいたっては財政的な主権までをも失いつつある。

システムの設計がそうなっている以上、当たり前といえば当たり前だが、それが「国民を全体的に豊かにするのか」と問われて、「そうだ」と断言できる人は、新古典派の経済学者のなかにさえいないのではないか。

経済学者は、

「いや、長期的に見れば、ギリシャやスペインは競争力を回復し、南欧諸国の国民は再び豊かになれる」

と主張するかもしれないが、それこそ1930年代のケインズではないが、長期的などといっていたら、われわれはみんな死んでしまうという話である。

というわけで、2013年には失業率が大恐慌期以上に深刻化したスペインやギリシャなどで、「オーソドックスな経済政策」に対する反発が、これまで以上に高まってくるだろう。しかも、これらの国々がユーロに加盟しているかぎり、たとえ民主主義的に「NO」を突きつけたとしても、現実を変えるにはあまり役に立たない。

ユーログローバリズムに取り込まれている国は、

「国債を自由に発行できず、財政政策を独自で行えない」

「通貨も自由に発行できず、政策金利も独自で決められない」
「国内の雇用を改善するために関税を引き上げることも許されない」
「為替レートを引き下げて競争力を獲得することもできない」
「ユーロ圏内の労働者の移動を自由に認めなければならない」
などなど、自由という言葉を愛する新古典派経済学をベースにしているがゆえに、かえって国家が自由に政策を打てない状況になっている。

新古典派経済学者が好む「自由」という言葉は、民間企業にとっての自由であり、国家にとっての自由ではないのだ。国家の自由とは、国民の自由でもある。少なくとも、国民主権国家にとってはそうだ。

国民の自由を制限しているのが共通通貨ユーロであるという現実について、加盟国の国民が理解したとき、ユーロは終焉のときを迎える。そのときには、さすがに安全保障上の問題があったとしても、ギリシャ国民は躊躇なくユーロ離脱を選択することになるだろう。

そして、現在の世界の状況を見ているかぎり、新古典派経済学に基づいて設計されたユーロのシステムは、「自由」を標榜《ひょうぼう》するわりに、国家、国民の自由を奪っているという現実が人びとのあいだで共有される日は近いと考える。

それが2013年という年であっても、筆者はまったく驚かないのである。

第5章 反日で壊滅する韓国と中国の経済

歴代韓国大統領の汚れた裏面史

2012年夏に反日活動が活発化して以降、中国と韓国の経済的沈滞が報道されるようになった。というよりも、国内が不況局面に入り、両国政府が支持率をかさ上げする必要が生じ、外部に敵を求めた結果、反日が活発化したのだろう。少なくとも、韓国の場合は確実にそうである。

第2章でも書いたが、2008年以降のグローバリズムに迎合した政策により、李明博大統領は韓国国民の支持を失ってしまった。竹島上陸時点の李大統領の支持率は20％を切っており、なんと野田政権の内閣支持率をも下まわっていたのである。

ちなみに、李大統領は竹島に続き、10月18日に黄海の北方限界線（NLL）南側1・5キロメートルに位置する延坪島などを訪問した。2010年11月23日に北朝鮮軍が砲撃し、韓国側に死者が出た、あの島だ。

李大統領は、北朝鮮領のソク島からわずか3キロの距離にある延坪島において、

「NLLをしっかりと守らなければならない。政府も確固たる方針をもっている」

と述べた。安全保障を訴えることで、みずからの支持を回復させようというねらいであろ

う。

とはいえ、10月22日には李大統領の内谷洞《ネゴクトン》の私邸用地買い入れ疑惑をめぐり、検察の特別捜査チームがすでに収監中のキム・セウク元青瓦台（大統領府）総務企画官室選任行政官を訪問調査している。さらに、捜査の一環として、特別捜査チームは李大統領の長男、李始《イシ》炯《ヒョン》を召喚した。本書発売の時期には、始炯氏への取り調べが始まっていることだろう。

韓国では李始炯氏をはじめ、任太熙《イムテヒ》元大統領室長、金伯駿《キムベクジュン》元青瓦台総務企画官ら主要捜査対象者10余人に対し、すでに出国禁止措置がとられている。まだ大統領職にありながら、李大統領は追いつめられつつあるのだ。

何に追いつめられているのかといえば、ずばり、「韓国大統領の宿命」にである。韓国の大統領は任期が5年で、再任は認められていない。そのため、韓国大統領は5年の任期中に、可能なかぎり、うまい汁を吸おうとする。本人が清廉《せいれん》潔白であっても、家族や親類縁者が要職に就き、汚職に手を染めてしまうのだ。

たとえば、日本の総理大臣の身内が政府の要職に就き、ひたすら汚職に励《はげ》むなどということは、ちょっと想像がつかない。むろん、日本の政治家が清廉潔白というわけではないが、そもそも総理大臣の身内が政府の要職に就いた時点で、国民の理解の範疇《はんちゅう》を超えている。日本で総理大臣がみずからの家族や親類縁者を政府の要職に就けた日には、メディアが鬼の首をとったように騒ぎたて、国民も確実に白い目で見るだろう。

ところが、韓国ではいまだに、大統領の身内が政府内で幅を利かせることが普通に行われている。そういう意味で、韓国はいまだに先進国ではないのである。

また、5年の任期が終わり、新たな大統領が就任すると、彼（もしくは彼女）はみずからの正当性を誇示するために、前任者を悪人として貶《おとし》めようとする。これは、ある意味で、古代中国からの伝統である。みずからの権威を高めるには、新たな権力者が、前の玉座に着いていた人物を悪として描かなければならないのだ。

ほかにも、韓国特有の賄賂《わいろ》文化など、いくつか理由があるのだが、とにかく韓国の大統領の退任後の運命は悲惨である。

盧武鉉《ノムヒョン》（任期2003～2008年）は不正資金供与疑惑で検察から事情聴取を受け、2009年5月に自殺。

盧武鉉の前任者である金大中《キムデジュン》（任期1998～2003年）は、本人は無事だったのだが（ノーベル平和賞を受賞したためだろうか？）、不正資金事件で次男と3男が逮捕され（2002年）、「これほど惨めな事態があるとは思いもしなかった」とこぼし、2009年に持病の肺炎で死亡した。

金泳三《キムヨンサム》（任期1993～98年）は、97年にIMFの介入を招いた通貨危機を引き起こし、さらに不正融資事件をめぐって次男や側近議員が逮捕され、国民の怒号を浴びながら退陣。その後は、日本やアメリカで事実上の亡命生活を送っている。

盧泰愚《ノテウ》（任期1988～93年）は、退任後の95年に政治資金の隠匿《いんとく》が発覚し、さらに光州事件（80年5月、全羅道光州市で起きた民主化運動に対する政府の弾圧事件）に絡んで懲役刑を受け、97年12月に特赦された。元大統領が囚人服を着せられ、テレビに映し出された光景は、当時の日本人に衝撃を与えたものだ。

盧泰愚の前任者であった全斗煥（任期1980～88年）もまた、不正蓄財を追及された。さらに、盧泰愚とともに光州事件の首謀者の1人として死刑判決を受けている（のちに減刑され、特赦を受けた）。盧泰愚と同様に、囚人服姿がテレビで大写しにされたのはいうまでもない。

李明博が日韓の越えてはならない一線を越えた理由

過去の事例を見ればわかるが、韓国大統領にはとにかく金の問題がつきまとう。たとえ本人が手を染めなくても、身内（とくに息子）が不正蓄財や収賄事件を引き起こすのだ。李明博大統領も、やはり金の問題で実兄や息子に検察の手が伸びている。

このままでは、前任者たちと似たような運命をたどるのは、火を見るよりも明らかである。

ならば、どうすればいいのか。

「過去の韓国大統領が誰もできなかった快挙を成し遂げ、みずからの名前を燦然《さんぜん》と韓国の歴史書で輝かせればいい。そうすれば、退任後の悲惨な運命を免れるかもしれない」

と李大統領が考えたであろうことは、容易に想像がつく。

こうして、李大統領は2012年8月10日、日韓関係において決して踏み越えてはならない一線を越えてしまったのだ。

この日、李大統領は日本国島根県竹島に上陸した。たしかに、過去の大統領はみな躊躇した偉業かもしれないが、日韓関係を後もどりできない状況に追い込んだのも、また確実だ。

さらに、李大統領は8月14日に、

「(天皇陛下が)韓国を訪問したいのなら、独立運動で亡くなった方々に対し、心からの謝罪をする必要があると(日本側に)伝えた」

と暴言を吐き、日本国民の神経を逆なでした。

ちなみに、このとき李大統領が発した天皇陛下への呼称は、正確には「日王」であった。韓国は天皇陛下を「皇帝」(エンペラー)としては認めておらず、「日本の王である」という立場を貫いている。

韓国と北朝鮮を除く世界のすべての国々において、天皇陛下への呼びかけは「エンペラー」

2012年8月10日、竹島に不法上陸した李明博韓国大統領
（写真提供：The Blue House／ロイター／アフロ）

である。今日の世界において、対外的に「エンペラー」を使用するのは唯一、日本の天皇陛下のみなのだ。あの中国ですら、天皇陛下の呼称は「天皇」だ。

ところが、朝鮮半島では、いまだに「日王」という呼称を用いている。この時点で、韓国は友好関係など結べる国ではないのだ。

日本は李大統領の竹島訪問を受け、国際司法裁判所に単独提訴する手続きに入った。単独提訴は国際法に沿った訴状が必要で、手続きに時間がかかる。単独提訴の時期は、2012年末か翌年の年明けにずれ込むだろう。もっとも、民主党政権は単独提訴について年内先送りを決めたが、これは政権交代が実現すれば、淡々と実施されることになる。

さらに、2012年10月末に、韓国の要請により拡大していた日韓通貨スワップ協定の増額分が終了した。この日韓通貨スワップ協定およびその増額については次項で述べるが、要するに、韓国経済の安定化支援のために行われたものである。日韓通貨スワップ協定の増額分が終了することにより、韓国は自国経済の「保証人」を1人失ったことになる。

日本の場合、外交上のゴールは明確（竹島問題について、国際司法裁判を実現する）である。当然、ゴールを達成するまで、日本政府は断続的に韓国に圧力をかけていく必要がある。

韓国はグローバル資本の植民地と化している

ところで、日本政府と韓国政府が竹島問題をめぐって外交戦を繰り広げているさなか、韓国経済の屋台骨を揺るがすような事態が発生した。

スマートフォン（多機能携帯電話）の特許侵害に関する訴訟で、2012年8月25日、アメリカのカリフォルニア北部地区連邦地方裁判所が、サムスン電子はアップルに10億5000万ドル（約826億円）の賠償を支払うべきだとする命令を下した。これを受けて、週明け27日のソウル株式市場では、サムスン電子の株価が7・5％も急落した。

サムスン電子は現在、膨大な数の特許訴訟を抱えており、その数は3000件を上まわる。韓国人特有の「パクリ体質」は、ついに韓国経済の要ともいえる大手輸出企業の足元を揺るがしつつあるのだ。

現在の韓国経済は、大手輸出企業に投資している外国人への配当金を最大化するために、すでにして「構造改革」されてしまった、グローバル資本による事実上の植民地である。あるいは、グローバリズムの優等生と表現してもかまわない。

韓国を事実上支配しているグローバル投資家たちが、最大の所得（配当金）を得るにはどうしたらいいか。アジア通貨危機以降の韓国では、李明博政権にいたるまで、次のような構造改革が推進されてきた。実際に構造改革を実施したのは韓国政府だが、その背後には政府と結びついたグローバル資本の存在がある。

①国内の市場を寡占化し、市場競争を減らすことで大手企業の利益を最大化する（高い買い物をさせられる国内の消費者が損をする）。
②労働市場の流動化や派遣社員の解禁により、労働分配率の引き下げを可能とする（従業員が損をする）。
③政府の政策として電力料金を低く抑える（政府および税金を支払う国民が損をする）。
④政府の政策として法人税を低く抑える（政府および税金を支払う国民が損をする）。
⑤政府の政策として通貨安政策をとり、グローバル市場における競争力を高める（輸入価

格の上昇により国民が損をする)。

ここにあげたように、国民や政府が損をする各種の政策を推進し、大手輸出企業の純利益(競争力ではない)を最大化し、外国人に巨額の配当金を支払うスタイルにされてしまったのが、韓国の「構造改革」だ。

現在の韓国は、煽りでも何でもなく、グローバル資本の植民地となっている。信じられないことに、韓国は国内の財閥10社の売上高の合計が、GDPの76・5%に達するような国である。寡占状態も極まれり、という感じだ。

グローバル投資家にとってまことに都合のいい寡占構造になったのは、アジア通貨危機で破綻した韓国がIMF管理となり、各種の構造改革が行われたことが始まりだ。いま、ギリシャがEUやIMF、さらにはドイツから緊縮財政を要求されているが、韓国はまさにギリシャの先駆者といえるのだ。

また、2008年以降の、李大統領による大手輸出企業に傾注した政策推進も大きく影響している。韓国では2007年から翌2008年にかけて、グローバル資本が外国に一気に逃避する「キャピタルフライト」が発生した。その結果、韓国は二度目の通貨危機に突入した(ちなみに、筆者の処女作である『本当はヤバイ!韓国経済』〈彩図社〉はこれを予見したものだ)。

外国人投資家は韓国株を売り払い、次々にウォンを外貨に両替していった。2007年秋には1ドル＝900ウォンを切るまでに高騰していた韓国ウォンの為替レートは、2008年終わりには1ドル＝1500ウォン超にまで暴落した。このとき、当時の日本の麻生(太郎)政権は、日韓通貨スワップ協定の引出限度額を200億ドルに増額することを決定し、韓国経済の安定化を支援した。

ちなみに、日韓通貨スワップ協定は、2005年に韓国政府が日本政府に頼んできたため、韓国の通貨危機防止をねらいとして締結したものだ。それにもかかわらず、いまでは韓国当局の一部が、「日本に頼まれて、通貨スワップを締結した」などと言いだしているのだから、多くの日本側の関係者は呆れ返ってしまった。

1997年のアジア通貨危機でもそうだったが、日本がいくら善意で韓国を支援しても、あとになって、

「あれは不要だった!」

「日本はもっとも早くわが国を見捨てた」

「日本側が依頼してきた」

などと、平気で恩を仇《あだ》で返してくる。

韓国とはそういう国であるという現実を、そろそろ日韓友好だのと世迷《よま》い言《ごと》を言っている日本人は直視したほうがいい。こういう国とは友好関係を築くことなどできない。

2013年X月、李明博逮捕か!?

さて、まさに第2次通貨危機が進行するさなか（2008年2月）に大統領に就任した李明博は、二度目のIMF管理を回避するために、それまで以上にグローバル資本と融合する成長戦略をとった。結果的に、韓国のグローバル資本による植民地化はさらに進行し、韓国国民は経済成長しているにもかかわらず不幸になっていった。

グローバル化の進展により、韓国では格差が急拡大し、失業率は実質20％超ともいわれ、自殺率はOECD加盟国中、第1位という状況に陥った。とくに若者世代は職がなく、4年生大学の卒業生の半分近くが就職できない状況になっている。2011年6月時点で、同年3月に大学を卒業した若者の就職率は、非正規を含めても58・6％にすぎない（韓国文部科学省の調査）。

李大統領の手法は、あらためて考えると、いわゆる「ショック・ドクトリン」だったといえる。ショック・ドクトリンとは、国民がショックを受けたタイミング（たとえば、二度目の通貨危機）を活用し、グローバル化や構造改革を一気に進める手法である。

李明博大統領のグローバル資本による植民地化路線は、最終的には米韓FTAというかたちで結実した。これにより、韓国は製造業のみならずサービス分野においても外国資本を全面的に受け入れ、さらにISD条項（投資家対国家の紛争処理条項）を締結したことで、外国人投資家によって国内の政策を左右される事態にいたった。まさに、グローバル資本による植民地である。

こうして韓国国民が不幸になった結果、李大統領は国民の支持を失った。2012年4月の総選挙では、同じ与党の朴槿恵《パククネ》派までもが反李路線を打ち出す始末であった。それが功を奏し、結果的に、総選挙で与党セヌリ党は勝利することができた。

本書執筆時点では、朴槿恵が大統領選に勝利するかどうかはわからない。だが、いずれにしても大統領選挙のあと、李明博は過去の韓国大統領と同じ道（おそらく逮捕されるだろう）を歩む可能性が高い。なにしろ、現在の李大統領は、野党はもちろんのこと、与党から孤立しているありさまなのだ。

朴槿恵が新大統領になった場合、李路線との決別を宣言するためにも、何らかのアクションをとらざるをえない。前任者を批判し、攻撃し、みずからの権力を強化することは、中国や朝鮮半島の歴史的な伝統である。李大統領のグローバル資本による植民地化政策は、韓国国民を不幸にしたあげく、みずからの立場も危うくしているのだ。不毛としか表現のしようがない。

韓国の国民がつくづく不幸だと思うのは、アジア通貨危機で大手企業がバランスシート(貸借対照表)の調整(要は借金の返済)を余儀なくされて以降、家計が負債の担い手の役目まで負わされてきたことである。

資本主義経済は、誰かが負債を拡大し、投資をしなければ、成長のしようがない。通常の資本主義国において、負債や投資拡大の担い手は、もちろん一般企業である。ところが、韓国では、IMFの管理下に置かれたため、企業の負債が調整され、さらに政府も緊縮財政路線を強いられた(現在のギリシャのように)。そのため、もっとも脆弱《ぜいじゃく》な経済主体である家計がリスクを背負わされる状況が続いてきた。

韓国の家計債務はもはや持続不可能か

じつは、2007年のバブル崩壊前のアメリカやイギリスも、おもに家計の負債拡大に依存した経済成長を続けてきたのだ。とはいえ、バブルの崩壊により、家計は完全に借金返済モードに移行し、現在は日本さながらに政府の負債で経済の下支えを続けている。むろん、両国ともに、すでに家計の負債残高は減ってきている。

韓国の場合、欧米諸国ではすでに終わりを迎えた家計の負債拡大に依存した経済を、いまだに続けているのである。その結果、韓国の家計の負債残高は増加の一途をたどり、２０１１年には可処分所得の１６４％に達した。信じがたいことに、家計の負債対可処分所得比率１６４％という値は、サブプライム危機発生時のアメリカの水準を上まわっている。

イギリスのロイヤルバンク・オブ・スコットランドのエリック・ルース（アジア担当のエコノミスト）は、韓国の家計の負債問題について、次のように語っている。

「韓国政府は消費者債務の問題に適切に対処できていない。家計債務（負債）はすでに持続不可能なほど高い水準に迫っている」（「日本経済新聞」２０１２年8月22日付）

韓国における家計の負債が増えているのは、大手輸出企業に偏向した経済モデルのもとで、国民の実質賃金が上がらないにもかかわらず、親が子どものために巨額の教育費を捻出しなければならないこと、全労働人口の３分の１に達する自営業者が事業資金を借り入れなければならないことなど、韓国の経済構造に起因している。また、現在は崩壊を始めた韓国の不動産バブルも、家計の負債増加に一役買っていた。

２０１２年5月、韓国の金融委員会は、貯蓄銀行業界首位のソロモン貯蓄銀行など4行を不健全金融機関と認定し、半年間の営業停止処分を下した。２０１０年以降、韓国ではすでに20を超える貯蓄銀行が営業停止処分を受け、その多くで取り付け騒ぎが発生している。

その理由はもちろん、韓国の貯蓄銀行の利用者の多くが個人や自営業者だったからである。

つまり、韓国経済の負債拡大の役目を負わされてきた家計が負担に堪えかね、彼らへの融資が不良債権化しているのだ。

しかも、現在の韓国は、主力産業である石油化学、鉄鋼、造船といった分野が世界的な経済沈滞の煽りを受けて、輸出額が大きく減少している。LG経済研究院などの韓国のシンクタンクは、このまま輸出の減少が続くと、韓国経済は2012年下半期にゼロ成長に陥る可能性があると見ている。

この状況で李大統領が竹島に上陸し、わが国の天皇陛下に暴言を吐いたのだ。まさに韓国の経済的自殺としか言いようがないタイミングである。

日本は断固として経済制裁を貫け

では、日本は今後、韓国に対し、どのように接していくべきだろうか。答えは簡単だ。先述のとおり、竹島問題についてハーグの国際司法裁判所への提訴に韓国が同意するまで、さらには李大統領の暴言について大統領みずから謝罪をしないかぎり、経済的圧力を積み重ねていけばいい。韓国が国際司法裁判所で争うのが嫌だというのであれば、日本は国際司法裁判を実現するために、対韓経済制裁を実施しなければならない。

李大統領は韓国軍の総司令官である。そして、竹島は日本国島根県に属している日本領だ。

日本領である竹島に韓国の警備隊（実際には韓国軍）が駐留し、実効支配を続けているのである。さらに、韓国軍の総司令官が不法に竹島に上陸した。結果的に、日本の対韓制裁は正当化されることになる。

1905（明治38）年1月28日、日本政府は竹島を島根県隠岐島司の所管とする決定を下した。2月22日には島根県告示第40号により、竹島を日本領とした閣議決定の内容が告示された。むろん、このとき大韓帝国政府は何の抗議もしていない。

戦後、1951（昭和26）年9月8日に署名されたサンフランシスコ平和条約において、竹島は日本が放棄すべき領土には含まれなかった。それにもかかわらず、韓国側は52（昭和27）年1月18日に李承晩《イスンマン》ラインを一方的に宣言し、竹島が韓国領であると主張した。

アメリカは、韓国の竹島領有の主張に対し、「ラスク書簡のとおりである」と返答した。ラスク書簡とは、韓国政府が享受する利益について、アメリカが1951年8月10日に最終決定として送付した文書である。

ラスク書簡には、「竹島は1905年から日本の島根県の管轄下にあり、韓国から自国の領土であるとの主張がなされたことはない」と書かれている。事実のとおりなので、ごもっともとしか言いようがないが、韓国側は激しく反発した。

その後は、独島警備隊を駐屯させて竹島を事実上の占領下に置き、1965（昭和40）年に日韓基本条約を締結するまで、近海で日本漁船328隻を拿捕《だほ》し、日本人44人を死傷させ（内5名が死亡）、3929人を抑留した。

さすがに最近は勘違いをしている人が減ってきたように思えるが、韓国は中国や北朝鮮同様に、無法国家なのである。日本の領土である竹島を暴力で自国に組み入れ、「独島（竹島の韓国名）はわが領土」と主張してはばからない。

しかも、日本側が「国際司法裁判所で決着をつけよう」と提案しても、それは拒否する。本当に竹島が韓国領であると信じているならば、堂々と国際司法裁判所で「独島はわが領土」と叫べばいいのだ。

政治活動が禁じられているロンドン・オリンピックのサッカー会場において、選手の1人が「独島はわが領土」というプラカードを掲げるという暴挙におよんだのをはじめ、韓国人は世界じゅうで竹島が自国領であると声高に主張している。

ところが、ハーグの国際司法裁判所で「独島はわが領土」と説明することだけは拒否する。じつに不思議な民族である。

いずれにせよ、これまでの韓国は、さすがに日本への遠慮が多少はあったのか、竹島に韓国軍を駐留させることはなかった。独島警備隊は、あくまで警察部隊なのである（現実には韓国軍の選抜部隊であるが）。

しかし、2012年8月10日、ついに韓国軍の総司令官である李明博大統領が竹島に不法上陸した。すなわち、日本と韓国には現在、安全保障上の問題が成立しているのだ。

たとえば、韓国は電化製品や半導体をつくるのに不可欠な純度の高いレアガスについて、100％、日本からの輸入に依存している。日本がレアガスの対韓輸出を禁止すれば、それだけでサムスン電子やLG電子、SKハイニックスなどの工場のラインは止まるのだ。

本来、この種の輸出停止措置は、WTO（世界貿易機構）により禁じられている。とはいえ、WTOの規定には例外規定があり、その1つが安全保障である。韓国にレアガスなどの資本財輸出を禁止することでWTOが何か言ってきた場合、「わが国と韓国は現在、安全保障上の問題を抱えている」と突っぱねればいいだけである。

李大統領は、それほどまでのことをやってしまったという話なのだ。

日本からの輸入がとまると韓国経済は終了

日本と韓国の関係が悪くなると、とたんに、

「日韓友好は重要だ。日本と韓国は経済的なパートナーで、日本経済にとって韓国は欠かせない存在だ。冷静に未来志向で話し合おう」

などと世迷い言を言いだす識者が必ずいる。

そこで、まず、日本と韓国の貿易の状況を見てみよう。次ページのグラフを見ていただきたい。

レアガスにかぎらず、韓国が日本の資本財のお得意さまであることは事実だ。とはいえ、韓国への輸出がとまれば日本経済が破綻するといった話ではない。

日本の国民経済の規模である名目GDPと比較すると、対韓輸出は1・12％、韓国からの輸入は0・68％、対韓貿易黒字は0・45％である。つまり、韓国との貿易がすべてストップすると、日本の名目GDPは0・45％減ることになる。たしかに影響は小さくないが、日本経済に深刻な影響を与えるという規模ではない。

逆に、韓国側は日本からの資本財輸入が不可能になると、大手輸出企業の製造ラインが止まってしまう。つまり、韓国経済は、日本からの資本財輸入なしでは輸出が成り立たない構造になっているのである。

ここで、82ページのグラフを、もう一度見ていただきたい。このグラフに示した韓国の輸出依存度（財の輸出÷名目GDP）を見ると、2011年はなんと49・73％である。輸出がGDPのほぼ半分の規模に達している（ちなみに、日本は14・02％）。

また、日本からの資本財輸入が減ると、韓国は輸出ができなくなり、GDPが直撃を受ける。というよりも、輸入の減少以上に輸出が減る。大手輸出企業一社（サムスン電子）の売

本当は小さい日本の対韓国貿易

日本のGDPと対韓輸出入、貿易黒字（2011年）

（単位：10億ドル）

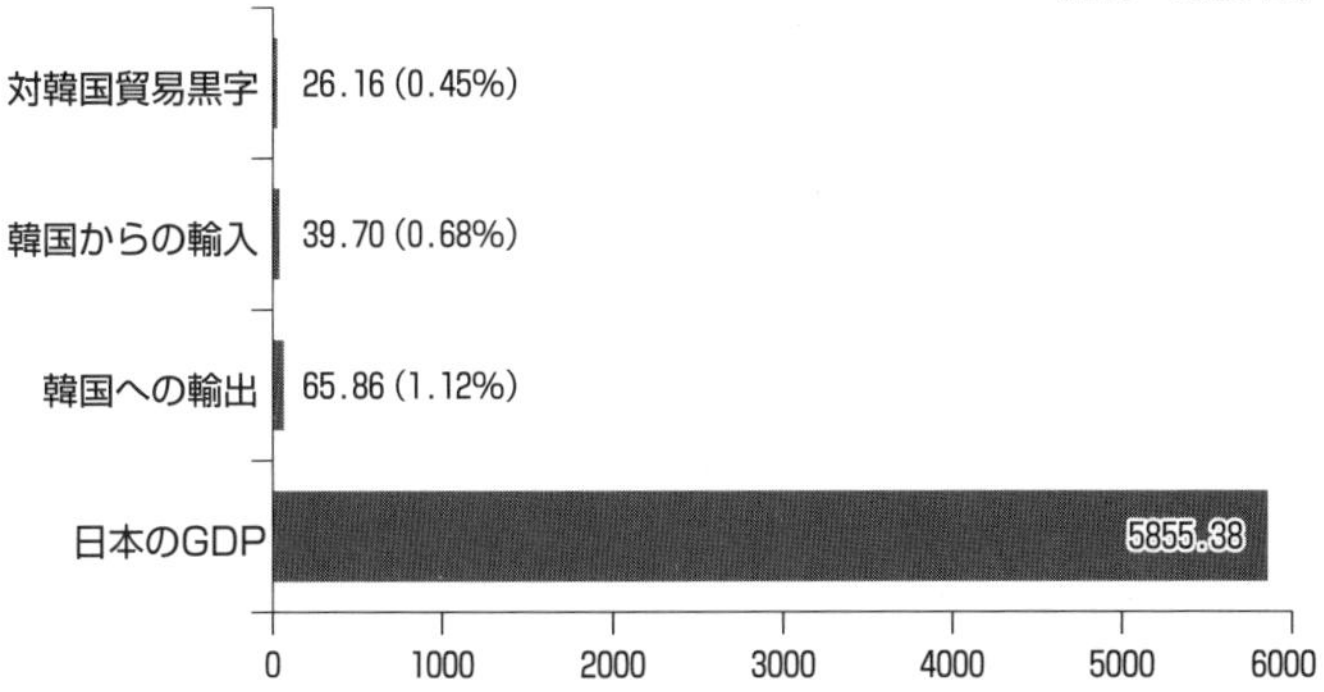

出所）JETRO、IMF

り上げがＧＤＰの２割強に達している国で、輸出産業に必須な日本からの資本財が入らなくなると、はたしてどうなるだろうか。少なくとも、日本のようにＧＤＰが０・45％減るどころではすまないのは確かだ。

本来、資本財を全面的に日本に依存している韓国は、日本に逆らえるような国ではないのだ。にもかかわらず、韓国政府が日本国民の怒りを買う行動ばかりするのには、じつのところ日本側にも問題がある。

日本政府は戦後の初期の段階で、韓国を「ダメなものはダメだよ」としつける必要があったのだ。ところが、日本は国内の自虐主義者たちの声に抗しきれなくなった政治家たちが、「まあ、韓国がうるさいから、今回だけは」と譲歩しつづけた結果、韓国はやっていいこととやってはいけないことの区別がつかない国になったのである（その典型が、証拠もないのに日本軍による従軍慰安婦の強制連行を曖昧《あいまい》に認めた「河野談話」である）。

さらに、韓国経済が成長してグローバリズムが進展し、日本と韓国の経済関係が深まると、国内の自虐主義者たちは、「経済関係が深まったのだから、日本はなおさら譲歩すべし」という異様極まりない主張を展開するようになった。

そもそも、筆者にいわせれば、領土問題と経済を同じ土俵で考える感覚がおかしいのである。領土問題は、国民の安全保障に直結する国家の問題である。国民の安全保障が脅かされている以上、経済はそれに従属しなければならない。経済のために安全保障をおろそかにするということは、国民国家としては許されない行為であり、未来への禍根を残す愚策であるということを、いいかげん日本国民は理解しなければならない。

ところで、本書執筆時点で、２０１２年12月の韓国大統領選挙は、与党セヌリ党の朴槿恵、最大野党である民主統合党の文在寅《ムンジェイン》、そして無所属の安哲秀《アンチョルス》元ソウル大学教授の三つ巴《どもえ》の争いになっている。野党側が候補を統一しなければ、朴氏が有利と見られている。安氏に統一することに成功した場合は、朴氏の票を上まわる可能性が出てくる。

ただ、いずれの人物が韓国大統領になったとしても、グローバリズムの優等生となった韓国の立場を大きく変更できるとは思えない。なにしろ、韓国経済は構造的にグローバリズムにビルトインさせられているのだ。

また、誰が次期大統領になろうとも、李大統領に対する追及の手が緩むことは決してないだろう。新大統領はみずからを権威づけ、正当性を誇示するためにも、前大統領を糾弾しなければならないのだ。韓国とは本当に不幸な国である。

かりに、現与党（セヌリ党）の朴氏が大統領の座を勝ち取ったとしても、李大統領への攻撃がやむことはない。先述のとおり、朴氏は4月の総選挙に際して李大統領を批判し、彼の息がかかっている候補者をすべて入れ替えることで、劣勢と思われていた選挙戦を勝利に導いたという実績がある。

李大統領にとっては、野党はもちろんのこと、与党すら敵なのだ。筆者は李大統領の未来について、最終的には生まれ故郷の日本に亡命するという、バカバカしい〝オチ〟がつくのではないかと予想している（李大統領は大阪生まれの在日韓国人だった）。

中国を増長させたマスコミの罪は重い

さて、中国である。

2012年9月の中国共産党お手製の官製反日暴動は、結果的に中国自身を傷つけるだけで終わった。むろん、襲撃された日本企業も大きな損害を被ったが、国家イメージとしては完全に中国の敗北である。

第2章でもふれたが、笑ってしまったのは、9月中旬に中国共産党の機関紙である「人民日報」が、「中国はいつ日本に対して経済カードを切るのか?」というタイトルの論説を掲げたことだ。同論説のなかで、「人民日報」は、

「日本はまたもう1つの10年を失い、20年後退する準備を進めているというのか」

「日本経済は中国の経済手段に対して免疫力に欠けている」

「日本経済が倒れずにもちこたえられたのはかなりの程度、対中貿易と対中投資の大幅成長によるもの」

「中国側も、経済手段が諸刃の剣であることは理解している。グローバル化の時代、とくに日中間の双方の経済・貿易関係は、すでに互いになくてはならない状態になっている」

「中国は、経済制裁の発動を国際紛争の解決に用いることには反対するが、領土主権にかかわるもので、日本側が挑発を続けるならば、中国側は迎え撃たなければならない」

「日本の製造業、金融業、特定の対中輸出製品、対中投資企業、輸入戦略物資などがターゲットになる可能性が高い」

などと日本経済を見下し、「日本はわが国に逆らえないぞ」と高飛車に論じている。

82ページのグラフのとおり、中国の2011年の輸出依存度は約26%、日本は約14%だ。

2012年9月15日、中国・青島で発生した反日暴動により破壊されたジャスコ
（写真提供：Newscom／アフロ）

日本の倍近くも外需に依存している中国が、わが国に対して、「このままでは日本は新たな失われた10年になる」などと偉そうに言っているのである。

とはいえ、これまた問題は中国側ではなく、日本のマスコミや識者たちにある。なにしろ、彼らは中国共産党に指示されているわけではないにもかかわらず、「人民日報」と同じ論調の記事を書いているのだ（ひょっとして「指示」されているのだろうか）。

たとえば、尖閣問題が深刻化し、中国の反日暴動が激化すると、「毎日新聞」は、「尖閣と日中対立　対話解決に全力を挙げよ」と、あたかも日本側にも非があるかのような社説を載せた。それに負けじと「朝日新聞」が、「日中関係の大局を見渡したとき、両国が衝突することにどれだけの意味あるのか。頭を冷やして考えるべき」と臆面もなく述べたてる。「朝日新聞」にいたっては、そのものずばり、「一連の騒動のきっかけは、中国への挑発的な言動を繰り返す石原慎太郎東京都知事による購入計画だ」と書いているのだから、呆れるしかない。毎日や朝日などの新聞が書き散らした「冷静に、冷静に」「中国も悪いが日本も」といった論調が、実際には今回の事態を招いたにもかかわらず、である。

日中間には「領土問題」は存在しない

外交において「譲歩する」とは、戦争への道を突き進むことだ。安全保障を確立するには、次の3つが必要である。

①自国領土を守る軍事力をもつ。
②国民が自国領土は守るというコンセンサスを形成する。
③①および②の事実を相手国に知らせる。

筆者が見るところ、日本は、①以外の2つをおろそかにし、結果的に戦争への道をひた走っている。そして、日本に②と③をやらせまいと世論を誘導してきたのが、「朝日新聞」であり、「毎日新聞」なのだ。こうした〝売国新聞〟が、「今回は譲っておこう。事を荒立てたくないし」という方向に国民世論を誘導し、日本側が譲歩を繰り返した結果、相手方に「もっと取れるかも」という誤解を与えてしまったのである。これは、尖閣諸島の問題のみならず、竹島や北方領土でも同じだ。

それだけではない。日本には、存在しない中国との領土問題について「話し合いのテーブルに載せよう」などと、中国共産党と同じ主張をする政治家や評論家がゴロゴロしている。現在の日本には、領土問題は2つしか存在しない。すなわち、北方領土と竹島である。日本とロシアは、北方領土という領土問題を抱えている。日本と韓国のあいだにも、竹島という領土問題がある。しかし、中国とのあいだに領土問題は存在しない。尖閣諸島は、たんに日本の領土というだけの話である。それを中国が勝手に領有権を主張し、不法に運動家を上陸させ、船舶を接近させてきただけなのだ。

そもそも、尖閣諸島は1885（明治18）年に日本政府が現地調査を行い、清国の支配がおよんでいないことを確認し、1895（明治28）年1月14日に閣議決定を行い、わが国の領土に編入したものだ。

ところが、中国側のプロパガンダの1つに、「日本は日清戦争のどさくさにまぎれて、下関条約により尖閣諸島を自国のものにした」などという荒唐無稽な主張がある。日清戦争後の下関条約の締結によって日本に割譲された領土は、台湾と澎湖《ほうこ》諸島だけだ。しかも、下関条約の締結は1895年4月であり、尖閣諸島が日本領となった3カ月後のことである。つまり、日清戦争や下関条約と尖閣諸島の領有は、何の関係もないのである。

その後の清帝国や中華民国も、尖閣諸島が日本領であることを普通に認めていた。たとえば、1920（大正9）年に中華民国の駐長崎領事から日本政府に対し、福建省の漁民が尖閣諸島に遭難した件に関して送付された感謝状には、「日本帝国沖縄縣八重山郡尖閣列島」と記されている。

その後、中共政府が樹立されたあとも、1953（昭和28）年1月8日付の「人民日報」に、「琉球諸島における人々の米国占領反対の戦い」というタイトルで、「琉球諸島は……尖閣諸島……の7組の島嶼からなる」という記載がある。以下に、その抜粋を掲げる。

琉球諸島は、我が国（注：中国。以下同様。）の台湾東北部及び日本の九州南西部の間の海上に散在しており、尖閣諸島、先島諸島、大東諸島、沖縄諸島、大島諸島、トカラ諸島、大隈諸島の7組の島嶼《とうしょ》からなる。それぞれが大小多くの島嶼からなり、合計50以上の名のある島嶼と400あまりの無名の小島からなり、全陸地面積は4670平方キロである。諸島の中で最大の島は、沖縄諸島における沖縄島（すなわち大琉球島）で、面積は1211平方キロで、その次に大きいのは、大島諸島における奄美大島で、730平方キロである。琉球諸島は、1000キロにわたって連なっており、その内側は我が国の東シナ海（中国語：東海）で、外側は太平洋の公海である。

（外務省「尖閣諸島に関するQ&A」より）

さらに、1958（昭和33）年に中国で発行された『世界地図集』においても、尖閣諸島は沖縄に属するとされている。自国の地図ですら日本領として扱っていた尖閣諸島を、なぜ、「わが国固有の領土だ」などと言いだしたのか。

いうまでもなく、1968（昭和43）年に行われた海底調査の結果、尖閣諸島近海の海底に石油資源が埋蔵されている可能性が指摘されたためだ。69（昭和44）年と翌年に行われた国連の海洋調査では、推定1095億バレル（イラクの埋蔵量にほぼ匹敵《ひってき》する）の石油が海の奥底に眠っている可能性が報告された。

というわけで、それまでは無視していた尖閣諸島について、中国（および中華民国）がいきなり自国の領土だと主張しはじめたのである。とはいえ、現実に日本は尖閣諸島を実効支配しつづけているし、法的にも日本領である。わが国と中国とのあいだには、領土問題は存在しない。たんに中国共産党が尖閣諸島を領土問題に格上げしようとして、さまざまな策略をめぐらしているだけなのである。

自虐主義者たちの妄言に惑わされるな

日本領である尖閣諸島について、「中国と話し合おう」と言ってのける政治家が少なくないこと、これこそが日本の安全保障上の最大の問題である。

たとえば、日本共産党の穀田恵二衆議院議員は、2012年9月24日に放送されたテレビ番組「ビートたけしのTVタックル」(テレビ朝日)において、

「中国国内での暴力的な行動に対しては批判する。問題は、『領土問題は存在しない』という棒を飲んだような対応だ。領土にかかわる紛争はある、との立場で話し合いをしなければならない」

と発言し、ほかの出演者を唖然とさせた(筆者も唖然とした)。

実際問題として、日本と中国のあいだに領土問題は存在しない。存在しない問題を話し合いのテーブルに載せることで、なんとか領土問題化しようとしているのが、現在の中国共産党なのである。

つまり、この国会議員は、存在しない領土問題を、存在する領土問題に格上げしようと図る中国共産党の〝お手伝い〟をしているわけだ。とてもではないが、日本国の国会議員とは

思えない。

韓国問題と同様に、じつは尖閣問題を悪化させているのは、日本側の自虐主義者たちなのである。尖閣諸島の問題など、さっさと国有化して施設を建設し、公務員を常駐させてしまえばよかったのだ。それだけで尖閣問題は解決する。

それを政府がなかなか実行に移さなかったからこそ、石原都知事（当時）が「東京都が購入する」と言いだしたのである。東京都が尖閣諸島を購入し、都の職員を常駐させれば、それで尖閣問題は終わったはずなのだ。しかも、東京都が購入していれば、中国から何を言われても、政府（国）サイドは、

「あれは地方自治体が勝手にやっていることなので、私どもに言われても困ります」

と突っぱねることができた。

それにもかかわらず、民主党政権は唐突に尖閣諸島を国有化し、しかも、施設を建設するつもりも、公務員を常駐させるつもりもないという。理由はもちろん、中国側を刺激したくないためである。その結果、中国側は攻勢を強め、海上保安庁が海上で懸命に警備しなければならない状況にいたっている。中途半端な国有化をするくらいなら、東京都に購入してもらえばよかったのだ。

これが現実であるにもかかわらず、「朝日新聞」などは相も変わらず、「一連の騒動のきっ

日本は中国と貿易しなくても大丈夫

日本のGDPと対中輸出入における貿易黒字（2011年）

（単位：10億ドル）

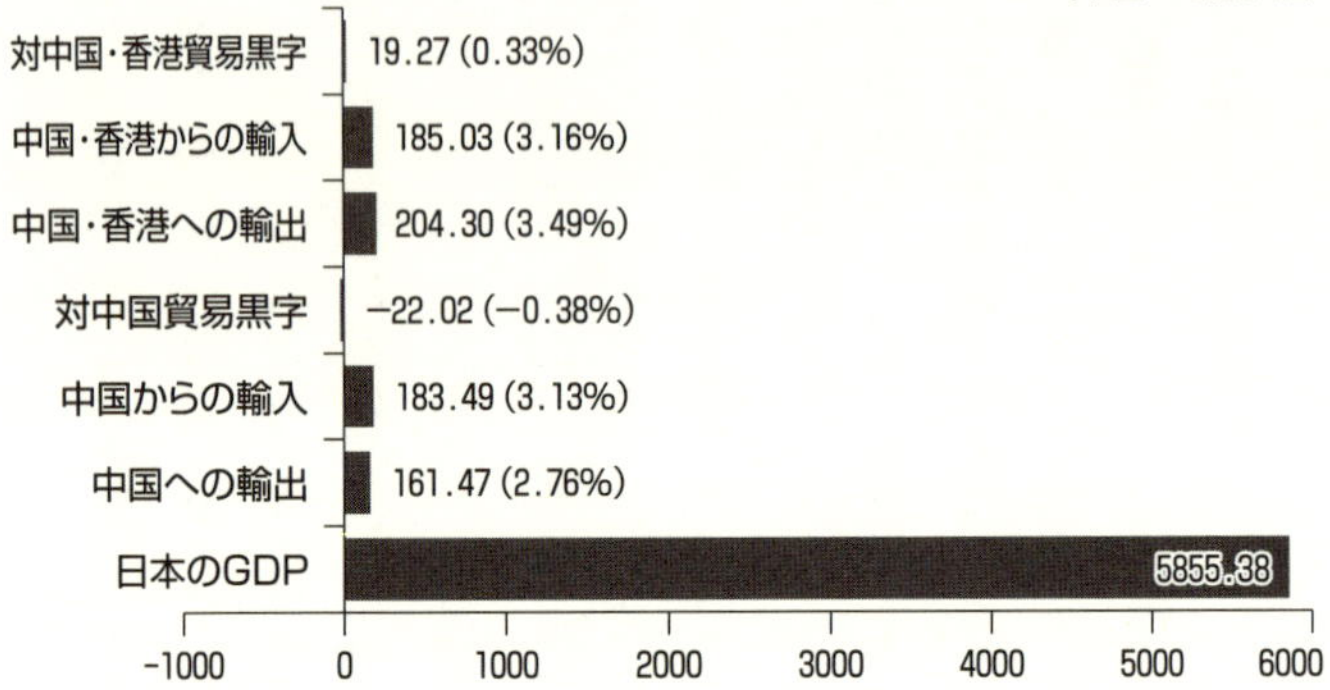

出所）JETRO、IMF

かけは、中国への挑発的な言動を繰り返す石原慎太郎東京都知事による購入計画だ」などという記事を書きまくっている。一連の騒動が起きたのは、「朝日新聞」や日本共産党などの妙な自虐主義者たちが、日本の正しい外交政策を妨害しつづけてきたからだ。

また、予想どおり、「日本経済にとって中国経済はなくてはならない存在だ」「日本経済は中国に依存している」といった言説を放つ識者（自称）も現れている。日本経済と中国経済の関係を見る場合は、印象やフレーズではなく、数字で見なければならない。

上のグラフのとおり、２０１１年の日本の対中輸出はＧＤＰの２・76％、対中輸入は3・13％、貿易黒字はマイナス0・38％である。日本の対中輸出は香港を経由しているものが少なくない。対香港の数値を加えると、輸出は3・49％、輸入は3・16％、貿易黒字は0・33％である。

すなわち、日本と中国（香港を含む）の貿易が途絶すると、わが国のGDPは0・33％のマイナス成長となる。たしかに、対韓国の数値と比べると輸出の規模は多少は大きいが、それにしても領土問題や安全保障問題で譲歩しなければならないような数値だろうか。

日中関係の悪化で壊滅する中国経済

さて、「人民日報」は、先にも紹介した「中国はいつ日本に対して経済カードを切るのか？」という論説のなかで、「日本経済が倒れずにもちこたえられたのはかなりの程度、対中貿易と対中投資の大幅成長によるもの」などと指摘している。

現実には、日本が低成長に甘んじているのは、たんに政府の政策的失敗でデフレから脱却できないためにすぎない（これはこれで大問題だが）。対中貿易収支（香港を含む）の影響など、GDPの0・33％でしかない。自慢ではないが、日本はデフレの深刻化による数％のマイナス成長など、何度も経験している。

あるいは、「貿易ではそれほど依存していないかもしれないが、日本は中国に巨額の投資を

日本の対中直接投資はわずかにすぎない

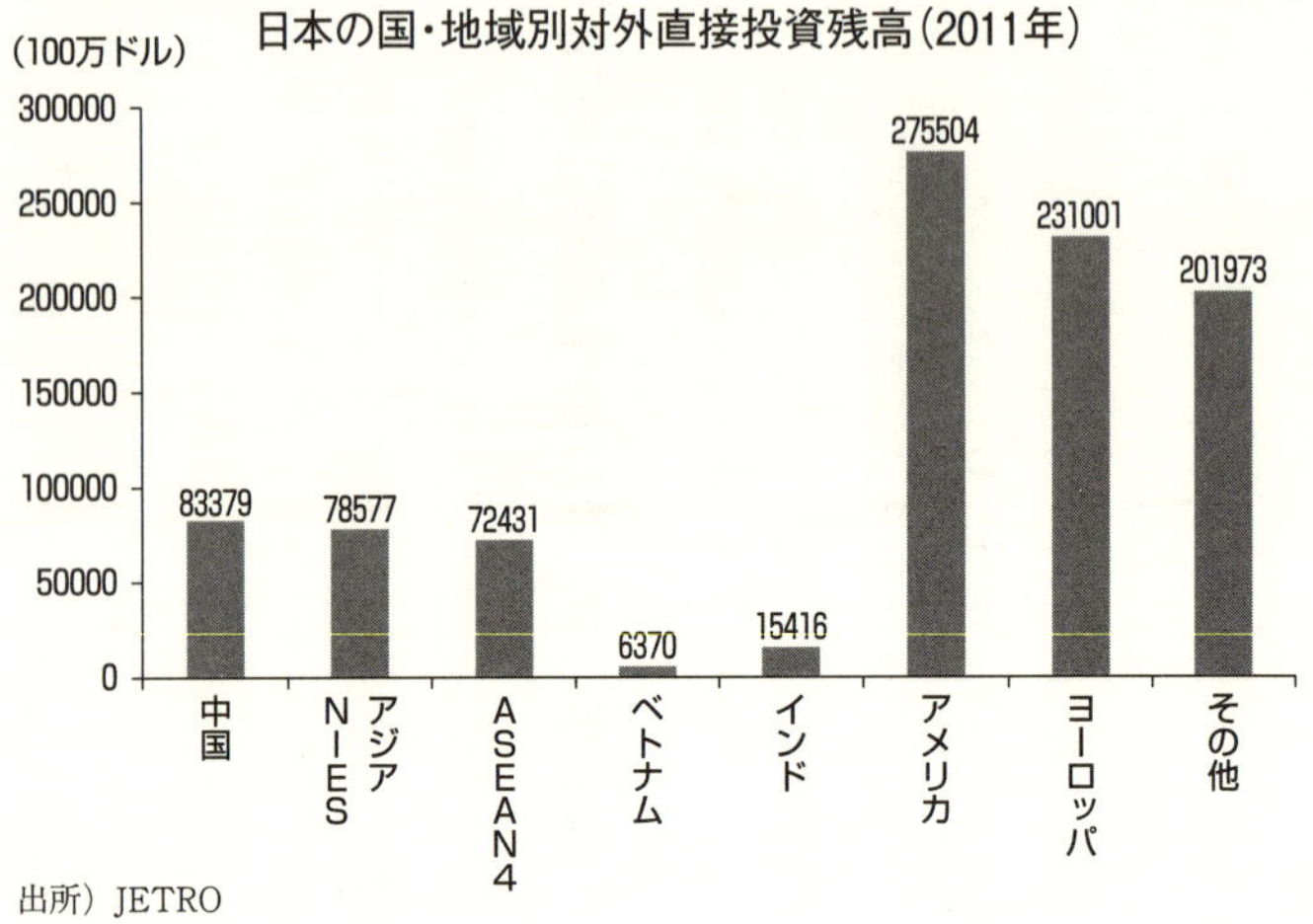

出所）JETRO

している。だから、「中国共産党が日本の資産を凍結すれば、日本経済は壊滅する」などと主張する人がいるかもしれない。だが、残念ながら、日本の対中直接投資の残高は８３４億ドル（２０１１年末。以下、同）で、全体の８・６％を占めているにすぎない。対ＧＤＰ比でいえば１・42％だ。

　ちなみに、日本の対外直接投資の残高がもっとも大きいのはアメリカで、２７５５億ドルと中国のほぼ3倍の規模である。アジアＮＩＥＳ（香港、台湾、韓国、シンガポール）が７８６億ドル、ＡＳＥＡＮ４（タイ、インドネシア、マレーシア、フィリピン）が７２４億ドルである。日本の対外直接投資残高から見ると、中国への投資はワンノブゼムにすぎないというのが実態である。

また、中国は韓国と同様、経済のかなりの部分を日本の資本財に依存している。資本財を外国に依存することは、きわめてリスクが高い。たとえば、1000円の部品が日本から入ってこないだけで、中国は100万円の製品を製造できなくなる可能性があるのだ。

次ページのグラフからもわかるように、中国の名目GDPを百分比で見ると、相も変わらず個人消費が占める割合が小さく、逆に投資（総固定資本形成）が大きくなっている。個人消費がさまざまな理由で伸び悩むなか、投資一本でなんとか成長しようとしている姿が浮かび上がってくる。中国の個人消費は、いまだに日本より小さいのが現実である。

中国が最終消費地であるというならともかく、同国の経済は基本的には組み立て貿易にすぎない。つまり、外国から資源や資本財を購入し、製品を生産し、外国の最終消費地に輸出するというものである。

しかも、中国に外国資本が投資していたのは、人件費の安さと人民元のアンフェアな為替レートのおかげである。すでに、中国の人件費は東南アジア諸国と比較して高くなっている。さらに、今回の反日暴動により、中国のカントリーリスクがあらためてクローズアップされた。

2010年9月に起きた尖閣諸島沖における中国漁船衝突事件では、中国は対抗措置とし

明らかに内需が小さく貿易依存の中国

中国の名目GDPの推移

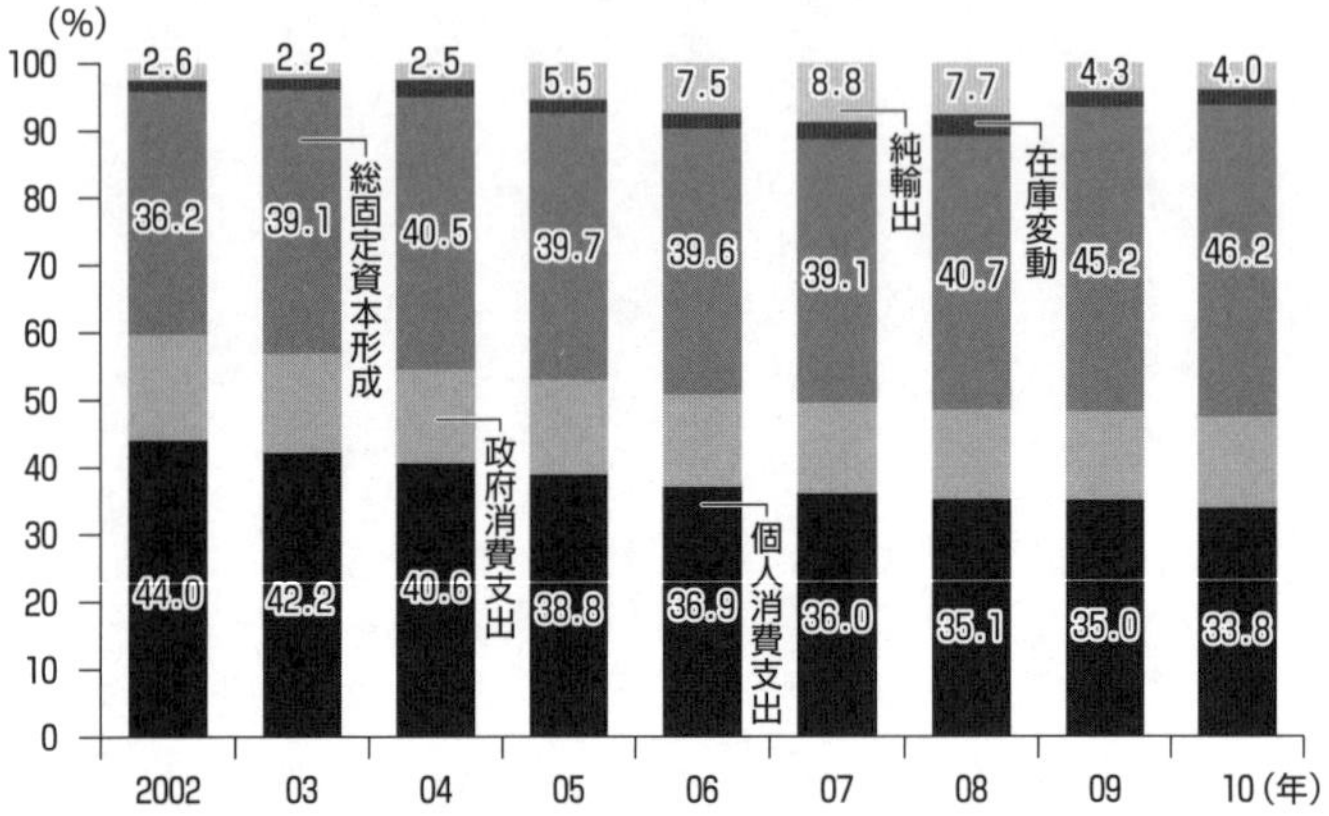

出所）JETRO

てレアアースの対日輸出を差し止めるという措置に出た（これは明らかにWTO協定違反だ）。それに対し、日本はレアアースの輸入先を変更することで対応した。

2012年11月3日、中央アジアのカザフスタンで、レアアースを生産する工場が稼働を始めた。輸出先は、もちろん日本だ。なにしろ、この工場は住友商事とカザトムプロム（カザフスタンの原子力公社）が共同で建設したものなのである。

レアアースを産出しているのは、何も中国だけではない以上、これは当然である。さらに、さまざまな技術開発により、日本企業はレアアースを必要としない構造をつくりつつある。それに対し、日本側が対抗措置として資本財の対中輸出をやめたとき、はたして中国側は対応できるのだろうか。

レアガスをはじめ、日本から輸入している資本財には代替できないものが少なくない。日本がだめなら他国から、というわけにはいかないのだ。中国ははたして、この現実を正しく理解しているのだろうか。

現在、中国は不動産バブルの崩壊とヨーロッパ向けの輸出の激減により、経済成長率が落ち込みつつある。2012年第3四半期の経済成長率は、予想を下まわる7・4%（対前年比）で終わった。日本との関係悪化が、落ち込みはじめた中国経済にさらにネガティブなインパクトを与えるのは間違いない。

これまでの中国は、安い人件費を武器に成長してきたため、国内の消費が経済の中心になれずにいた。だからこそ、中国はいまごろになって人件費の水準を切り上げ、内需、消費中心の経済モデルを志向しはじめたわけである。だが、人件費の切り上げは中国の投資先としての魅力を毀損する。結局のところ、中国は過去の成長モデルに足をとられ、成長への道を失いつつあるわけだ。

さて、ひるがえって日本であるが、先述のとおり、わが国の経済が成長しなくなったのはたんにデフレが深刻化しているためである。政府が通貨を発行し、借りて、所得（雇用）になるように使うという正しいデフレ対策が実施されれば、日本は普通に経済成長路線にもどれるのだ。

日本経済が回復軌道に乗れば、税収も増え、安全保障を強化することも可能になる。中国という事実上の仮想敵国を抱えた日本は、安全保障を確立するためにも、早期にデフレから脱却する必要があるという話である。

そういう意味で、中国が尖閣問題で暴れてくれたおかげで、日本企業の経営者たちにあらためて中国リスクを認識してもらうことができた。また、国民も中国という安全保障上の脅威に備えるため、早期にデフレ経済から脱却し、日本経済を成長させることで軍事力を高めていかなければならないことを理解しはじめたといえる。

冗談でも何でもなく、筆者は中国共産党に心から感謝したい気持ちでいっぱいなのである。

反日活動を自在に操った新総書記、習近平

中国は2012年11月8日から開催された第18回中国共産党全国代表大会において、前国家副主席の習近平を新総書記に任命し、党トップの権力が禅譲された。とはいえ、今回の人事は団派（共産主義青年団）の胡錦濤国家主席から、太子党（共産党高級幹部の子弟グループ）・上海閥（江沢民グループ）を代表する習近平総書記への体制移行ということで、江沢民↓胡錦濤のときほどスムーズにはいきそうもない。

第18回共産党大会で顔をそろえた新旧の総書記（右が習近平・新総書記）
（写真提供：Landov／アフロ）

そもそも、第18回共産党大会は、2012年10月に予定されていたのだ。それが1カ月後ろにずれたことは、中国共産党内の権力闘争が激化していることを示唆している。なにしろ、団派と太子党・上海閥は中国共産党内で徹底的に対立している。胡錦濤時代には、中央はもちろんのこと、地方政府においても団派が人事において優勢だった。そこから太子党・上海閥が猛烈に押し返しているのが、現在の中国の状況である。

習近平は、総書記就任前の2012年9月5日、アメリカのクリントン国務長官との対談をキャンセルした。この前後、習近平の動静は2週間ものあいだ、完全に不明となり、一時は重病説や暗殺未遂説までもが流れる始末であった。「ニューヨークタイムズ」は9

月10日、軽度の心臓病という説を報道した。

また、複数の報道機関が、習近平が2週間も身を隠していたのは、尖閣問題に関する責任者として官製デモなどを主導していたため、と報じた。

たとえば、「産経新聞」などの報道によると、中国の一連の反日官製暴動を指導していたのは、胡錦濤ではなく、習近平だったという。9月中旬の反日暴動は、胡錦濤政権による一連の対日協調路線（あれでも中国共産党にとっては協調路線なのだ）を否定し、今後の強硬的な反日を推進するための、いわば試金石であったとのことである。

胡錦濤政権は大々的な反日運動や、日本製品に対する不買には反対だったが、習近平が強引にこれを容認したという。中国共産党の関係者は、習近平が行方不明になっていたのは、「党大会の準備や尖閣諸島への対応で多忙だったため」と証言している（いくら多忙だからといって行方不明になる必要はなさそうなものだが）。

一時の行方不明から復帰した習近平は、官製の反日暴動を中止させ、9月21日に、「領土問題は平和的に解決を」と訴えた。中国のいう平和的解決とは、要するに尖閣問題を領土問題に格上げし、話し合いのテーブルに引っぱりだそうという話なので、日本側は無視していればいい。

それにしても、あれだけ荒れ狂っていた反日暴動が、習近平の鶴のひと声でぴたりとやむわけだから、まさに官製暴動だ。

また、共同通信は9月20日に、福建省のデモに参加した中国人男性が、「100元（約1200円）もらってデモに集まった人もいる」と打ち明けた事実を報道した。中国のデモは、共産党政府により組織的に動員されたものである可能性を裏付けたわけだ。

大和総研は、日本と東アジア諸国の関係が悪化し、4カ国・地域（中国、韓国、台湾、香港）からの訪日外国人が100万人減少した場合、観光客の減少で国内消費が直接的に900億円減るという見通しを公表した。

さらに、大和総研は、尖閣諸島をめぐる日中摩擦の影響で、日本のGDPが年間8200億円押し下げられる可能性があるという試算を発表した。日系企業の中国現地工場の休業により、中国向け資本財などの輸出が年間1兆円減るという仮定に基づいている。

900億円にせよ、8200億円にせよ、個人にとっては天文学的な金額だ。しかし、日本の巨大なGDP（約470兆円）と比較すると、それぞれ0・019％、0・17％でしかない。この手の数字は絶対額ではなく、GDPと比較しなければ実態はつかめないのである。

ちなみに、大和総研は平成23年度の日本の対中輸出額を12兆4800億円、中国の対日制裁や不買運動などにより、先述のとおり資本財（機械や部品）の輸出が1年で1兆円減ると仮定している。1兆円の輸出額は、日本の対中輸出の約8％に該当する。

「日本経済は中国に依存している」は中国の情報操作

この大和総研の試算を受け、チャイナネットは２０１２年9月28日、「日本の対中輸出1カ月停止で12兆円の損失」というタイトルの、でたらめ極まりない記事を掲載し、それが中国各紙に転載されていった。

釣魚島領土問題を発端として中日関係に緊張が高まる中、中国にある日本企業は販売見通しが不透明なため、つぎつぎと工場の操業を停止、減産に踏み切っている。また、中日間の航空便もキャンセルや延期が相次いでいる。領土問題が経済に与える影響について、ロイター通信が以下のデータを挙げている。

経済損失予想

日本の大和総研は、日本の対中輸出量を1カ月間ゼロとして試算した場合、日本の被る損失は12兆円となると発表。同じ条件下で、日本の工場生産の損失は2・2兆円となる。また、日本の自動車輸出が1カ月停止した場合、１４４５億円の損失であるといっている。（後略）

説明は不要だと思うが、大和総研にしてもロイターにしても、「日本の対中輸出量を1カ月間ゼロとして試算した場合、日本の被る損失は12兆円となる」などとは発表していない。大和総研は、たんに「日本の対中国年間輸出総額が12兆円」と発表しただけだ。それを中国共産党の息がかかった中国マスコミが、「1カ月12兆円の損失」と誇張（なんと12倍！）して大々的に報じたのである。

さらに問題なのは、たとえば大和総研の試算を受けて、「週刊文春」が2012年9月27日号で、「日本製品『不買運動』年間12兆円の損失に耐えられるか」などとセンセーショナルな見出しをつけ、国内で国民の不安を煽りまくっていることだ。

結果的に、国民の一部が、「中国が尖閣諸島の問題で不買運動を起こすと、日本は12兆円も損をするんだ……。これは譲歩するしかないのでは……」などと考えはじめると、政治家はまともな対中外交ができなくなる。海の向こう側の中国共産党の政治家たちが、ニンマリと笑みを浮かべている姿が目に浮かぶ。

スイス政府が発行している『民間防衛』（原書房）に、以下の一節がある。

経済的戦争
ある大国元首の「政治的告白」の、もう1つの抜萃《ばっすい》：

われわれの経済的・社会的制度は、いつかは、われわれが世界を征服し得るほど優越している。世界征服が、われわれの目的なのだ。だから、われわれの計画の実現に反対するものは、全て排除する。

世界を征服するということは、われわれが敵に宣戦を布告し、わが軍をもって敵を粉砕するしかないというわけではない。われわれには、同じくらい効果的で、もっと安くつく方法がある。

まず、われわれの物の見方にまだ同調していない全ての国に於いて、われわれに同調する組織を強化拡大せねばならない。そして、地球上の全ての国々に於いて、われわれの同調者たちに、その国の権力を少しずつ奪取させねばならない。

同調者たちがそれに失敗した国では、われわれは永久革命の状態を作り出す必要がある。混乱の中で、経験と訓練を積んだわれわれの同志は、だんだん頭角を現わしていくだろう。

革命が困難と思われる国に於いては、われわれが差し出す有利な条件を受け入れようとする、その国の労働者階級の絶望と空腹の状態を、十分に活用しよう。

最も経済効率の高い戦法、つまり、最も安上がりのやり方は、常に、あらゆる方法で、その国を経済的沈滞——不景気に陥れることである。腹の減った者は、パンを約束する者の言うことを聞くのだから。

現実には、日本経済はべつに中国に依存しているわけではない。12兆円の対中輸出がゼロになったところで、わが国のGDPは2・55％減少するにすぎない。しかも、日本の資本財の対中輸出がとまると、中国側はそれ以上に損害を被ることになる。

先述したとおり、1000円の部品が日本から入ってこないため、100万円の中国製品の生産が不可能になるということも普通に起こりうる。そんなことは中国共産党も理解しているからこそ、情報を操作することにより、日本経済の「対中依存」というデマを広めようとする。しかも、こうした中国共産党や中国マスコミの尻馬に乗る日本の新聞、雑誌、テレビが存在するわけだから、とんでもない話だ。

日本の場合、言論の自由が保障されているが、中国には言論の自由はない。日本のマスコミと中国のそれは、まったく異なる存在なのだ。日本のマスコミは民間企業だが、中国側は基本的には共産党政府の広報機関である。この現実を、いいかげんに日本のマスコミや国民は理解しなければならない。中国は、日本とは別のシステムの国なのだ。

不動産バブルでさらに歪になる中国経済

すでに述べたように、日本経済は、相対的に見るかぎり中国に依存などしていない。また、自慢できる話ではないが、たかが2・55%のマイナス成長くらい、デフレが深刻化したおかげで、これまでに何度も経験している。つまり、日本は適切なデフレ対策をとれば、中国との関係がどうなろうと、経済を成長路線に引きもどすことができるのだ。

それに対し、中国は、日本以上に外需の影響を受ける。なにしろ、輸出対GDP比率が日本の2倍近いのだ。じつのところ、中国ほど1992年以降のグローバリズムの恩恵を受けた国はない。中国は日本とは異なり、完全にグローバリズムにビルトインされている。

次ページのグラフのとおり、1992年のグローバリズムの開始以降、アメリカの経常収支赤字の拡大の恩恵をおもに受けたのは、日本ではなく中国である。日本はもともと経常収支の黒字国で、グローバリズムが進展したからといって、劇的に黒字幅が拡大したわけではない。

それに対し、中国は2008年まで、ほとんど指数関数的に経常収支の黒字額を膨張させていった。中国の経常収支の黒字は、他国（おもにアメリカ）から所得の移転を受けたという話になる。中国はグローバル化が進む世界のなかで、外国からの所得に依存して経済成長

アメリカの経常赤字の最大の受益者は中国

日本、アメリカ、中国の経常収支の推移

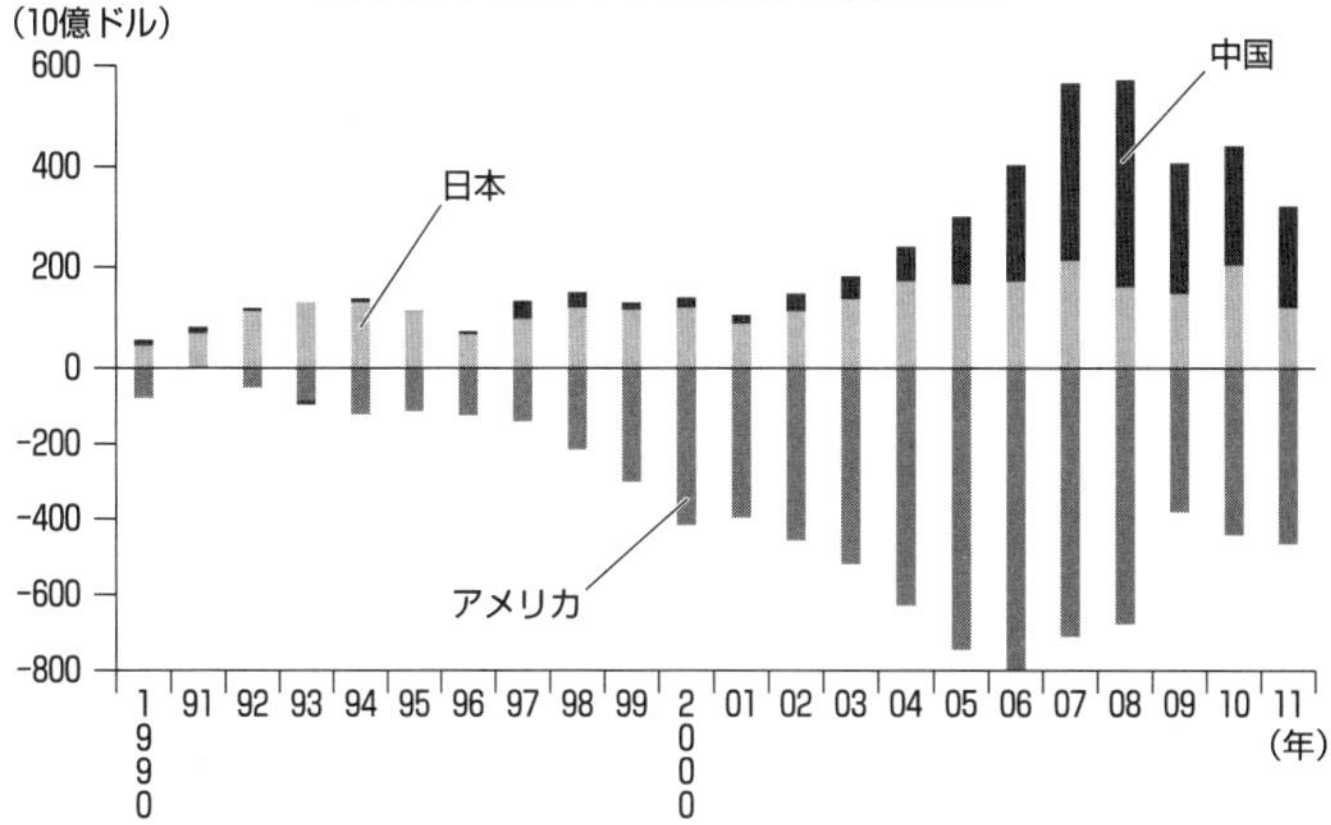

出所）IMF

を遂げてきたというのが真実なのだ。

しかし、2008年に起きたリーマンショック以降、アメリカの経常収支の黒字は縮小方向に向かった。2009年を底に反転しはじめているが、さすがに2006年までの勢いを取り戻すことはない。なにしろ、アメリカの経常収支の赤字拡大の前提であった不動産バブルが崩壊したのである。

赤字が拡大しなくなると、当然ながら黒字組も黒字幅を拡張することはできなくなる。中国の成長モデルは、一方的に輸入を拡大してくれる消費市場がなければ、成立しえないものだった。リーマンショックまでは、もちろんアメリカが消費市場の役割を果たしてくれていたのだ。とはいえ、それもリーマンショックで終わった。アメリ力を代替できる巨大消費市場など、地球上に存在しない。

その結果、中国の経常収支黒字は、2008年をピークに縮小傾向に入った、そのまま手をこまぬいていると、中国はゼロ成長か、最悪の場合はマイナス成長に落ち込んでしまう。中国の成長率が減速すると、失業者の膨張を押しとどめられなくなり、社会が不安定化する(現時点で、すでに不安定もいいところだが)。

そこで、中国は2009年にGDPの1割に相当する4兆元(55兆円)という巨額の公共投資を行った。さらに、国内の銀行に「融資指示」を実施し、1年間でなんと130兆円もの巨額の新規融資を実行させたのである。

だが、銀行側が金をじゃぶじゃぶと貸し付けたとしても、企業側に設備投資の需要があるわけではない。世界最大の需要項目であるアメリカの個人消費が元気をなくしてしまったのだ。というわけで、中国の銀行が供給した巨額マネーは住宅市場に流れ込み、見事なまでに不動産バブルが膨張していった。

不動産バブルの拡大は、中国の経済モデルをますますゆがめたように見える。232ページのグラフに示したとおり、中国はGDPに占める個人消費の割合がしだいに小さくなるという、異様極まりない状況にある。個人消費のシェアが縮小を続ける高度成長など、過去に例がない。

中国は社会保障システムが未完備であるため、家計は貯蓄を増やさざるをえない。つまり、消費を拡大しにくい構造になっている。さらに、グローバリズムにビルトインされた結果、太子党や共産党員といった一部の特権階級が国内の大多数の人民を支配する構図が確立してしまった。

韓国は、一部の財閥企業の経営者およびグローバル投資家が国民から所得を吸い上げるシステムになっているが、中国の搾取者は「ノーメンクラツーラ（赤い貴族）」たちだ。すなわち太子党であるが、今回、彼らを代表する立場にある習近平が総書記の座に就いた。ろくな未来にはなりそうにない。

世界じゅうで「脱中国」が始まった

いずれにしても、ジニ係数で見るかぎり、現在の中国はどうやら0・5を超える水準まで格差が拡大してしまったようだ。すでにして中国の格差はアメリカをも上まわっているわけだから、半端ではない。ジニ係数とは、所得の格差を測る指標で、1に近いほど国内の所得格差が大きいことを意味している。ジニ係数が0・4を超えると、国内で暴動が頻発する危険ラインと考えられている。

参考までに、日本のジニ係数は0・28、アメリカが0・37程度である。それに対し、中国は一部の研究者によると、すでに0・5を上まわったと考えられている。共産主義が聞いて呆れるが、すでに中国はアメリカをも上まわる格差社会なのだ。

格差がGDPに与える問題は、もっとも消費を増やす中間層が少ないという点になる。低所得者層は、所得が足りないのだから消費をしない。逆に、高所得者層の消費はある時点で限界を迎えてしまう。誰だってお腹がいっぱいになれば、それ以上は食べられない。

むろん、中国共産党も、自国の消費の伸び悩みを問題視している。そのため、国内の企業や外資系企業に賃上げを仕向け、国民の可処分所得を増やすことで個人消費を拡大しようと図っている。

とはいえ、賃金を引き上げると、中国の輸出競争力が減退する。ただでさえ最大のお得意さまであったユーロ圏の経済がガタガタになっているところに、人件費の引き上げで競争力が落ちれば、沿岸部の輸出企業が次々に倒産する可能性が出てくる（というよりも、実際にそうなっている）。

結果的に、中国は投資に依存せざるをえない状況になっているのだが、不動産バブルはすでに崩壊を始めている。輸出がだめ、個人消費もだめ、さらに不動産投資も拡張は望めない。そうなると、またまた公共投資の拡大になるわけだが、じつは中国の地方政府は不動産取引により財政支出の原資を得ていたのだ。

どういうことかというと、もともとは政府の所有物であった地方の土地の使用権を不動産プロジェクトに売却し、結果的に地方政府は公共投資の財源を確保していたのである。したがって、不動産バブルが崩壊を始めると、地方政府は財源を確保することができなくなってしまうのだ。しかも、地方政府は2009年以降の景気刺激策が原因で、巨額の債務を負っている。

「フィナンシャルタイムズ」は2012年2月13日、「(中国の) 地方政府は総額10兆7000億元（1兆7000億ドル）の債務を負うことになった。これは国内総生産（GDP）の約4分の1に相当する。債務の半分以上は今後3年以内に償還期限を迎える」という衝撃的な事実を明らかにした。

要するに、地方政府の債務は、貸し手である銀行側にとっては、ほとんど不良債権も同様であるというのだ。すなわち、返済のめどがまったくつかないという話だが、肝心の不動産バブルが崩壊を始めた以上、各地方政府が返済原資を確保することは容易ではないだろう。

さらに、不動産プロジェクトに融資をしていた銀行の不良債権問題も、悪化の傾向を見せている。温州市の関係部門は、同市の銀行の不良債権比率が上昇を続け、すでに3％に達したと発表した。前年の同じ時期と比べると、2・63ポイントの上昇だ。しかも、温州市の不良債権比率の上昇傾向は、すでに12カ月間も続いている。

中国国家統計局によると、2012年7月時点の新規住宅の平均価格は、ピークであった2011年第2四半期と比較すると、1・5%弱下落したとのことである。中国の不動産バブルは、すでにピークアウトしてしまったのである。景気がすでに減速局面に入った以上、中国の不動産市況がもちなおすことは考えられない。

最後の成長のエンジンであった不動産バブルが崩壊を始めたなか、日本との関係が悪化した。外国企業の対中投資は、1〜8月の累計で、すでに3・4%減少となっている。世界各国の「脱中国」はすでに始まっているわけだが、そこに新たに日本企業が加わることになるのは確実だ。

第6章
デフレ化する
アメリカ経済の行方

アメリカは住宅ローンの返済からいつ抜け出せるか

さて、中国で習近平が新たな総書記に就くのと同じタイミングで、アメリカで大統領選挙が行われた。今回のアメリカ大統領選挙は、民主党のオバマ大統領と共和党のロムニー候補による抜きつ抜かれつの大接戦になった。

最終的には、中間所得層の重視を掲げた現職のオバマ大統領が、ミシガン、ペンシルベニア、ウィスコンシン、そしてオハイオといった激戦州を制し、再選を果たした。事前の世論調査では支持率の差は数%しかなかったため、決着は長引くと予想されていたが、意外に早い段階でオバマの再選が決定した。

結局のところ、ロムニー氏が唱えたグローバリズムや小さな政府といった発想は、新古典派経済学の本家本元であるアメリカでさえ、支持を得られなくなっているというのが本当のところなのだろう。なにしろ、バブルが崩壊し、デフレに突き進んでいる国が小さな政府を実現した日には、国民が所得を失い、貧しくなっていくか、あるいは国内の格差が拡大してしまう。

現在のアメリカは、2007年（厳密には2006年後半）からの不動産バブル崩壊とサ

アメリカの個人消費は世界最大の需用

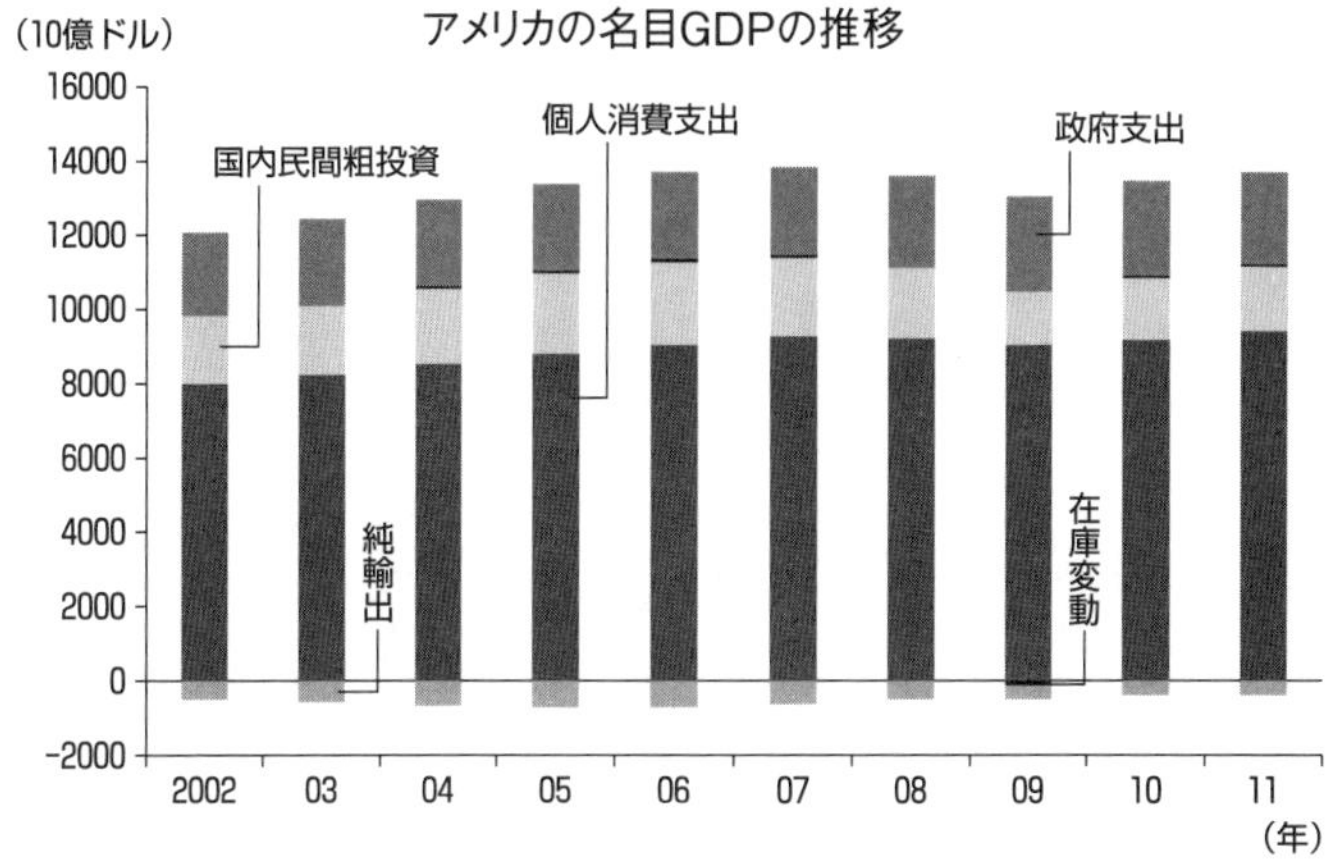

出所）JETRO

ブプライム危機、そして２００８年９月15日のリーマンショックを経て、経済がデフレの縁をきわどく歩きつづけている状態にある。すこしでも政策を誤ると、アメリカは間違いなく１９９８年以降の日本と同様、本格的なデフレ経済に突っ込んでしまうだろう。

アメリカ経済のそもそもの問題は、１９９０年以降の日本と同様に、民間が負債を拡大しすぎてバブルを膨張させ、それが弾けた結果、マインドが債務返済（負債縮小）になったことである。もっとも、日本のバブルの主役は民間企業だったのに対し、アメリカの場合は家計である。

アメリカはギリシャと同様に、家計の消費がＧＤＰの7割を占める消費中心の経済

消費より負債の返済に向かうアメリカの家計

アメリカの家計の金融負債の推移

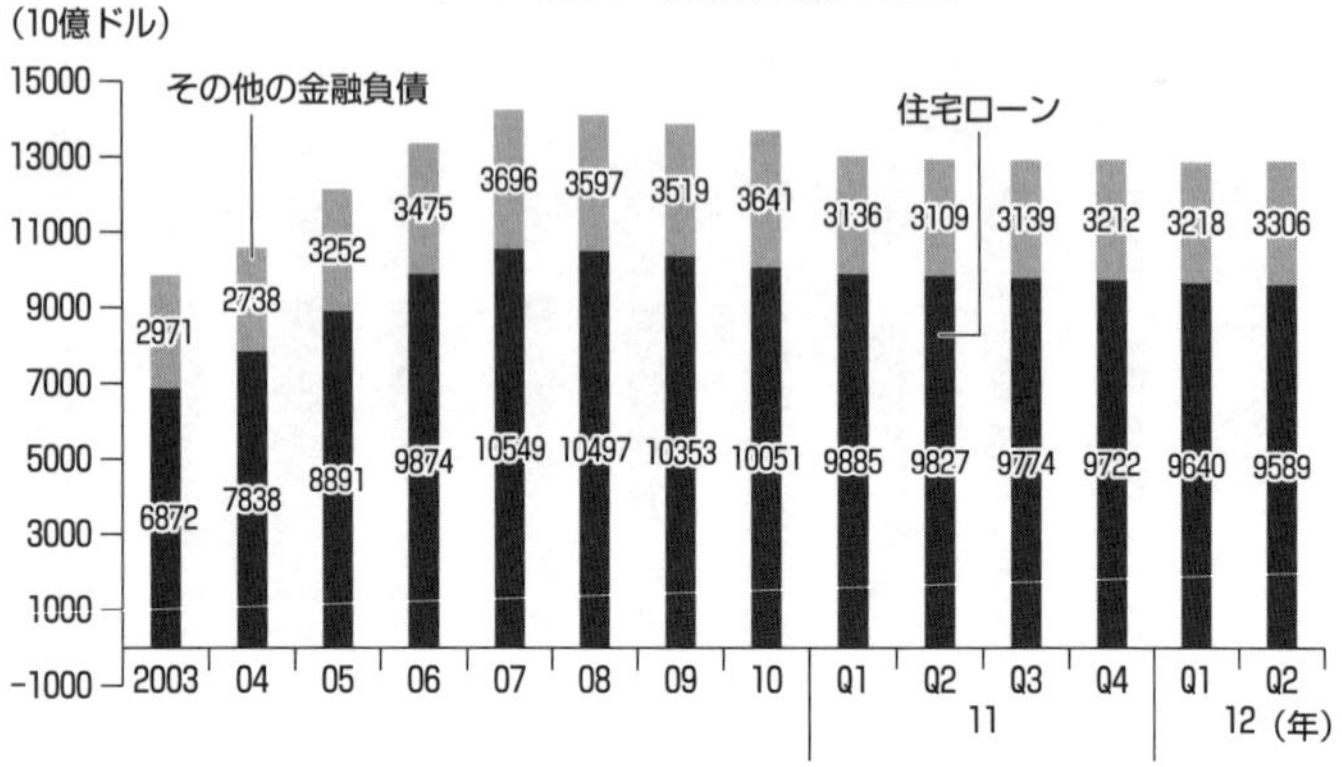

出所）FRB

モデルになっている。しかも、個人消費の規模がギリシャとは2桁違う。アメリカの個人消費は、文句なしに世界最大の需要項目である。この世界最大の需要がバブル崩壊で痛めつけられたことこそが、現在の世界経済の混乱の根っこにあるのだ。

上の図は、アメリカの家計の金融負債について、住宅ローンとそれ以外の金融負債をグラフ化したものだ。最新データ（2012年6月末時点）にいたっても、いまだにアメリカの家計が多額の住宅ローンを返済していることがわかる。

当たり前の話だが、住宅ローンの返済は消費にも投資にも該当しない。経済学的には、住宅ローンなどの借金の返済は貯蓄としてカウントされるのである。アメリカの家計がバブルの崩壊を受け、住宅ローンを返済していくのは、これはまことに合理的な行動なのだ。

ところが、ミクロ（家計）レベルの合理的な行動が、マクロ（国民経済）にとっては国民所得の減少という非合理な結果をもたらしてしまう。負債を返済することは、GDPの項目ではない。家計がいくら多額の負債を返済しても、経済成長にはいっさい寄与しない。それどころか、より多くの負債を返済するために、むしろ消費を減らすのが普通だろう。消費はGDPの1項目である。消費が減れば、成長率も下がり、国民所得の減少になるのだ。

こうしたミクロレベルの合理的な行動が、マクロ的に間違った行動となることを、「合成の誤謬《ごびゅう》」というが、これが現在のアメリカで発生しているのである。

合成の誤謬に苦しめられたのは日本も同様だが、わが国の場合、主役が企業だった。それに対し、アメリカは家計である。当たり前の話だが、家計はあらゆる経済主体のなかでもっとも脆弱《ぜいじゃく》な存在だ。2001年のITバブル崩壊以降、アメリカは経済成長の大部分を家計の負債拡大に依存せざるをえなかったのである。

ドイツの場合は、ITバブルの崩壊後、ECBが政策金利を引き下げ、ユーロ加盟国のバブルを膨張させた。前述したように、ドイツは近隣諸国に輸出ドライブをかけ、経常収支を黒字化し、さらに黒字分を南欧諸国のバブルや国債に投じることで、一時は10％を超えていた失業率を押し下げていった。ドイツの成長を支えてくれたのは、南欧諸国という外国が負ってくれた借金だった。

アメリカの場合も、ITバブルの崩壊後にアメリカ連邦準備制度理事会（FRB）が断続的に政策金利を引き下げ、国内に不動産バブルを醸成していったのである。そればかりか、金利の引き下げに加え、住宅ローン会社が金融工学を駆使してローン債権を証券化し、売り飛ばした。結果的に、本来は住宅ローンを組めないサブプライム層（信用度の低い人たち）にまで市場が広がり、アメリカの不動産バブルは限度を超えて拡大していったのだ。

アメリカの代表的な住宅価格指数であるS&Pケース・シラー指数（2000年1月＝100）は、2006年下半期には220を超えた（10大都市圏指数）。7年間で住宅価格指数が2・2倍になったということは、毎年10％以上の比率で住宅価格が上昇したことになる。最新のS&Pケース・シラー指数は157・3（2012年7月）と、ピーク時と比べて31％の下落となっている。ここ数カ月、ケース・シラー指数で見たアメリカ住宅価格は底打ちの気配を見せているが、このまま上昇に転じるかどうかは不明である。

なにしろ、住宅価格は底打ちの気配はあるものの、252ページのグラフのとおり、家計の住宅ローン返済がいまだに継続している。家計が住宅ローンの返済をやめなければ、アメリカの不動産ビジネスの本格的な回復はない。

2013年に再選オバマを襲う「財政の崖」

ところで、バブルが崩壊した国の政府は税収減に見舞われ、かつ銀行への資金注入や景気対策を強いられる。結果的に、バブル崩壊国の政府は財政赤字が拡大し、政府負債（財務省のいう「国の借金」）の残高が積み上がっていくことになる。

ご多分に漏れず、アメリカ連邦政府も2006年以降、恐るべきペースで負債残高を増やしつづけている。次ページのグラフを見ると連邦政府の負債残高は、2006年末時点では4兆9000億ドルだったのが、2012年6月末には11兆1000億ドルに膨れ上がっている。アメリカ連邦政府の負債拡大ペースは、バブル崩壊後の日本政府の2倍を超えているのである。

むろん、2007年以降のアメリカ連邦政府が超ハイペースで負債残高を拡大しなければ、世界は冗談でも何でもなく「第2次大恐慌」に突入していただろう。前代未聞の規模で不動産バブルが崩壊を始めた以上、連邦政府の負債拡大はしかたのない話なのだ。

ところが、これは日本のバブル崩壊後も同じだが、とくに民主主義国家では、政府の負債拡大はマスコミや野党から必ず攻撃される。政府側としては、「バブルが崩壊し、民間の家計や企業が消費や投資を増やさず、借金返済ばかりをしている。こんな時期に中央政府までも

恐るべきペースで負債が増えつづけるアメリカ政府

アメリカの家計、企業、地方政府、連邦政府の負債の推移

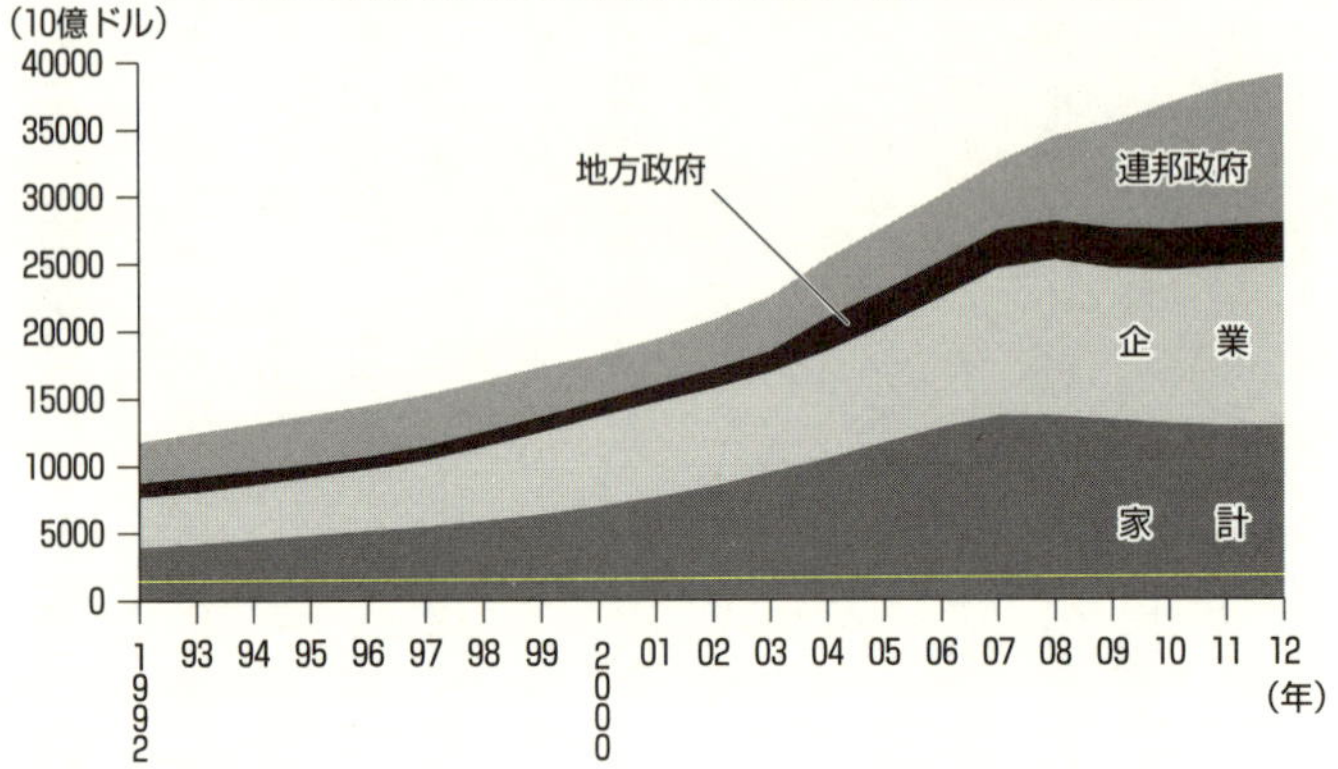

注）2012年の数字は6月末時点。
出所）FRB

が負債と支出（消費、投資）を拡大しなければ、GDPが激減してしまうではないか。いったいほかに、どうすればいいというのか」と言いたいところだが、残念ながら、民主主義国家には野党というものが存在する。

たとえ野党側がバブル崩壊後における政府の負債拡大の正しい意味を認識していたとしても、立場上、必ず政権サイドを攻撃してくる。しかも、政府の財政赤字や負債残高の拡大が続くと、

「政府はムダ遣いばかりして、国の借金（正しくは政府の負債だが）を膨らませている。このままでは将来世代に借金のツケが押しつけられることになる。政府の財政赤字拡大を許すな！」

といったレトリックが通用しやすくなるのだ。

実際、アメリカの共和党は2011年夏に政府の負債拡大を責めたて、連邦政府の債務残高上限を引き上げる法律に対し、猛烈に反対をした。しかも、格付け会社S&Pが歴史上はじめて、アメリカ国債を格下げしたものだから、共和党は嵩《かさ》にかかって、「オバマ政権は国の借金を増やしすぎだ！」と責めたてたのである。

S&Pによるアメリカ国債の格下げは、株式市場を混乱に陥《おとしい》れ、「アメリカ国債が買われ、長期金利がかえって下がる」という間抜けなオチになったのだが、共和党の攻勢は続いた。その結果、オバマ政権は2013年1月からの強制的な歳出削減に同意させられることになったのである。具体的には、国防費を中心に、10年間で最大1兆2000億ドルの歳出が強制的に削減されることになる。

しかも、タイミングが悪いことに、2012年末にブッシュ政権による減税措置が期限切れを迎える。減税の終了とは、つまりは増税である。

アメリカ経済は2012年末から翌2013年1月にかけ、バブル崩壊後のデフレに片足を突っ込んでいる状況で、増税と歳出削減という緊縮財政を実施するという、無謀なチャレンジに乗り出すことになるのだ。

これはまさに、1997年の橋本政権によるデフレ下の緊縮財政政策そのままである。というよりも、日本のデフレが深刻化したのは、橋本政権が行った緊縮財政の翌年からになる。バブル崩壊後、経済がデフレに陥るのは、バブルの崩壊そのものよりも、政策的な失敗による影響のほうが大きい。政策的な失敗とは、民間の家計や企業が消費や投資を減らしつづけている環境下で、政府が節約をしたり、あるいは増税をしたりすることである。

民間が支出を切りつめているところに、政府までもが節約をしたら、国内で消費や投資を拡大する人が誰もいなくなってしまう。結果的に、国民の所得が縮小し、税収が減り、財政はますます悪化していくことになる。

このまま法律が改正されず、増税と強制的な歳出削減が実行に移されると、2013年のアメリカは、次にあげる4つを合計した5600億ドル（約44兆8000億円）分のダメージがGDPを襲うことになる。

- ブッシュ減税の失効分が最大2210億ドル
- 景気対策失効分が1210億ドル
- 歳出の一律削減が650億ドル分
- そのほか1530億ドル分

しかも、この5600億ドルに負の乗数効果が働くと、GDPの減少分はさらに大きくなる。

こうした増税と強制的な歳出削減は、アメリカで「財政の崖」と呼ばれている。そして、もしアメリカが財政の崖を回避できない場合、2013年上半期はマイナス成長に突っ込み、通年でもほぼゼロ成長になると予想される。

量的緩和第3弾で資源、食料価格が高騰する

FRBは2012年9月13日に経済見通しを下方修正し、量的緩和第3弾に乗り出すことを決定した。

米連邦準備制度理事会(FRB)は13日、景気回復を後押しするため、住宅ローン担保証券(MBS)を毎月買い入れる追加の量的金融緩和策の実施を決めた。FRBは経済見通しも下方修正し、記者会見したバーナンキ議長は「経済が弱まれば購入を拡大する」として、一段の追加緩和も辞さない姿勢を強調した。

FRBは同日に開いた連邦公開市場委員会(FOMC)で、MBSを毎月400億ドル(約3兆1千億円)追加購入する方針を決定。14日からニューヨーク連邦準備銀行が

買い取りを始め、9月中は230億ドルの購入を見込んでいる。

FRBの量的緩和策は、市場に大量のドル資金を供給して流動性を潤沢にし景気を下支えるのが目的で、デフレ懸念の解消を目指して2011年6月まで行われた「第2弾」以来。

バーナンキ議長は「雇用情勢が引き続き大きな懸念材料だ」と述べ、就業者数が伸び悩むなど低迷する雇用情勢が景気を押し下げる危機感を強調した。

(「産経ニュース」2012年9月14日)


今回のアメリカの量的緩和は、リーマンショック以降の量的緩和第1弾と同様に、政府系金融機関からMBSを購入するかたちになる。量的緩和第2弾は長期アメリカ国債の買い取りだったから、もとのスタイルにもどるわけだ。

いまさらだが、量的緩和とは、一定の目標(今回は労働市場が著しく改善するまでとなっている)を達成するまで、中央銀行が国内の市中銀行や政府系金融機関から債券(おもに国債)を買い取り、新たに発行した通貨で支払っていくことである。アメリカの量的緩和第3弾の場合、月に400億ドルのMBSを金融機関から買い取るわけだ。すなわち、毎月400億ドルという新たなドルが市中に供給されることになる。

ＭＢＳや国債は、金利を生む。それに対し、ＦＲＢが新規に供給したドルは、金利を生まない。金融機関にしてみれば、金利収入がある国債やＭＢＳと、金利が発生しないドル通貨を交換したことになるのだ。

結果的に、金融機関はこの金利を生まないドルを民間企業や家計に貸し出そうとするため、国内の投資が増え、雇用が改善するはずというロジックになっている。とはいえ、雇用改善までのプロセスには複数の課題がある。

①デフレ化が進行し、民間の資金需要が高まっていないことが明らかな状況で、はたして金融機関が中央銀行への債券売却に応じるか？

②金融機関にドルなどの新規通貨が供給されたとして、はたしてそれが民間に借りられるか？

③新たに発行されたドルなどの通貨が民間に貸し出されたとして、それが本当に工場建設や店舗開設など、雇用を生み出すための投資に向かうのか？

新たに発行されたドルが株式や先物取引に向かうと、雇用が生み出されないうえに、たんなる資産バブルを醸成してしまう。とくに、原油先物や食料先物にドルが向かうと、投機的需要により、世界じゅうのガソリン価格や食料価格を高騰させ、途上国を中心に世界じゅうが多大な迷惑を被ることになるわけだ。

また、日本にしてみれば、この量的緩和がドル安・円高への圧力になり、輸出企業の利益圧迫、そして輸入品の価格低下によりデフレ圧力にもつながる。

2013年、アメリカの失業者は200万人増加する

だが、雇用に対する効果が不明であっても、FRBは量的緩和第3弾を実施しないわけにはいかない。なにしろ、アメリカ経済は現状のままだと（議会で新たな議決がされないかぎり）、「財政の崖」に突っ込むことになってしまう。

バーナンキ議長はまた、9月13日に、

「年末に迫る財政の崖を回避できなければ、アメリカ経済の回復が損なわれる可能性がある」

と発言した。

アメリカは議会で法律を改正しないかぎり、2012年末に政府支出の強制削減が発動される。さらに、これまでのアメリカ経済を下支えしてきた減税措置が失効する。政府の歳出削減と増税（減税の終了）という、実体経済面における2つの需要縮小が目前に迫っているのである。

アメリカの通貨発行残高の急拡大は恐慌を防ぐか

日本、アメリカ、ユーロ圏のマネタリーベースの推移
（2007年１月＝１）

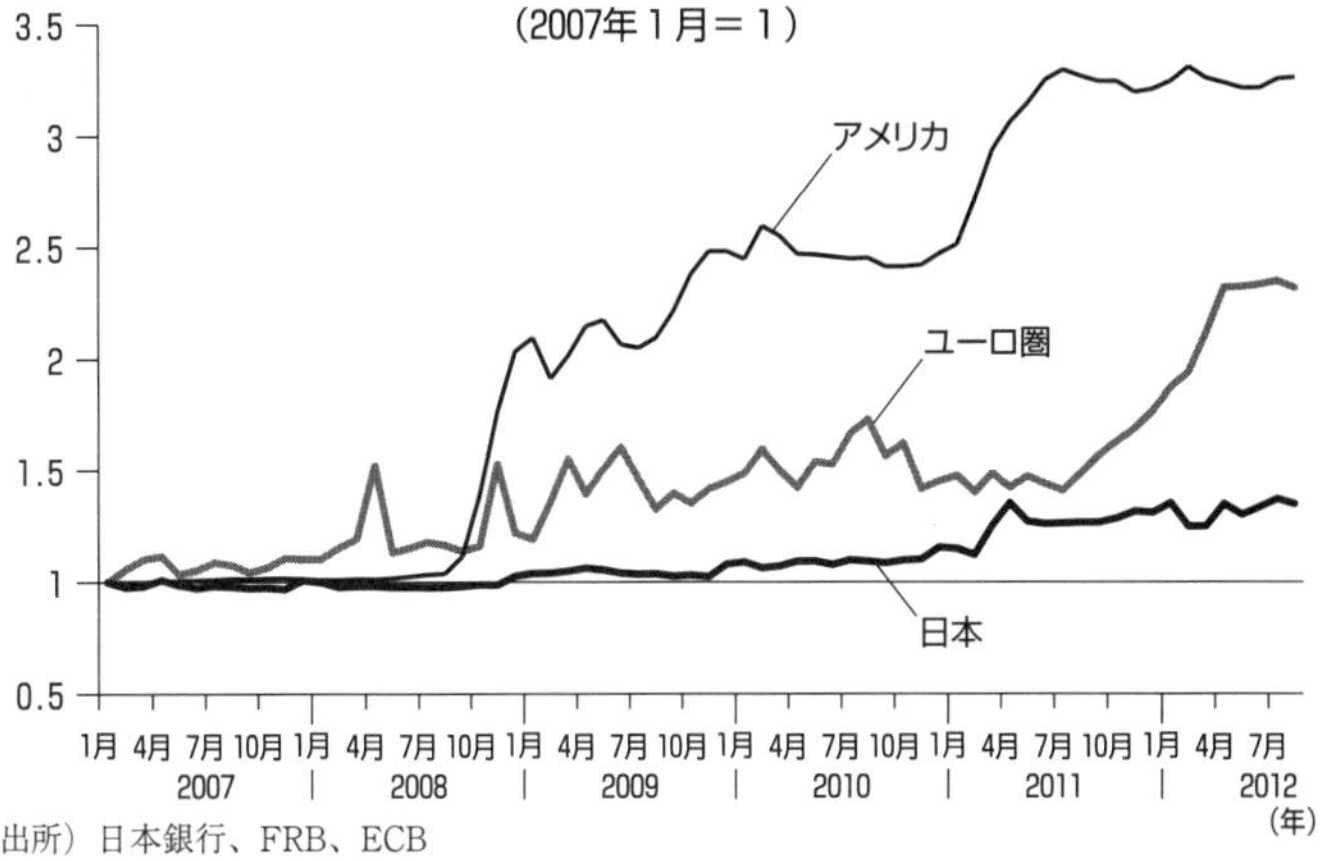

出所）日本銀行、FRB、ECB

バーナンキ議長は、これらを「２つの衝撃」と呼び、

「FRBの新たな景気刺激策は、２つの衝撃から経済を守れるほど強力ではない」

と語っている。

アメリカの議会予算局は２０１２年８月時点で、政府支出の強制削減と減税失効により、アメリカ経済が著しいリセッション（景気後退）に陥るとの見込みを示した。予算局の予測によると、なんと新たに２００万人の雇用が失われる見通しだというから、ただごとではない。

今回のFRBの量的緩和第3弾は、予想よりも長く続く可能性が高い。FRBはすでにマネタリーベース（中央政府、中央銀行が発行した通貨の発行残高）をリーマン

ショック前の3倍超に拡大している。連邦政府の負債増と同様に、FRBの果敢なマネタリーベースの拡大がなければ、世界はやはり第2次大恐慌に突っ込んでいっただろう。

一応、アメリカはデフレ対策の基本である、「通貨を発行し、政府が国債発行で借り入れ、国内で所得が生成されるように使う」を実行していたのである。だが、これは、ノーベル経済学賞を受賞したポール・クルーグマン教授が繰り返し指摘していたことだが、通貨の発行はともかく、そのあとのアメリカ政府による所得生成は不十分であった。

とくに、連邦政府が負債と支出を拡大している期間、地方政府が支出の切りつめに走ったことが痛い。連邦政府の支出拡大が、地方政府の節約によってキャンセルされてしまったのである。また、そもそも連邦政府が支出拡大策を展開しても、バブル崩壊で負った傷を癒《いや》すには小さすぎた。

クルーグマン教授は、新著『さっさと不況を終わらせろ』（山形浩生訳、早川書房）において、オバマ政権の財政支出拡大について、次のように書いている。

通常は、不景気に対する防御の第1陣はFRBで、経済がつまずいたら金利を下げるのが通例だ。でもFRBが通常コントロールする短期金利はすでにゼロで、それ以上は下げられなかった。

すると残るは当然ながら、財政刺激策だ——一時的に政府支出を増やすか減税し、全体的な支出を支援して雇用創出するのだ。そしてオバマ政権は、たしかに景気刺激法案を設計して施行した。それがアメリカ回復再投資法だ。残念ながら、総額7870億ドルのこの財政刺激は、必要な規模よりはるかに小さすぎた。それが不景気を緩和したのはまちがいない。でも完全雇用回復に必要な額に比べればずっと小さく、不景気を脱出しつつあるという印象をつくるにも不十分だった。もっとひどいことだが、刺激策が明らかな成功をもたらさなかったために、有権者から見ると、政府支出を使って雇用創出という発想自体が眉唾に思えてしまった。だからオバマ政権はやりなおす機会がもらえなかった。

現在のアメリカは、「貿易赤字を中心に経常収支の赤字を拡大し、外国に支払ったドルを自国に投資してもらい、為替レートを切り下げることで対外債務を実質的に目減りさせてしまう」という、帝国循環の仕組みが限界に達しつつある。なにしろ、日本や中国などが対米貿易黒字を稼いでも、投資先は事実上、アメリカ国債しかないのだ。

以前は、証券化された各種のローンに外国が得たドルが投じられていたが、現在はアメリカの家計が負債をそれほど増やしていない。家計が住宅ローンやクレジットカードローンなどを増やしてくれなければ、アメリカの投資銀行が得意としていた証券化商品の製造はできない。

これから、グローバル株主資本主義との壮絶な戦いが始まる

それ以前に、現在のアメリカはとにかく雇用を改善させなければならない状況にある。そして、雇用とは、これまでのアメリカが得意としていた金融サービスからは、なかなか生まれにくいものである。

たとえば、ＦＲＢの量的緩和により、アメリカの銀行にドルが供給されたとしよう。それをヘッジファンドが低利で借り入れ、原油先物や食料先物に投じ、手数料で大儲けをしたとする。とはいえ、このときに発生している雇用は、トレーダー１人分だ。

トレーダーが先物取引で１００万ドル稼ごうと、１０００万ドル稼ごうと、雇用はあくまで１人である。現在のアメリカは、中国ほどではないにしても、所得格差が拡大している状況にある。

ワシントンＤＣのシンクタンク、経済政策研究所（ＥＲＩ）によると、１９７９〜２００６年において、アメリカの所得上位１％層の所得が国民所得全体に占める割合は、10％から22・９％へと急拡大した。

そして、上位0・1%の所得の増加はさらに凄まじく、1979年の3・5%から、2006年には11・6%に膨れ上がった。国民の所得の1割以上を、0・1%の人びとが独占しているのである。

筆者は、各所得層の所得が全体に占める割合は一定を保つべきと言いたいわけではない。だが、1980年代以降のアメリカでは、所得上位であればあるほど所得を増やすことができたのは事実である。

そのため、アメリカでは、国内のあまりの格差拡大に人びとが腹を立て、

「1%が所得を独占している！　われわれは99%だ」

と叫び、ウォール街の投資家たちを批判する、いわゆる「オキュパイ・ウォールストリート運動」（ウォール街を占拠せよ）が起きた（ちなみに、この「1%対99%」の初出はスティグリッツ教授だそうだ）。

1人のアメリカ人が金融サービスでどれだけ巨額の所得を稼いでも、直接的にはアメリカの雇用改善には役立たない。しかも、所得の高い人が消費を増やすといっても限界があるため、所得格差の広がりは格差固定にもつながりやすい。

リーマンショック前のように、金融サービス中心の成長路線に回帰しても、現在のアメリカの最大の問題である失業率の上昇を解決することはできない。少なくとも、解決に時間が

かかるのは確かだ。さらに、金融サービス偏重の経済成長は、国内の所得格差を拡大させこそすれ、縮小させることはない。結果的に、社会は不安定にならざるをえない。

というわけで、現在のアメリカに必要なのは製造業なのである。製造業の再興こそが、アメリカの雇用問題を解決できる唯一の方策である。すでに実際に始まっているが、外国(中国など)から製造業を、そして工場を呼びもどすリショアリング(生産拠点の再上陸)を大々的に押し進めなければ、アメリカの失業率を本格的な低下局面に導くことはできない。

アメリカが自国で製造を始めるということは、すなわち、外国からの輸入が減るという話になる。アメリカが自国の最大の問題である雇用悪化を本格的に解決しようとすると、必然的に、アメリカの貿易赤字拡大を前提にしていた帝国循環の仕組みは成立しなくなる。

ただ、アメリカが、自国の雇用問題を製造業の復興によって解決しようとした場合、1つ、大きな壁が立ちふさがる。すなわち、グローバリズムと株主資本主義だ。この2つをセットにして「グローバル株主資本主義」と呼ぶことにしよう。

アメリカの経営者、とくに大手企業のCEO(最高経営責任者)たちは、グローバル株主資本主義の申し子たちばかりだ。というよりも、グローバル株主資本主義に基づく教育を受けてきた人たちである。

当然ながら、彼らの価値観の中心は株主価値の最大化であり、いかに配当金や株価をつり上げ、株主に貢献するかに頭が集中している。むろん、こうした株主のなかには、巨額のストックオプション（あらかじめ決められた価格で自社株を購入できる権利）をもつ自分たち経営者も含まれるわけだが。

ストックオプションをもっていないとしても、グローバル株主資本主義のもとでは、CEOなど経営者たちは、株価の上昇や配当の拡大を求める株式市場の圧力を受けつづける。その結果、自社の利益率の最大化を最優先し、短期的には赤字になることが確実な、リスクをともなった技術開発投資や設備投資には消極的になってしまう。

さらに、自国の人件費の上昇をたんなる費用拡大ととらえるようになり、アメリカの製造業は次々に外国へ資本を移動していった。まさに、企業と国民の乖離だ。世界のどこで生産しても、結果的に利益が最大化され、配当金が増えるならば、株主たちは満足する。

だが、工場が外国に移ると、アメリカ国民の雇用が消滅するわけで、国内で「1％と99％の争い」が激化していくことになる。すなわち、アメリカが自国の雇用問題を解決するには、誰かが正面からグローバル株主資本主義と戦わなければならないのだ。誰かとは、もちろんアメリカ大統領である。

「正しいデフレ脱却」への道を歩みはじめたアメリカ

11月6日の大統領選挙において、アメリカ国民はバラク・オバマ氏に再度、大統領の任を委ねる選択をした。先述のとおり、ポール・クルーグマン教授は、オバマ政権の景気対策について、不十分な規模の財政刺激策が有権者に、「政府支出による雇用創出は眉唾なのでは」という印象を与えてしまい、やりなおす機会を与えてもらえなかった、と書いている。

とはいえ、これはあくまでオバマ政権1期目の話である。大統領選挙で再選を果たした以上、オバマ大統領は自力でやりなおす機会を獲得したことになる。

先にも登場した、クリントン政権の財務長官を務めたサマーズ教授（現・ハーバード大学教授）は、今回の大統領選挙の両候補者の経済政策について、「ロムニー氏よりオバマ大統領がまとも」と、身も蓋《ふた》もない評価をしていた（筆者も同意見だが）。

理由は、オバマ大統領が、需要不足こそが経済成長を阻害する最大の障害であると考えており、財政政策の重要性を認識していたためである。なにしろ、アメリカも現在の日本と同様に、短期金利（政策金利）がゼロであるにもかかわらず、民間主導の投資は拡大していないのだ。そうなると、政府の財政政策による需要創出こそが雇用問題をもっともすみやかに解決する近道ということになる。

実際、オバマ政権は大規模な国内の景気対策（クルーグマン教授によると、「不十分」だったのだが）のほかにも、輸出業者に対する政府支援策なども拡大し、それなりに効果をあげている。少なくともアメリカの輸出は、２００９年時と比べると、２０１１年実績で２７８２億ドルも拡大したわけである。

オバマ大統領とは対照的に、共和党のロムニー候補は、バブル崩壊を受けてアメリカ経済がデフレ突入のとば口で踏みとどまっている状況で、

「公共事業を含む政府支出の大幅な削減」

「富裕層減税」

「中央銀行は信用供給を削減すべし（ＦＲＢの量的緩和への反対）」

と、明らかに日本の失敗をなぞるかのような政策ばかりを主張していた。

ロムニー候補に言わせると、史上空前の低金利の状況にもかかわらず、民間投資が増えない環境にあるアメリカではあるが、「あらゆるリソースを使って減税すれば、企業が投資を再開する」はずだというのである。だからこその富裕層減税なのだろうが、現在のアメリカが富裕層減税を強行したところで、たんに富裕層の財産を増やすだけの結果に終わる。

そもそも、富裕層減税は、富裕層の預金を増やし、低金利をもたらすことで企業投資を活性化させることを目的としているのだ（日本の法人税減税も同じ目的）。とはいえ、いまのア

メリカはすでにして史上空前の低金利環境にある。

それでも企業が投資を増やさないのがデフレ期なのだが、ロムニー氏をはじめ新古典派経済学に染まった人びとは、

「いや、それでも富裕層減税や法人税減税をすれば、企業投資は増える」

と、頑固に主張する。

この手の人は日本にも少なくないわけだが、彼らは現実のデータをまったく見ようとしないので、困ったものである。現実の世界には、金利がゼロであっても、企業や家計が投資を増やさない環境というものが存在するのである。すなわち、バブル崩壊後に民間が「借金返済モード」に入った時期になる。

いずれにせよ、新古典派バリバリの政策を訴えていたロムニー氏が、需要創出を重視するオバマ大統領に敗れたことは、世界経済にとって僥倖《ぎょうこう》といえる。アメリカ国民は、富裕層減税という、いわゆるトリクルダウン理論や財政均衡主義をバブル崩壊後に主張していたロムニー氏ではなく、正しいデフレ対策を（不十分な規模ながら）打っていたオバマ大統領を再選するという選択をした。個人的には、「本当によかった」と胸をなでおろしている。

とはいえ、オバマ大統領には、2012年末に迫っている「財政の崖」を回避するという難題が待ちかまえているのだ。なにしろ、アメリカ議会は共和党が優勢なのである。共和党

を納得させなければ、アメリカは問答無用で強制的な緊縮財政に突っ込み、かなりの高確率でデフレ経済に突入する事態になる。

共和党を納得させるためにも、オバマ大統領は富裕層増税という主張をいったんは引き下げ、「当初は富裕層向け減税のみを打ち切ると主張し、共和党と交渉し、富裕層を含めた減税打ち切りを撤回する妥協案で折り合い、自動的な歳出削減もやめる」というかたちで決着を見るように思えるが、いずれにしても早期の解決が求められていることに変わりはない。オバマ大統領には、いや、アメリカには、それほど時間的余裕があるわけではないのだ。

それにしても、現在のアメリカの状況を見ていると、1年前と比べると確実に「正しいデフレ脱却」への道を歩んでいるように思える。そして、第7章で述べるが、それは日本も同様である。たしかに、歩みは遅々としたものだが、少なくとも方向は間違っていない。

対照的に、強硬なまでにデフレ促進という誤った道を突っ走っているのが、ユーロである。今回の世界的な経済危機は、ユーロあるいはヨーロッパが決定的に没落するきっかけとなってしまうように思えてならない。筆者の意見に同意する読者は、きっと少なくないのではないか。

第7章 日本経済の逆襲が始まる

2013年、消費税増税にストップがかかる!?

2012年9月26日の自由民主党総裁選挙において、安倍晋三元総理大臣が総裁の座を射止めた。総裁経験者の返り咲きは史上はじめてのことで、しかも当初は「石・石対決」(石破茂前政調会長と石原伸晃幹事長の争い)と言われたほど、きわめて不利な状況を引っくりかえしての当選であった。

ちなみに、筆者は、安倍元総理が自民党総裁選挙への出馬を正式表明した瞬間から、全面的な安倍支持を表明し、さまざまな支援活動を行った。評論家というものは、あまりみずからの政治的な立ち位置を明らかにしないそうだ。とくに選挙において、特定の候補者を全面支援したりするケースは少ないようである。理由はもちろん、みずからが支援した候補が敗北することを想像するためだろう。

とはいえ、筆者は別に評論家ではないので、今回の自民党総裁選挙において、当初の段階から安倍元総理の全面的な支援を表明した。理由は5人の総裁候補のうち、「正しいデフレ対策」を明言していたのは、安倍元総理ただ1人だったためである。

総裁選に勝利し、自民党の新総裁に選出された安倍元総理は出馬表明時点で、「消費税を

正しいデフレ脱却への舵取りが期待される安倍晋三自民党新総裁
（写真提供：Photoshot／アフロ）

引き上げていく前に、デフレから脱却して経済を力強い成長軌道に乗せていく必要がある」と断言していた。その後も選挙戦を通じて、「消費税増税前のデフレ脱却」という発言を繰り返していたわけだが、じつは安倍新総裁は社会保障と税の一体改革法案が衆院で可決された２０１２年の６月時点から、「社会保障と税の一体改革法案附則第18条」に基づく消費税増税前のデフレ脱却について言及していたのだ。

昨日、社会保障・税一体改革関連法案が衆院を通過しました。

3党合意についての私の考え方は、すでにメールマガジンでご説明した通りです。

報道等ではあまり触れていませんが、現在のデフレ下では消費税を引き上げず、法案には引き上げの条件として名目経済成長率3％、実質成長率2％を目指すという経済弾力条項が盛り込まれています。

つまり現在のデフレ状況が続けば、消費税は上げないということです。

しかし、野田総理のこれまでの委員会答弁は、この点があいまいであると言わざるを得ません。

要は民主党政権を倒し、デフレからの脱却を果たし、経済成長戦略を実施して条件を整えることが大切です。

そして、「その条件が満たされなければ消費税の引き上げは行わないこと」が重要です。


（「安倍晋三メールマガジン」2012年6月27日号）

附則第18条の存在をひた隠す財務省

ところが、大手マスコミのなかで安倍総裁の消費税に関する意見を報道したところは皆無で、それどころか「附則第18条」自体を正しく伝えたメディアはなきに等しかった。とにかく、増税さえできれば、国民生活などどうなってもかまわない財務省は、大手メディアなどに「附則第18条」について報じさせないことで、国民のあいだに増税のコンセンサス（政策的合意）をつくろうとしている。ちなみに、「附則第18条」とは、以下のとおりである。

○消費税率の引上げに当たっての措置（附則第18条）
消費税率の引上げに当たっては、経済状況を好転させることを条件として実施するため、物価が持続的に下落する状況からの脱却及び経済の活性化に向けて、平成23年度から平成32年度までの平均において名目の経済成長率で3％程度かつ実質の経済成長率で2％程度を目指した望ましい経済成長の在り方に早期に近づけるための総合的な施策の実施その他の必要な措置を講ずる。

この法律の公布後、消費税率の引上げに当たっての経済状況の判断を行うとともに、経済財政状況の激変にも柔軟に対応する観点から、第2条及び第3条に規定する消費税率の引上げに係る改正規定のそれぞれの施行前に、経済状況の好転について、名目及び実質の経済成長率、物価動向等、種々の経済指標を確認し、前項の措置を踏まえつつ、経済状況等を総合的に勘案した上で、その施行の停止を含め所要の措置を講ずる。

日本国民の側に、2014年4月に消費税は8％に引き上げられるというコンセンサスが形成されてしまうと、2013年秋、ときの政権が「附則第18条」に基づいて、「いまだ日本経済はデフレから脱却していない、よって増税は見送る」と判断しようとしたとき、逆に国民から批判されるといったバカバカしい状況に陥りかねない。

もし、国民からの批判を恐れた政府が2014年4月時点の増税を決断すると、日本はさらなるデフレの泥沼にはまり、ギリシャやスペインと同様に財政悪化と国民の所得減少というスパイラルに突っ込むことになるだろう。

現時点で、日本の政治家が消費税増税前のデフレ脱却を明言するか否かは、まさにわが国の命運を決めかねないほどにインパクトがあることなのである。そして、残念ながら、今回の自民党総裁選挙において消費税増税前のデフレ脱却を明言したのは、安倍総裁ただ1人であった。

それゆえに、筆者は安倍支持を声高に叫んだわけだが、じつは安倍元総理への最大の応援者は、何を隠そう中国共産党と韓国の李明博大統領だった。

第5章でも述べたが、2012年8月10日の李大統領による島根県竹島への不法上陸、4日後の天皇陛下への暴言、さらに8月15日の香港、台湾の活動家による石垣市尖閣諸島への上陸、そして9月11日の日本政府による尖閣諸島国有化を受けた中国各地での反日暴動がなければ、率直にいって安倍元総理の総裁就任はなかっただろう。

正しいデフレ対策を主張した唯一の総裁候補を全力で応援していただいたことに、あらためて心から感謝の意を捧げたい。ありがとう、中国共産党。そして、李明博大統領。

「財政健全化」とは国の借金を減らすことではない

さて、その消費税増税の理由とされているのが、日本の財政悪化である。とはいえ、国の借金の本質について、日本国民の多くが勘違いしているようなので、ここで正しく説明しておこう。

すでに256ページの図で、1992年以降のアメリカの各経済主体における負債の推移を見た。2012年6月末時点のアメリカ連邦政府の負債は、1992年と比べて3・2倍になっている。日本の財務省式にいうと、「国の借金が3・2倍になったんですよ！」という話になる。

しかし、アメリカ国債はデフォルトなど起こさず、本書執筆時点の長期金利は2%未満で安定している。これは、アメリカの不動産バブルが崩壊し、銀行から民間への貸し付けが細っているためである。

それにしても、バブルが崩壊する前は、アメリカの長期金利は3%を超えていたが、やはりデフォルトなどしていない。しかも、2011年中旬にはS&Pが史上はじめてアメリカ国債を格下げしたにもかかわらず、金利が上がることもなく、ましてやデフォルトをする気配すら見せない。

ひと言でいえば、経済規模の拡大にともなって政府の負債が拡大するのは、当たり前の現象なのである。中長期的に政府の負債残高を減らしつづけている国など、世界じゅうに1つも存在しない。この事実が端的にわかる例として、1977年以降のアメリカ連邦政府と地方政府の負債の推移を取り上げてみよう。読者は自分の目を疑うことになる。

次ページのグラフを見ていただきたい。アメリカ連邦政府および地方政府の負債は、2012年時点で1977年の17倍超にまで膨らんでいる。何度も繰り返すが、日本の財務省式にいえば、「国の借金が17倍にまで膨らんだっ!」という話である。

ところが、アメリカ政府はいまだにデフォルトをしていない。いったい、どういうことなんでしょうか、日本の財務省さんっ!

自国通貨建ての負債は返済の必要はない

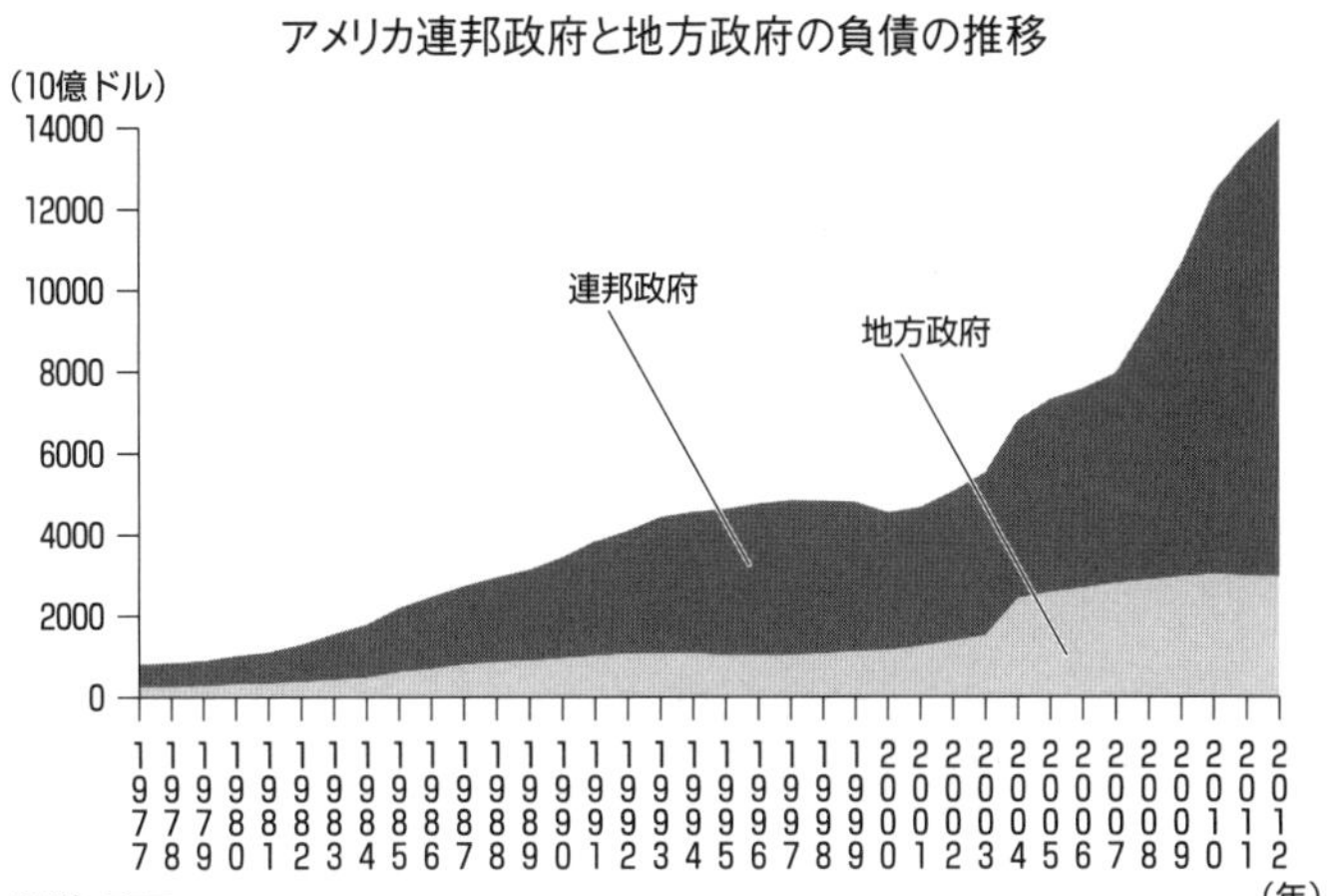

出所）FRB

上のグラフを見ると、2000年前後に一時的に政府の負債額が減少しているのがわかる。理由は、ITバブルで景気がよく、税収が増え、政府の財政が黒字化したためである。

1985年以降の日本のバブル期も同じだが、バブル景気に沸き立っているときは、政府は何もしなくても増収になる。しかも、景気対策が不要になるため、財政が黒字化するケースが多い。2006年前後に不動産バブルに沸き立ったスペイン、アイルランド、そしてアイスランドも、やはり財政が黒字化していた。

上のグラフを見れば誰でも納得すると思うが、政府の負債は国民経済の規模に合わせて積み上がっていくもので、基本的に返済する必要はないのである。もちろん、返済する必要がある負債もあるが、それは共通通貨（あるいは外貨）建て負債のみになる。少なくとも、日本の円建て国債や、アメリカのドル建て国債については、日本政府やアメリカ政府は実質的に返済をする必要はない。

歴史的に、政府の自国通貨建ての負債は、インフレとGDP成長のなかで実質的な価値を喪失してきた。名目的な負債総額が増えていても、自国経済の名目GDPが成長していけば、実質的な負債の重みは軽減されていく。

前述のように、アメリカの場合、2012年時点の連邦政府と地方政府の負債額は、1977年の17倍超に膨張している。だからといって、アメリカ政府の返済や利払いの負担が17倍になっているという話にはならない。

というのも、1977年以降のアメリカのGDPが約8倍に膨らんでいるためだ。政府の負債が拡大する期間、アメリカ国民の所得もそれなりに増えているのである。少なくとも政府の負債の絶対額のみを取り上げて、「何倍に増えた！」などと騒ぐのは愚かだとしか言いようがない。

GDPとは、国民の所得の合計である。そして、政府の税収は国民の所得から徴収される。あるいは、国民の所得から政府に分配されるものである。ということは、政府の負債が増えたところで、税収の源となる国民の所得がそれなりに増えていれば、まったく問題はないのである。

だからこそ、財政健全化の定義は、政府の借金残高を減らすことではなく、政府の負債対GDP比率を引き下げることとなっているのだ。日本の新聞のなかには、政府の財政健全化の定義について、「政府の借金を減らす」としているところがあるが、これは明らかに間違っている。国際的にも、あるいは国民経済の基本原則から見ても、財政健全化とは政府の負債対GDP比率を引き下げることである。

借金が17倍超に膨らんだアメリカがデフォルトしていない理由

こうしたことは、企業経営に携わったことがある人なら、誰でも理解できるだろう。

◉A企業……所得（粗利益）10億円　負債総額10億円
所得対負債比率＝100％
◉B企業……所得（粗利益）1億円　負債総額5億円
所得対負債比率＝500％

このような2つの企業があるとして、どちらの負債が実質的に重いだろうか。もちろん、答えはB企業である。負債の返済は所得から行われるのだ。B企業はA企業に比べ、所得対負債比率が5倍も大きいのである。

たしかに、負債の絶対額はA企業のほうが大きいが、だからといって、

「A企業の負債はB企業の2倍に達している！　破綻する！」

などと主張する経営コンサルタントはいないだろう。

では、A企業が順調に成長し、次のような状況になったらどうだろうか。

◉A企業……所得（粗利益）100億円　負債総額50億円
　所得対負債比率＝50％

政府の負債の絶対額だけを見て論評しているような人は、「A企業は以前に比べて借金が5倍に増えている！　破綻する！」と叫ぶかもしれない。だが、実際には、所得対負債比率が半分に下がっている以上、A企業の負債の実質的な返済負担は軽減されているのである。

絶対額だけを見て「破綻だ何だ」と語るのであれば、1977年以降、連邦政府と地方政府の負債が17倍超に拡大しているアメリカはどうなるだろうか。とっくに債務不履行になっていなければおかしくないだろうか。にもかかわらず、アメリカがデフォルトに陥っていな

いのは、同じ期間にアメリカ経済の所得が拡大したからである。すなわち、GDPがそれなりに成長していたためだ。

というわけで、財政健全化の定義は、政府負債の絶対額ではなく、所得対負債比率、すなわち政府の負債対GDP比率で測るのが正しいのである。

しかもアメリカの場合は、FRBにアメリカ国債を買い取らせることで、負債の実質的負担はもちろん、名目的な負担からも解放されてしまう。経済が成長することによって、政府の実質的な負債に対する負担を減らすことができる。さらに、中央銀行に国債を買い取らせることで、政府は名目的にも、借金を返済する必要も、利払いをする必要もない状況になるのである。

もちろん、アメリカ連邦政府はFRBが保有する国債を償還、あるいは利払いをしてもかまわないが、連結決算時には相殺されてしまう。どうせ返還されるのだから、中央政府の中央銀行への利払いはやめたほうがいいように思える。まさしくムダなオペレーションといえるが、現在は一応、続けられている。

「自国通貨建て」と「共通通貨建て」の問題を混同するな

ここまで読み進めていただいた読者であれば、財務省やマスコミ、一部の政治家が、大仰《おおぎょう》に騒ぎたてる日本の「国の借金」の本質が理解できたのではないだろうか。

まず、菅元総理大臣が2010年に主張していた、「日本の財政状況はギリシャより悪い。ギリシャは破綻した。日本も破綻する。よって消費税増税が必要だ」というレトリックは、二重三重にナンセンスである。

ギリシャ政府が借りていたお金は、自国では発行できない共通通貨ユーロであり、かつ債権者はドイツとフランスの銀行である。現在のギリシャは、ドイツやフランスから緊縮財政を強いられているが、これは両国が自国の銀行を守るためなのである。

それに対し、日本政府が借りているお金は円建てで、かつ債権者の9割以上が国内の金融機関や国民である。日本の銀行は、たんにデフレが深刻化してお金の貸し付け先がないため、国債を買っているにすぎない。あるいは、中小企業などに対しては銀行が不良債権化を恐れて貸し付けをしないケースも少なくないが、いずれにせよ問題の根本にはデフレがある。

また、ギリシャの消費税は23%である。消費税が23%だろうが、50%だろうが、経常収支の赤字国が、共通通貨（あるいは外貨）建ての負債を膨張させれば、破綻するのは目に見えている。

ところが、世界じゅうのマスコミや政治家、官僚は、なぜか政府の負債がどの通貨建てであるかを無視し、強引に緊縮財政を推進しようとする。その典型が日本の財務省であるが、

債務の通貨建てが区別されない統計では……

日米欧主要国の政府負債対GDP比率の推移

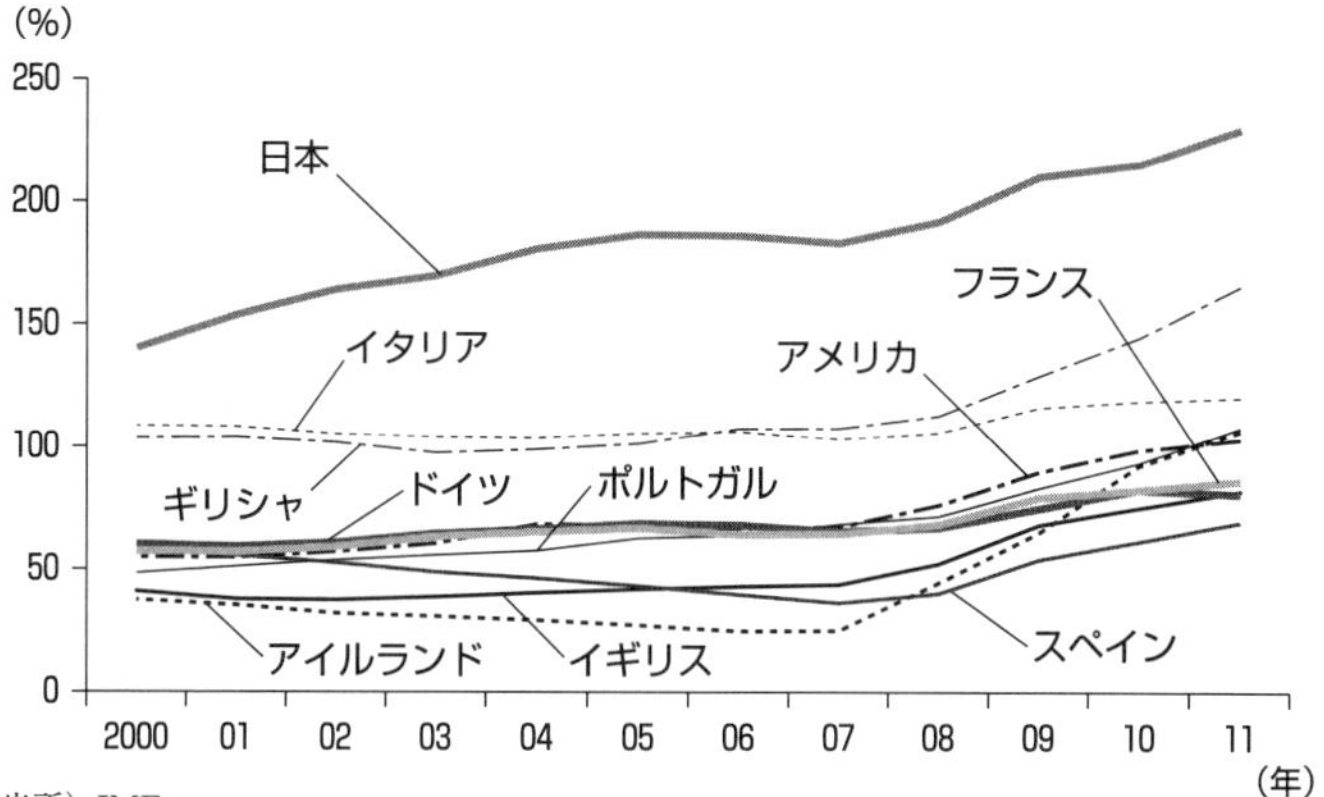

出所）IMF

ＩＭＦも統計上、政府の負債について、「外貨建て？　共通通貨建て？　自国通貨建て？」や「対外債務？　国内からの借り入れ？」ということはいっさい考慮していない。

　通貨を無視すると、たしかに日本の負債対ＧＤＰ比率は主要国のなかで突出して悪化している。だが、筆者などは逆に、上のグラフを見ると、次のような疑問が湧いてくるのだ。

①負債対ＧＤＰ比率が日本よりも圧倒的に低いギリシャは、なぜ事実上のデフォルト状態に陥っているのか？

②スペインやアイルランドは負債対ＧＤＰ比率がさらに低いが、なぜ財政破綻

が取り沙汰されているのか？

③負債対ＧＤＰ比率が主要国でもっとも高い日本国債の利回りが０・７％台と世界最低水準で推移しているのはなぜなのか？

ちなみに、こうした疑問を抱かない人を、筆者は「思考停止状態」と呼んでいる。

前ページのグラフは、ＩＭＦの「ワールド・エコノミック・アウトルック　２０１２年10月版」から抽出したものである。グラフからもわかるとおり、ＩＭＦですら統計データ上で、自国通貨建て国債と、共通通貨建て国債の区別をつけていない。すべてを一緒くたにして政府の負債として合算し、ＧＤＰと比較して、「政府の負債対ＧＤＰ比率」のデータを掲載しているのだ。

これは、きわめて問題である。自国通貨建て国債を発行している国と、共通通貨建て国債を発行している国とでは、問題の本質がまるで違うのだ。問題の本質が異なる以上、当然、解決策も異なる。

なぜ、いつまでも「財政破綻」のウソを煽るのか

さて、日本の負債対ＧＤＰ比率の悪化は、「国の借金で破綻するぅっ！」といった話ではな

く、政府の負債対GDP比率の分母が拡大していないことだ。すなわち、国民の所得の合計であるGDPが成長していないことが、日本経済が抱える問題なのである。そして、日本のGDPが低成長（もしくはマイナス成長）に陥っている最大の原因は、もちろんデフレの深刻化である。

ちなみに、ユーロ圏はEUの創設を定めたマーストリヒト条約により、政府の負債対GDP比率の上限が60％と定められている。そもそも政府の負債がどの通貨であるかを無視して、対GDP比率で制限をかけること自体が奇妙な話なのだが、ついでに書くと、現在のユーロ加盟国は、289ページのグラフからもわかるように60％の上限を守っていない。

政府の負債対GDP比率について60％の上限を守らなければ、どうなるのか。べつに、何もない。マーストリヒト条約には、「政府の負債対GDP比率を60％以内に抑えること」とは書かれているが、罰則規定があるわけではないのである。

しかも、バブルが崩壊した国が、政府の負債対GDP比率を「上限60％」に抑えるといった決まりを守れるはずがない。スペインやアイルランドは、2007年まではバブル景気に沸いており、政府は財政黒字を続けていた。当然、政府の負債対GDP比率は改善（低下）を続けていたわけだが、バブル崩壊で一気に悪化した。

アイルランドにいたっては、2006年には24・8％だった政府の負債対GDP比率が、

5年後の2011年には106・5%に上昇している。理由はもちろん、国内の銀行を救うため、あるいは景気を下支えするために政府の支出が増え、同時にバブル崩壊で税収が激減したためである。

しかも、アイルランド政府は国内からではなく、EUやユーロ諸国から対外債務としてユーロを借り入れなければならなかった。この期間にアイルランド政府が借りたユーロは、先述のとおり、国民が3世代かかっても返済できないといわれている。

アイルランド、スペイン、ギリシャなどのユーロ加盟国は、EUやドイツから国民所得を縮小させる緊縮財政を強いられている。緊縮財政はGDPをマイナス成長に追い込み、税収を減らす。結果、おおもとの政府のユーロ建て対外債務の返済問題はいつまでたっても片がつかず、国民はひたすら貧乏になっていく。

心底から思うが、ユーロとはとことん不毛なシステムである。

それに対し、日本、アメリカ、さらにイギリスは、国債に代表される政府の負債が、それぞれ日本円、アメリカ・ドル、イギリス・ポンド建てである。内戦や革命でも起きないかぎり、自国通貨建ての国債がデフォルトし、政府が財政破綻に陥ることなどありえない。

そして、このことは、日本の財務省がいちばんよくわかっているはずなのである。なにしろ、財務省のホームページには、次のような「Q&A」が堂々と掲載されているのだ。

【Q】：日本が財政破綻した場合、国債はどうなりますか。
【答】：国債は政府が責任を持って償還いたしますので、ご安心ください。

それはそうだろう。日本政府の国債が自国通貨建てである以上、国債の償還ができなくなる（デフォルト）ことなどありえない。財務省はそんなことは百も承知で、自省の省益となる増税を推進するために、国内のマスコミを活用し、「財政破綻する！　増税やむなし！」という世論を醸成するべく、努力を続けているわけだ。

その努力の半分でもいいから、国民経済の成長に振り向けてくれていれば、真の問題であるデフレや経済の低成長は解決に向かったはずなのだが。

日本破綻派のマスコミ、評論家のバカさかげん

それにしても、いくら財務省がバックにいるとはいえ、日本のマスコミや評論家たちの知識水準の低さというか、不勉強の度合いは驚くばかりだ。なにしろ、筆者に対して堂々と、「とにかく、借金はすべてだめなんですよ。どんな借金であろうとも、最終的には返済するべきなのです」

などと、資本主義のシステムを全面否定する主張をした人がいた。もちろん、本人は、自分の言葉が資本主義の否定であることに気がついていないのだろう。

統計的に、その国の経済主体すべてが貯蓄を増やしていくことは不可能である。貯蓄とは、すなわち誰かにとっての資産になる。誰かの資産が積み上がったとき、反対側で必ず別の誰かの負債が増える。誰かがお金を貸したとき、必ず別の誰かがお金を借りている。当たり前である。

この世のすべての金融資産は、誰かの金融負債でもある。筆者が読者から100万円を借りたとする。すると、

- 読者は、筆者に対し、100万円の資産をもつ
- 筆者は、読者に対し、100万円の負債をもつ

という2つのことが必ず同時に発生する。例外はない。

というわけで、ある国の経済主体が全員そろって資産を増やすことなど不可能なのである。むろん、外国との金融資産のやりとりが発生すれば別だが、ここではあくまで国内を想定している。

また、ある国の国民が貯蓄（銀行預金など）をした場合、その分だけ消費や投資に使われるお金が減ることになる。消費や投資が減るというのは、すなわち所得の減少を意味する。誰

貯蓄は所得を減らす

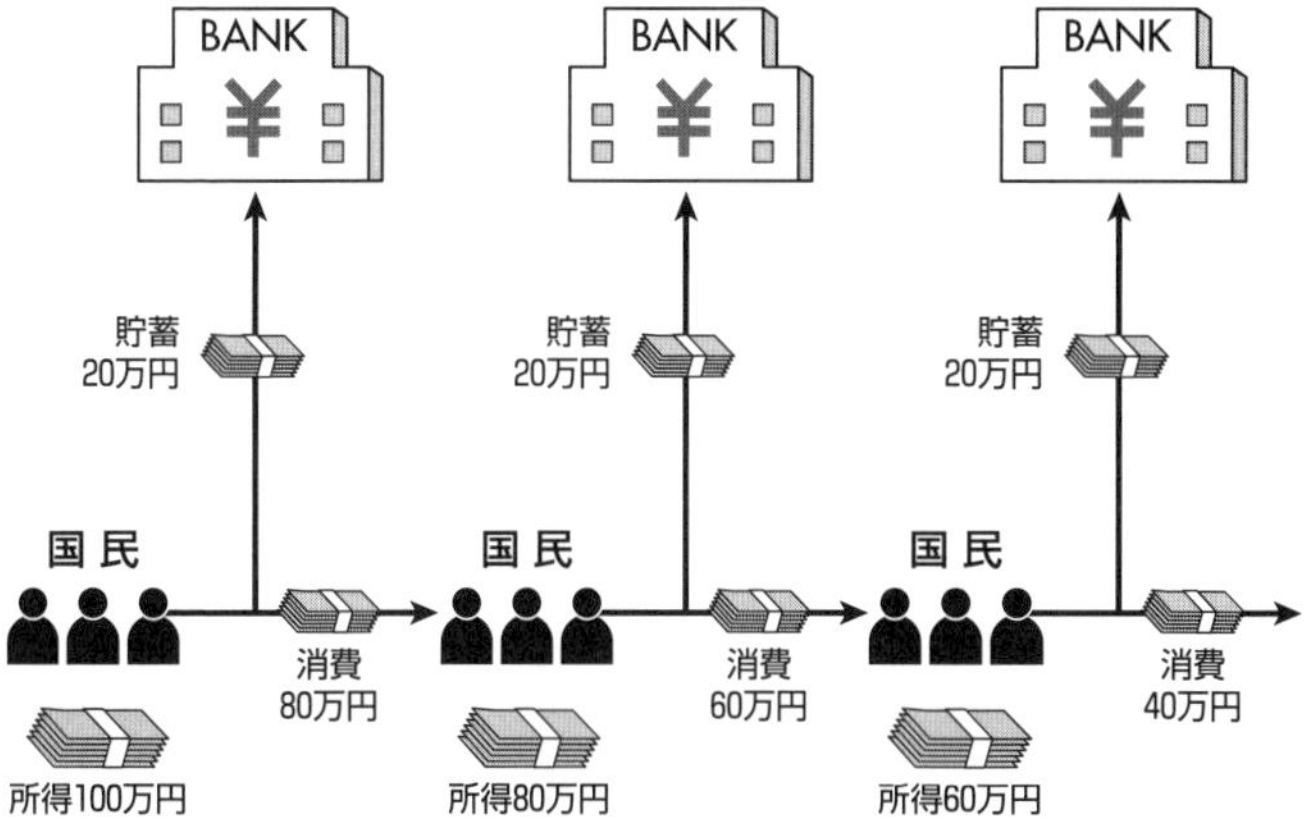

かが消費や投資としてお金を使ってくれなければ、所得はまったく生成されないからだ。

たとえば、国民全体の所得が100万円だったとして、そこから毎年必ず20万円ずつ貯蓄にまわされるとする。すると、上の図のように、国民の所得100万円のうち消費にまわされるのは80万円で、これが翌年の国民の所得80万円となり、ここから20万円貯蓄して残り60万円を消費すると翌年の国民の所得は60万円、そしてそこから20万円を貯蓄……と繰り返すことで、毎年の消費と所得が20万円ずつ減っていき、最終的には国民の所得がゼロに近づくことになってしまうのだ。

国民の所得とは、国家全体でいえば、も

ちろんGDPを意味している。日本の国民が、あるとき「総貯蓄病」にかかり、ひたすら銀行預金を増やしていくと、わが国のGDPは激減することになる。というよりも、銀行は金利の支払いができずに倒産することになる。

銀行預金はわれわれ一般の国民にとっては金融資産だが、銀行にとっては金融負債なのである。誰かの金融資産は、誰かの金融負債である。とくに、銀行預金という銀行にとっての金融負債には、利払いが必要になる。銀行は利払いを実現するためにも、預金を別の誰かに貸し付けなければならない。結果的に、この世界に借金が誕生していくのである。

それ以前に、預金にしても、銀行にとっては借金であることに変わりない。借金を否定する人は、自分の所得の一部を銀行に預金することをやめたほうがいい。銀行預金をすることで、彼は銀行の借金を増やしていることになるのだ。

「ならば、現金紙幣でタンス預金をすればいい！」

と言われそうだが、そもそも日本円の現金は、日本銀行の金融負債である。冗談でも何でもなく、日本円の紙幣は日本銀行の借用証書である。その証拠に、紙幣には必ず「日本銀行券」の文字が入っているはずだ。

また、日本銀行のバランスシートを見ると、現金は日本銀行の金融負債（金融資産ではない）として計上されている。したがって、日本円の現金はまぎれもなく日本銀行の借金なのだ。したがって、借金を全否定する人は、貨幣経済をも否定しているに等しいことになる。この手の人には、勝手に物々交換の経済にもどってほしいと思う。

デフレでは誰も投資をしない

資本主義を健全に成長させるためには、銀行に預金として貯蓄されたお金を誰かに借り入れてもらい、消費もしくは投資(普通は投資)として使ってもらわなければならない。さもなければ、国民の所得がひたすら縮小していくことになる。

普通の資本主義国では、貯蓄を借り入れて投資にまわすべき経済主体は企業である。ところが、現在の日本では、「銀行→(融資)→企業」という貸し付けが減ってきているのだ。とはいえ、国民は次々に所得の一部を預金してくるため、銀行の手元に貸し付けにまわらない預金が貯まっていく。結果的に、銀行は預金を国債で運用することになり、日本国債の長期金利は延々と1%未満で推移しているわけである。

現在の日本において、銀行から企業にお金が貸し出されない理由は、おもに2つある。

①企業(とくに大企業)がデフレ環境を嫌い、国内で投資をする気にならないこと。
②銀行が事業規模の小さい中小企業などにリスクマネーを供給しなくなっていること(こ

れについては303～305ページで詳述)。

①については、投資をしない以上、銀行からお金を借りる必要もない。なにしろ、デフレ下ではモノやサービスの値段が下落していく。同じ製品を同じ数量販売しても、売り上げが下がってしまうのだ。売り上げが下がると、当然ながら企業の所得である利益は小さくなる。また、デフレ下では物価が継続的に下落していくわけだが、反対側から見るとお金の価値が上がっていくという現象でもある。お金の価値が上がるとは、すなわち、借金をしたとき、その実質的な価値までもが上がるという意味になる。

何もしなくても、デフレでお金の価値が高まることで、借金の実質的な負担までもが大きくなってしまうのだ。経済学的に、この現象を「実質金利が高い」という。

さらに、デフレ継続で日本円の価値が高まっていくと、当然ながら、外貨に対しても価値が高騰していくことになる。すなわち、円高の進行である。デフレと円高は、日本円の価値が上がるという現象の表と裏なのである。わが国はデフレで円高なのではない。デフレだから円高になっている、というのが正しい。

デフレで売り上げや利益が伸びず、何もしなくても借金の実質的な価値が高くなり、しだいに返済が難しくなっていく。さらに、円高で外国への輸出拡大も望めない。こんな環境で、企業に対して、「銀行からお金を借りて投資してください」といっても無駄である。儲からないのだから。

円安で輸出が増えてもデフレからは脱却できない

さらに、現在の日本は、グローバリズムの名のもとで資本の移動の自由が確立されている。企業側からしてみれば、日本の銀行から融資を受けて国内に投資をする必要などない。より人件費が安い外国に投資をし、ビジネスを拡大していくことで、株主の配当金を高めることができる。

さすがにアメリカほどではないが、日本の大企業の経営者たちも、ある程度はグローバル株主資本主義の影響を受けている。再度、65ページのグラフ（日本の民間企業の設備投資と対外直接投資の推移）を見ていただきたい。

小泉政権以降の日本企業は、国内の設備投資を横ばいで推移させつつ、対外直接投資を激増させていった。外国に直接投資をするのであれば、国内の銀行から日本円を借りる必要はない。なにしろ、日本円が流通しているのは、世界に日本国ただ1国である。アメリカに投資をする場合は、必要なのはドルである。ユーロ圏は、もちろんユーロになる。

いずれにせよ、日本企業が外国に投資する際に入用になるのは外貨であり、日本円ではな

輸出が増えてもデフレから脱却できない

日本の財の輸出総額と民間企業設備の推移

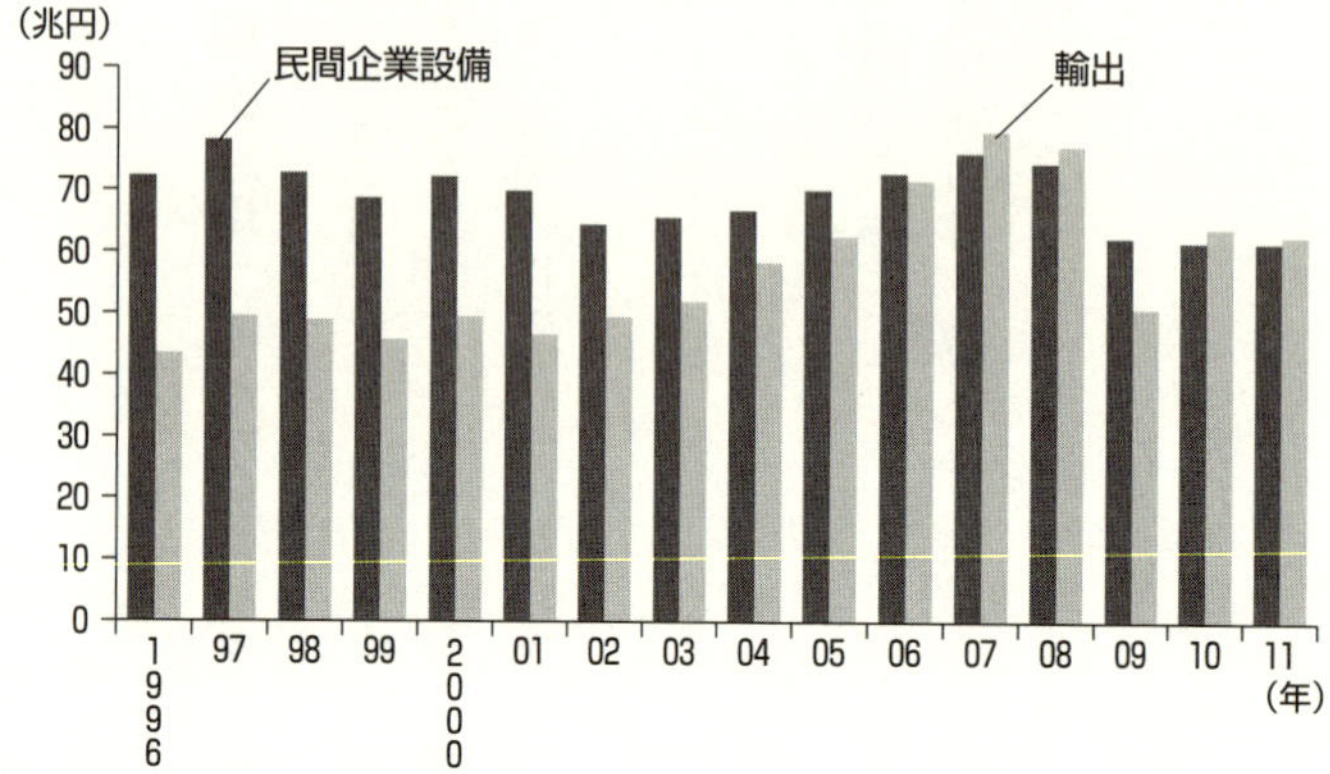

出所）内閣府

い。その結果、日本の銀行の預金（日本円）が借りられることはなく、国債購入にまわることで長期金利を低迷させる。

ちなみに、デフレ対策を叫ぶ経済学者や評論家のなかには、

「円安にさえすれば、企業の設備投資が増え、デフレから脱却できる」

などと主張する人がいるが、ことはそう単純ではない。というのも、2002年以降、円安で輸出が増えたにもかかわらず、日本国内における設備投資はそれほど拡大しなかったためだ。

上のグラフからわかるとおり、2002〜2007年の日本の財（製品）の輸出の伸びは凄まじく、じつに30兆円以上も増えている。にもかかわらず、この時期に企業

の設備投資は10兆円ほどしか増えていないのである。

もちろん、これは、日本の輸出増加がGDPの成長に貢献しない、あるいはデフレ脱却に役立たないという話ではない。実際、この時期の日本はわずかながら名目GDPが成長していき、税収が増加することで財政の健全化も実現できていた。

とはいえ、日本のように国民経済の大きい国が、外部要因で多くが決まる輸出にデフレ脱却の牽引《けんいん》をしてもらうべきではないし、現在の環境を見るかぎり、それは不可能であるという話なのだ。現在は、世界最大の経済規模をもつアメリカまでもがバブル崩壊の後遺症に苦しんでおり、かつてのように外国からの輸入を大らかに受け入れることができる状態にはない。

それどころか、アメリカは雇用環境を改善するために、製造業を外国から呼びもどさなければならないのである。製造業の大々的なリショアリングが実現しないかぎり、アメリカの失業率がリーマンショック前の水準にまで低下する日はやってこない。現在のアメリカが望むのは、輸入ではなく、むしろ輸出の拡大なのだ。

いま、日本を牽引できるのは「日本」だけ

では、アメリカ以外の国々はどうだろうか。ユーロは相も変わらず南欧諸国の財政危機が

一進一退を繰り返し、ドイツやフランスなど立場を異にする国々の軋轢が深まっている。

そうしたなか、ＥＣＢのドラギ総裁が２０１２年10月24日にドイツを訪問した。総裁はドイツ議会に出席し、ＥＣＢの国債買い入れプログラム（ＯＭＴ）について、

「これはインフレを招くものではなく、金融政策を装った財政支援につながることもない」

と主張したのである。

ドイツでは、ＥＣＢによる南欧諸国の国債買い入れ策に批判が高まっているため、「これは財政的な支援ではない」と言い訳をしているわけだが、現在のスペインやギリシャにとって必要なのは、まさに中央銀行による財政支援なのだ。つまり、ドラギ総裁の発言は、南欧諸国の国民経済が成長力を取り戻し、ＧＤＰと税収を増やすことにより財政問題を解決する道を塞いでしまったに等しい。

南欧諸国がユーロから離脱しないかぎり、日本のユーロ圏への輸出が拡大する日はやってこない。そもそも、ユーロ圏には日本と産業構造が類似しているドイツという国がある。日本は対ユーロで為替レートが高くなる（円高になる）リスクを抱えているが、ドイツにはない。

ならば中国となるわけだが、すでに述べたように、中国では個人消費がＧＤＰに占める割合が異様なまでに小さい。しかも、年を追うごとに割合が小さくなっている。じつは国内の

消費市場を比較した場合、中国はいまだに日本よりも小さい経済規模にすぎないのだ。逆の言い方をすると、世界第2位の消費市場をもつ国は日本なのである。

結局のところ、日本などから資本財を輸入し、欧米の消費市場に最終消費財を輸出するのが中国のモデルであった。むろん、中国の高所得者層を相手に輸出を増やす戦略をとる日本企業があっても当然だと思うが、少なくとも日本経済全体を牽引するのは不可能である。個別企業の戦略と、国家全体の経済政策を混同してはならない。

アメリカ、ヨーロッパ、中国の3つの国・地域を除くと、日本経済を牽引できる巨大な需要をもつ国は、世界に存在しない。いや、1つだけある。ずばり、日本国だ。

現在の日本は、政府が国内で正しいデフレ対策を実施しさえすれば、みずからの需要で成長路線にもどることができる状況にある。というよりも、1998年以降、延々と同じ状況にあったわけだが、政府は正しいデフレ対策を実施しようとはしなかったのである。

銀行はなぜリスクマネーを供給しないのか

正しいデフレ対策とは、アメリカの項でもふれたように、通貨を発行し、政府が国債発行で借り入れ、国内で所得が生成されるように使うということである。こうした政策を、デフレ脱却が確実視されるまで実施する必要がある。

より具体的には、日本銀行が日本円を発行し、それを政府が国債発行で借り入れ（＝日本銀行が国債を買い入れ）、東北復興、全国の耐震化、高度成長期に建設されたインフラのメンテナンス、資源開発や食糧の生産拡大のための投資などにお金を使っていけばいいのである。復興事業、耐震化事業、メンテナンス事業、資源や食糧のための投資は、すべて日本国民の雇用を生み出す投資であり、直接的に所得を生成する。

こう書くと、「日本銀行が国債を直接引き受けるには、国会の決議が必要だ」と反論したくなる人がいるだろう。それはそのとおりなのだが、日本銀行はべつに直接的に政府の国債を買い取る必要はない。まずは、余っている日本円を、政府が建設国債を発行して銀行から借り入れる。次に、銀行が保有する建設国債を、日本銀行が買いオペレーションで購入する。これでかまわない。ごくごく普通のオペレーションである。

むろん、政府が建設国債を発行しても金利が上昇しないならば（相当深刻なデフレという話だが）、日本銀行は無理に国債を買い取らなくても支障はない。というよりも、この場合は銀行が国債の売却を拒否するだろう。

実際、日本のデフレはあまりにも深刻で、日本銀行が国債を買い取ろうとしたときに、銀行が入札に応じないケースが出てきている。銀行としては、金利を生まない日本円をもらうくらいならば、微々たるものでも利子が支払われる国債を保有していたほうがましなのだ。

これはこれで、じつは大問題なのである。理由は、銀行が貸し付けリスクをほとんど取らなくなり、国債ばかりを買い求める傾向が強まっていることを意味しているためだ。本来、銀行は、リスクを取って民間企業にお金を貸し付け、金利で稼ぐことがビジネスの基本である。リスクゼロの国債で国民の預金を運用するのは本来の仕事ではないのだが、昨今の日本の銀行は恐ろしいほどに保守的になっている。

というわけで、銀行から企業にお金が貸し出されない2つ目の理由は、銀行が事業規模の小さい中小企業などにリスクマネーを供給しなくなっていることである。銀行が中小企業にお金を貸さない最大の理由は、もちろんバブル崩壊後の地価下落にある。地価下落は、担保価格縮小とイコールだ。

日本はいまでも世界一のお金持ち国だ

ところで、国家の富には、現金や預金などの金融資産は含まれない。理由は、先にも書いたとおり、誰かの金融資産は誰かの金融負債であるため、国家全体で見ると資産と負債が同額になり、相殺されてゼロになるためだ。

そのため、国家の富、すなわち国富に該当するのは、次の3つになる。

①生産資産

生産活動（投資）の成果として生み出され、かつ生産のために使用される有形資産であり、在庫と有形固定資産、無形固定資産からなる。

②有形非生産資産

生産活動（投資）の直接の成果物ではない有形資産であり、土地、地下資源、漁場などからなる。

③対外純資産

対外資産（外国にもつ金融資産）から対外負債（外国への金融負債）を差し引いたあとの資産の総額。差し引いた結果マイナスとなった場合には、「対外純債務（対外純負債）」の語が用いられる。

同じ金融資産であっても、外国とのお金の貸し借りのプラス分、すなわち対外純資産は国富に含まれる。現在の日本の対外純資産の額は250兆円を上まわり、文句なしで世界最大である。普通に考えて、お金持ちの定義は、資産が多いことではなく、純資産（資産－《マイナス》負債）が多いことであろう。つまり、世界最大の対外純資産をもつわが国は、世界一のお金持ち国家ということになる。

対外純資産以外の国富は、生産資産と有形非生産資産である。

生産資産とは、たとえば工場や店舗など、国民の投資活動により生まれた固定資産のことだ。道路や橋梁、港湾や空港などの政府保有のインフラストラクチャーも、もちろん生産資産に含まれる。

国民は工場を稼働させ、道路を使って流通させ、店舗で販売することで、製品を製造・販売し、所得を稼ぐことができる。生産資産とは、国民が所得を稼ぐ基盤であり、国民の労働の賜物《たまもの》として建築されたものを意味する。

それに対して、有形非生産資産は、国民が所得を稼ぐ基盤である点は同じだが、投資により建築されたものではない。土地や資源、漁場など、日本の国土的条件としてはじめから備えつけられていた固定資産になる。

2013年3月に迫る中小企業の危機

バブル崩壊後、とくに問題になったのが、この有形非生産資産の激減である。次ページのグラフは1980年以降のわが国の国富の推移を表したものだが、85～90年のバブル期に、有形非生産資産が驚異的なペースで拡大していることがわかる。

日本の有形非生産資産がバブル期に拡大したのは、土地の価格が上昇したためである。も

バブル崩壊による資産デフレの解消が急務

日本の国富の推移

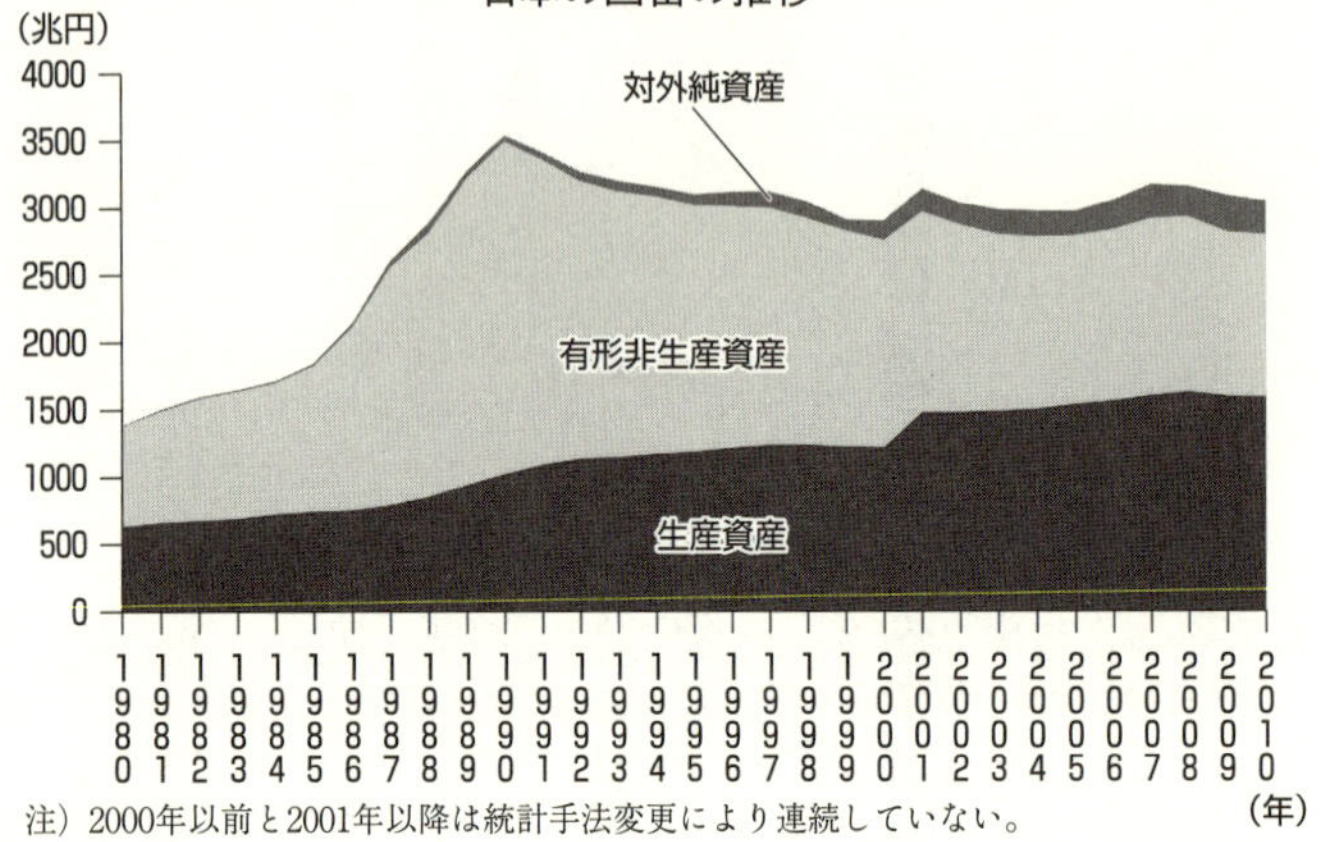

注）2000年以前と2001年以降は統計手法変更により連続していない。
出所）内閣府

ちろん、日本の土地というか領土が実質的に増えたわけではない。地下が上昇し、名目的な有形非生産資産の金額が拡大したのである。

とはいえ、この名目的な土地価格の上昇がきわめて重要だった。というのも、日本の中小企業が保有する資産の多くは土地であったためだ。土地の名目的価値（地価）が上昇したことで、日本の中小企業はそれを担保に銀行から融資を受け、設備投資を拡大することができた。まさにこれこそが、日本の経済成長の原動力になったのである。

ところが、バブル崩壊後に日本の土地価格は暴落し、ひどい地域ではバブル期の2割にまで価格が落ち込んだところもある。すなわち、単純計算で担保価値が8割減になったことになる。

　こうなると、銀行は中小企業にお金を貸すことができない。そして、銀行から企業への融資が増えなければ、結局は国債が買われることになる。つまり、日本国債の金利が低迷している原因の1つは、バブル崩壊後の地価下落だったという笑えない話なのだ。

　デフレの定義は、モノやサービスの価格が継続的に下落することであるが、日本の場合はバブル崩壊後に、土地を中心として固定資産の価格までもが下がってしまった。いわば、資産のデフレーションである。この資産デフレを解消しないことには、銀行からの融資が増えることはない。銀行からの融資が増えなければ、民間主導の所得拡大という、デフレ脱却の最終局面はなかなかやってこないのである。

　日本経済の主力は、中小企業である。日本の中小企業はわが国の企業数の99・7％、総雇用者数の69％を占めている。じつは、日本の労働者の7割弱は中小企業により雇用されているのである。

　中小企業への銀行の融資が再開され、投資が活発化しないかぎり、日本経済の最終的な成長路線への回帰はない。とはいえ、デフレで中小企業の業績が上がらず、担保となる土地の価格が上昇しないかぎり、銀行側は融資を増やせない。

　それどころか、銀行側は不良債権化を恐れ、中小企業への貸し付けを引き揚げようとしている。いわゆる貸し渋り、貸し剝がしの発生だが、リーマンショック以降、日本の銀行は、再び中小企業への融資を絞り込む傾向を見せていた。

そこで、日本政府は、資金繰り難を原因とした中小企業の連鎖倒産を防ぐため、2009年12月に中小企業金融円滑化法（2年間の時限立法。のちに2013年3月末まで延長）を施行した。

中小企業金融円滑化法とは、中小企業や住宅ローンの借り手が金融機関に返済負担の軽減を申し入れた際に、銀行側が可能なかぎり貸し付け条件の変更を行う、わかりやすくいうと貸し付け期間の延長に同意することなどを内容とする法律である。

巷《ちまた》では「モラトリアム法案」などと悪口を言う人が少なくない。だが、金融円滑化法によるロールオーバー（借り換え）によって、救われた中小企業が少なくないことは確かである。

なにしろ、2012年3月末実績で、返済猶予を受けている中小企業の融資件数は289万件、金額ベースで79兆円に達している。1企業平均で7件の貸出期間延長を受けていたと仮定すると、約41万の中小企業（めまいがするほど膨大な企業数だ）が金融円滑化法によりひと息ついていたことになる。

この金融円滑化法について、民主党政権は2013年3月での打ち切りを宣言している。2012年10月1日、野田第3次内閣の中塚一宏《いっこう》金融担当相が、「13年3月末に期限切れを迎える中小企業金融円滑化法について、再延長することはない」という認識を示したが、これは常軌を逸している。

昨今の中小企業の倒産事由を調査すると、販売不振が圧倒的な比率を占めている。要するに、デフレが続くために売り上げがあがらず、その結果、倒産にいたっているのだ。おおもとのデフレという問題を解決しないまま、金融円滑化法を単純に打ち切った日には、わが国の倒産件数が跳ね上がることは疑いない。現時点で金融円滑化法の適用を受けている企業の1割が倒産にいたるとして、その数は4万〜5万社にのぼるのである。

安倍政権の誕生ではじめて正しいデフレ対策が行われる

最近、筆者はゾッとする話を聞いたのだが、金融円滑化法の適用を受けている中小企業の社長のところに、銀行の支店長がひんぱんに来訪するそうである。

社長室にやってきた支店長が何を言うかといえば、「2013年3月末で金融円滑化法が期限切れになります」とのことである。たとえば、そのうえで、「ですから、今後の資金繰りや返済計画をご一緒に考えましょう」というのであれば話はわかるが、たんに「期限切れになりますよ」で終わるのだという。

これは何を意味しているのだろうか。簡単である。銀行から中小企業への警告だ。金融円滑化法が期限切れになった場合、適用を受けている中小企業の資金繰りが悪化することは、銀行側は十分に理解している。それにもかかわらず、銀行の支店長が「2013年3月で期限切れになります」と言ってくるということは、「あなたの会社はまもなく倒産します」と宣言しているも同然である。

筆者はセンセーショナルな煽り方をするのは好まないが、このままだと大変な事態になるだろう。2013年3月前に政権が交代していた場合、新政権が真っ先にやるべきことは、中小企業金融円滑化法の再延長である。法律的に、あるいは実務的にどれほど困難であろうとも、こればかりは超法規的に強引にやってもらうしかない。

金融庁は、「つぶれるべき中小企業は、つぶれる」というスタイルの方針で事を進めようとしている。これは何としてもとめなければ、日本の雇用環境は一気に悪化する。

法律を再延長して中小企業の資金繰りを支援すると同時に、日本政府はおおもとの問題であるデフレ解消の手を打たなければならない。幸いなことに、次期政権を担うであろう最右翼につけている自民党の安倍総裁は、

「消費税増税前のデフレ脱却」

「日本銀行とのアコード（協調）による3％のインフレ目標と円高対策」

「子どもたちの安全と生命を守る投資や、地域経済に成長をもたらす未来への投資としての

公共投資拡大」
「スーパーコンピュータ京に代表される創造的活動や資源・エネルギー開発のための投資拡大」

など、正しいデフレ対策を認識し、それを堂々と表明している。

さらに、自民党は10年間で200兆円の国土強靭化投資を提唱（国土強靭化基本法案）し、そのいっぽうで、わが国にとって不要なグローバル化であるTPPについては、

「聖域なき関税撤廃を前提にするかぎり、交渉参加に反対する」
「自由貿易の理念に反する自動車などの工業製品の数値目標は受け入れない」
「国民皆保険制度を守る」
「食の安全安心の基準を守る」
「国の主権を損なうようなISD条項には合意しない」
「政府調達・金融サービスなどは、わが国の特性を踏まえる」

という、事実上の反対方針を表明している（これらの条件がすべて満たされるなら、筆者としてもTPP交渉への参加に反対はしない。というよりも、聖域なき関税撤廃がなくなった時点でTPPではないわけだが）。

それこそ近いうちに行われる総選挙において、自民党が首尾よく政権交代を果たした場合、

1990年のバブル崩壊以降はじめて、日本で正しいデフレ対策が行われる可能性が高くなるのだ。

松下幸之助が犯した過ち

政府が通貨を発行し、借りて、使うことこそが、歴史的に効果が確認されたデフレ対策であったとしても、野党やマスコミは新政権を使い古されたレトリックで攻撃してくるだろう。もっとも典型的なのが、例の「国の借金を増やすのか!」だ。

たとえば、かつて松下幸之助翁が、

「本年も日本は14兆円の借金をする。昨年は15兆円借金した。財政不能のために国債を発行したわけです。そして、その借金は返していない。昨年15兆円借金したうえに、今年14兆円の借金をするわけです。それでいくと、毎年増えていき、もうじき200兆円になる。利子だけでも、10兆円払わなければいかんということや。だからいまのような調子でいくと、必ず財政は破綻する」

と語ったのは、1980年のことだ。

松下幸之助のような偉人でさえ、企業・家計の経済と通貨を発行できる国の経済を混同していたことがわかる。ましてや、一般の日本国民にしてみれば、という話だ。

それにしても、松下幸之助のこうした混同をとらえて、

「松下幸之助が、1980年時点で国の借金が200兆円になる、この調子でいくと、必ず財政破綻するといってるじゃないか！」

などと、政府の国債発行を否定する発言をしてきた人がいたのにはびっくりした。

なぜ、この手の人たちは、「1980年時点では200兆円弱だった国の借金が、いまでは5倍近くに膨らんでいるにもかかわらず、長期金利は1％未満で、日本政府は財政破綻の気配すらない」という現実を疑問に感じないのだろうか。筆者からすると、彼らの思考回路こそ破綻しているとしか思えない。

というよりも、現パナソニックにしても、松下幸之助が電球用ソケットの製造販売を始めた1917年の創業期から見れば、天文学的な金額の負債残高になっているだろう。かつては松下銀行と呼ばれ、無借金経営を誇っていた時期もあったが、企業が成長するに従い、負債総額が増えるのは資本主義国家である以上、当たり前だ。無借金経営とやらをもて囃《はや》していた、日本の評論家たちのほうがおかしいのである。

何度も繰り返すが、日本経済の問題は、政府の負債（国の借金）の増加そのものではなく、GDPが成長していないことだ。すなわち、所得が拡大していないことである。

次ページのグラフを見ると、バブル期（1985〜90年）や安倍政権期（2006〜20

GDPを拡大させれば財政は健全になる

日本の長期債務（国および地方）と長期債務対GDP比率の推移

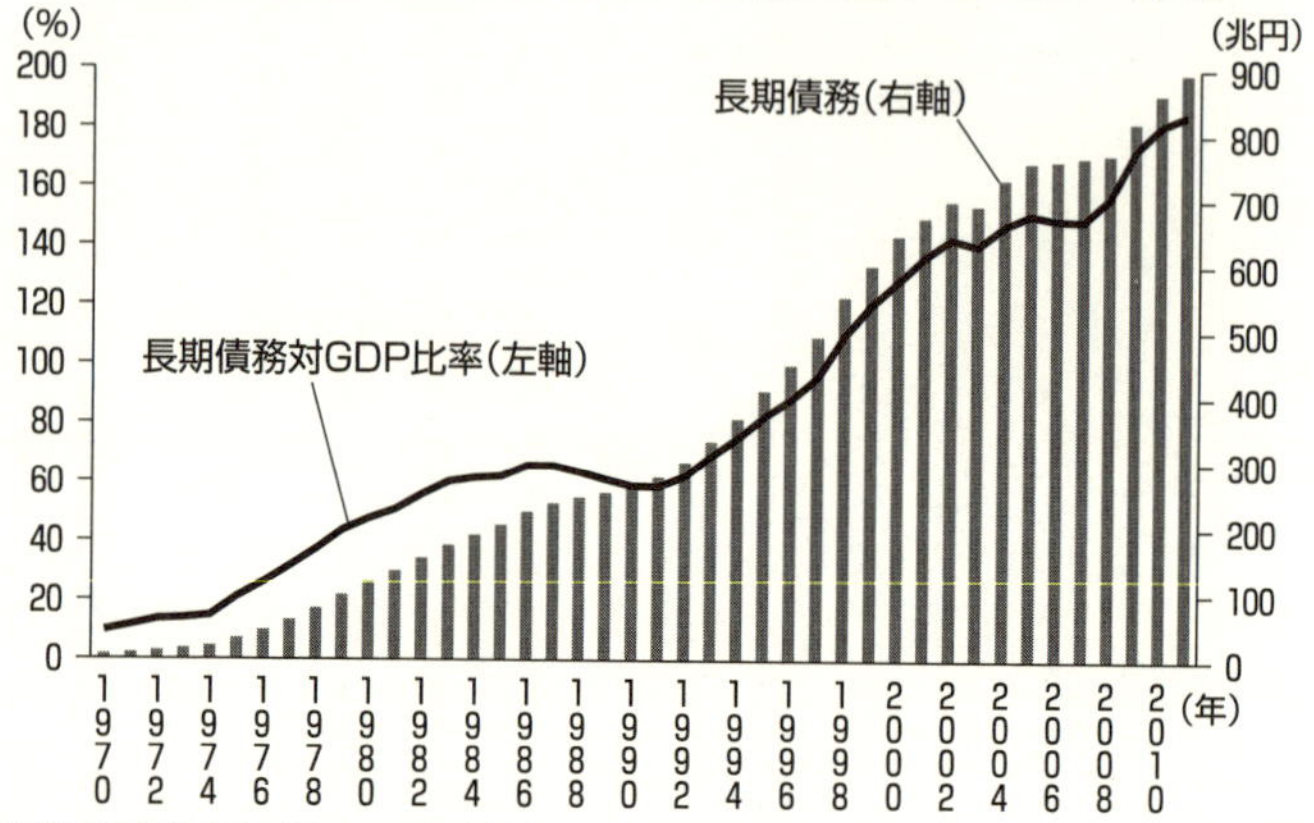

出所）財務省「我が国の1970年度以降の長期債務残高の推移」

０７年）に長期債務対ＧＤＰ比率が減少しているのがわかる。この２つの時期に共通しているのは、名目ＧＤＰが成長していたことだ。財政の健全化はＧＤＰの拡大という経済成長により達成されるのであり、政府の節約でも増税でもないのだ。

　そして、日本のＧＤＰが拡大しないのは、政府が中途半端な景気対策と緊縮財政を繰り返し、正しいデフレ対策を実行に移さなかったからだ。前章で、オバマ政権の景気対策に関するクルーグマン教授の言葉を掲載（２６４〜２６５ページ参照）したが、日本政府はまさに、「必要な規模よりはるかに小さすぎる財政刺激」を繰り返し、結果的にデフレから脱却できなかったのである。

そのため、巷の評論家たちから、

「政府支出によるデフレ対策は眉唾だ。あれだけ借金をこしらえたにもかかわらず、デフレから脱却できなかったではないか」

といわれるような隙をつくってしまったのである。

今度こそ、過去の轍《てつ》を踏んではならない。十分な金融緩和と財政支出を、必要な期間、政治的決意をもって実施するのだ。必要な期間とは、いつまでか。それこそインフレ率の目標により決まってくる。

インフレ目標3％ならば、安定的にインフレ率が3％で推移するようになるまで、金融緩和と財政支出のパッケージという正しいデフレ対策を続けなければならない。不十分な段階でデフレ対策を終了してしまうと、またもやわが国の物価水準（コアCPIもしくはコアコアCPI）はゼロ％未満に墜ちていくことになる（ちなみに、本稿執筆時にもわが国のCPIは前年比でマイナスを続けている）。

長期投資国家・日本の逆襲が始まる

これまで書いてきたとおり、現在の世界は日本のみならず、アメリカ、ユーロ圏、中国などにおいてもバブル崩壊が発生し、デフレのとば口で足踏みしている国が少なくない。そうしたなか、わが国は世界に先駆けて正しいデフレ対策を実施し、新たな成長モデルを世界に示す役割を担っているとさえいえる。

なにしろ、現在の世界は、グローバリズム、グローバル株主資本主義の進展により、企業は長期的な投資が可能な状況ではなくなってきているのだ。四半期ごとに株主から、「利益を！　配当金を！　株価上昇を！」と問いつめられる経営者が、長期投資などに踏み出せるはずがない。というよりも、長期投資の必要性について株主に説明できなければ、解任されるはめになる。

グローバリズム、グローバル株主資本主義が広まったことにより、世界は将来のための投資が不可能になるという、きわめて危険な状態に陥りつつあるのである。このままでは、日本のみならず世界が、将来的な人口爆発を乗りきれない可能性がある。

将来においても、国民が豊かに、安全に暮らせるようにするためには、インフラストラクチャー、資源エネルギー、そして食料関係などへの投資が欠かせない。というよりも、現在のわれわれが、快適なインフラのうえで、エネルギーや食料にそれほどこと欠かない生活を送れているのは、過去の世代が将来のための投資に踏み込んでくれたからである。

かつての日本企業は、短期志向が強まったアメリカ企業とは異なり、「経営者が長期のスパンでものごとを考え、投資を決断する」と称賛された。しかし、グローバリズムが広まるにつれ、日本企業の長期的視点という美点は色あせつつある。何としても現時点で短期志向の経営にピリオドを打たなければ、将来の国民が、いや将来の人類が困ることになるだろう。日本はいまこそグローバリズムの弊害を打ち破り、長期投資国家に脱皮しなければならない。そして、将来のための投資を増やすことこそが、現在のデフレという需要不足を解消する一助になる。何をためらう必要があるだろうか。

筆者は2013年こそが、日本の長期投資国家化のスタートになると信じているが、国内の情報のひずみがそれを妨げようとするかもしれない。たとえば、日本では経済界によるロビー活動がひんぱんに行われているが、なぜかそれが批判されることはない。

2012年10月、経団連（日本経済団体連合会）、経済同友会、日本商工会議所などのトップたちが、民主党、自民党に対してTPP参加を強く求めるべく圧力をかけた。特定の意見（TPP参加）を主張する経済界が政府の政策に影響をおよぼすということ、すなわち、TPP参加を目的として行われる経済界の私的な政治活動は、間違いなくロビー活動の定義を満たしている。

にもかかわらず、なぜか日本のマスコミは、

「経団連はロビー活動をしている！　政治家と癒着し、彼らの私的目的であるTPP参加を実現しようとしている！」

といった批判をしようとはしない。

率直に書くが、政治家に圧力をかけるという経済界の手法は、完全に民主主義のプロセスをすっ飛ばしている。民主主義の守護者を自称する「朝日新聞」はなぜ、「経済界は民主主義の敵だ！」と批判しないのだろうか。

経済界はあくまで私企業の連合体であり、公的な組織ではない。経済界の目的が公的であるから、政治家に圧力をかけてもかまわないというのであれば、農協や医師会がロビー活動をするのも、べつに問題ないという話になる。経団連と農協、医師会はすべて私的事業者の連合体だ。

日本の新聞は、経団連や経済同友会のロビー活動や政治家への圧力については、ごく当たり前の活動、あるいは要望として記事にする。ところが、農協や医師会が何か要望すると、「農協や医師会などの既得権益が政治家と癒着して圧力をかけている！」と批判するわけだから、明らかにダブルスタンダードである。

このように書くと、「農協や医師会は、農家や医者など一部の既得権益者の利益を代表しているだけじゃないか！」などと反駁《はんばく》する人がいそうだが、経団連にしても経済同友会にしても、加盟している私企業の利益を代表しているにすぎない。農協や医師会を「既得権益だ！」と叩くならば、経団連や経済同友会などの経済界についても、同じように叩かないとおかしいだろう。

現在はグローバリズムの進展により、資本移動の自由（工場の外国への移転など）が認められている。結果、経団連に加盟するような大企業の権力が強まっているわけだ。なにしろ、大企業はいざとなれば外国に資本を移してもかまわないのである。

それに対し、農家の土地は外国にもっていくことはできない。また、医者の顧客（患者）は、基本的には日本国内の日本国民だ。資本を外国に移せず、内需中心で生きていくしかない農家や医者と、外国に資本を移すことが可能で、外需で食うことができる大企業（内需企業を除く）と、はたしてどちらが日本のことを真剣に考えてくれるだろうか。

300ページの図に示したとおり、現在、日本の民間企業の国内における設備投資はまったく伸びていない。ところが、対外直接投資は驚くべきスピードで伸びている（現在は高どまり中といったところだが）。もちろん対外直接投資がいくら増えても、国内の雇用は生まれない。

企業が国内に投資をせず、外国にばかり投資する傾向は、デフレである以上、経営方針としては間違いなく正しい。しかし、繰り返しになるが、いざとなれば外国に資本を移すことができる大手輸出企業と、国内で内需中心のビジネスで生きていくしかない農家や医療関係者と、どちらがより真剣に日本のことを考えてくれるだろうか、という話なのだ。そんなことは自明の理であろう。

べつにマスコミに対して、農協や医師会を既得権益として批判するなと言っているわけではない。ただ、既得権益というのであれば、新聞の特殊指定や放送法で守られた新聞、テレビのほうがよほど既得権益である。

さらに、いざとなれば外国に資本を移せるという立場を活用し、政府に対して、

「TPPに加盟しろ！」

「法人税を引き下げろ！」

などと圧力をかけている経団連、経済同友会、日本商工会議所などのロビー団体についても、同じように批判しなければおかしいのではないか。

それとも、経済界は広告主なので、大々的に批判することはできないのだろうか。ならば、日本のマスコミは公器だの社会の木鐸《ぼくたく》だのと、偉そうなことを言う資格はまったくないという話である。

日本国民のパワーを結集して世界を変える

2012年9月26日、自由民主党は、「輝ける新しい朝を迎えよう」と選挙戦で叫んだ安倍晋三元総理を新たな総裁に選んだ。そして、2012年11月6日、アメリカでは、需要創出

を重視するバラク・オバマ大統領が再選を果たした。本書執筆時点では、日本における「近いうち」の総選挙の期日は不明だが、いずれにしても近々に実施されることは疑いない。

日本の総選挙において自由民主党が勝利し、安倍総理大臣が実現し、日米両国ともに「正しいデフレ対策」に乗り出すことができれば、世界経済が救われることになる。繰り返しになるが、正しいデフレ対策とは、通貨を発行し、国債発行で借り入れ、所得（＝雇用）が生み出されるように政府が使うことである。これら以外に、過去に実績があるデフレ対策は存在しない。

アメリカでは、オバマ大統領が国内のインフラストラクチャー（鉄道網や電力網、学校、インターネット網など）への投資を増やす可能性が高い。なにしろ、2012年の一般教書演説において、そのとおり明言しているわけだ。

日本も同様に、日本銀行とのアコードを締結し、政府がインフレ目標（たとえば3％）を指示し、建設国債の発行で資金調達したうえで、政府が国内投資を増やしていけばいい。具体的には、先にも書いたとおり、耐震化、防災・減災、インフラのメンテナンス、資源、食料などへの投資になる。

自民党の安倍総裁は、11月7日の日本アカデメイアにおける講演で、政権交代後の政策や展望についてかなりくわしく語っている。講演のなかで、安倍総裁は経済政策について以下の点を強調していた。

「消費税は附則第18条に従い、デフレ脱却が実現されないかぎり上げない」

「日本銀行とアコードを締結し、インフレ目標3％を指示する。目標を達成できない場合、日銀総裁が責任をとる。必要があれば、日銀法も改正する」

「長期デフレを継続していた日本は、インフレ期待が起きるまで時間がかかる。そのため、日銀に金融緩和をさせると同時に、マクロ的に『正しい公共投資』を実施する」

「小泉政権時代、安倍政権時代、公共事業を大幅にカットした。これは無駄遣いをなくす、合理化を行う、公共事業を峻別するなどの点では有意義だったが、デフレ助長という副作用があった」

「東海、東南海、南海大地震などに備える必要があり、国土強靭化という公共投資を実施する」

「さらに、地域の生産性を高め、地域経済がグローバルな競争力に打ち勝つことができるよう、インフラ整備を堂々と行う」

まさに、通貨を発行し、借りて、使うというデフレ対策の王道であり、規模の問題は別として、方向的には満点といっても過言ではない。安倍総裁の講演において、筆者がとくに気に入ったのは、以下の一節である。

「借金は間違っているという考え方が、間違っているわけでありまして、みなさんご承知のとおり、名神高速道路も、東名高速道路も、そして新幹線も、あるいは黒部第4ダムもすべて、あのときは世界銀行から借金をしています。日本自身はお金がないですから、国債を発行して、日本人から借りることができなかった。われわれは世界銀行から借りて、こうしたインフラをつくった。あのインフラ、できた新幹線が、いま、私たちの世代、子どもたちの世代にとって借金になっているのか。違うんですよ。これは資産なんです。これによって、私たちは経済を成長させ、いまの富を生み出し、そして社会保障制度の財源を構築していったと、私は言ってもいいのだろうと思うわけであります。その意味においては、マクロ政策的にも正しい財政の出動をいまこそ行う、そして中身は吟味して、子どもたちへの資産となるものをつくっていくべきではないのかと思います」

まさに、新幹線や高速道路に象徴されるインフラストラクチャーは資産である。同時に、インフラは日本国の国富でもあるわけだ(生産資産)。

戦後の日本は、世界銀行からお金を借りてまでも、国富を蓄積するために各種のインフラへの投資をし、結果的に経済的な繁栄を実現した。私たちがいま、この日本において、快適なインフラのうえで所得を稼ぐことができているのは過去の日本国民の投資の賜物《たまもの》なのだ。

当然、われわれ自身も、将来の日本国民のために現在の投資を拡大する義務を負っている。

そして、デフレに苦しむ日本は、政府や民間が投資を拡大すれば、国民の所得縮小をもたらしている主因である需要不足を解消することができるのだ。

国民、とくに若者の所得縮小、失業率上昇、国内の閉塞感の高まり、少子化、財政の悪化、円高、安全保障の危機、社会保障の不安定化。これらの諸問題は、すべて日本が成長していないことに起因している。逆にいえば、日本が成長さえしていれば、こうした問題はきれいさっぱりと解決する。そして、成長以外に問題を解決する術《すべ》はない。

成長するしかないのだ。現在の日本は、次期政権を担う可能性がもっとも高い政党の党首が、堂々と、正しいデフレ対策を口にできる状況になっている。正直、2011年の段階では、1年後に事態がここまでいい方向に進むとは想像もしていなかった。

来るべき総選挙は日本国民にとって、正真正銘の「運命の分岐路」になる。ここで、またもや選択を間違ってしまうと、日本国は再度、デフレ深刻化の暗闇に突入し、いまあげた諸問題がさらに悪化していくことになるだろう。

安倍総裁は、「やるべき金融政策を大胆に行い、そして経済成長のための成長戦略をつくり、実行していくことによって、日本は黄昏《たそがれ》ではなくて、新しい朝を迎えることができる」というフレーズをひんぱんに用いる。

たしかに、そのとおりだ。日本はやるべきことさえやれば、黄昏を脱し、新しい朝を迎えることができる。ただし、やるべきことをやらなければ、このまま経済規模が縮小し、国民が貧しくなり、安全保障が崩壊し、やがては中国かアメリカの保護国に落ちぶれることになるだろう。あるいは、次なる大震災を乗り越えることができず、日本という国家そのものが存亡の危機に立たされることになるわけだ。

冗談じゃない。やるべきことをやろう。たんに「やるべきこと」をやるだけで、日本は普通に新しい朝を迎えることができる。そのために、国民がするべきことは何か。本書において、「グローバリズム対民主主義」に関する知見を十分に深めた読者であれば、すでにわかっているだろう。

民主主義国において、有権者1人ひとりの1票は、たしかに小さく感じられる。とはいえ、その小さな1票が一定の規模に達したとき、それはまさに歴史を変えるほどの巨大なパワーになりうるのである。

私たち日本国民は、現在、世界の運命を変えるほどに貴重な1票を手にしている。中国人民のように、みずから世界を変える術をもたない人びとに比べ、自分たちがどれほど恵まれているのか、いまこそ日本国民は思い出さなければならないのだ。

日本国は、国民主権国家である。国民主権国家とは、国民がみずからの国家、そして世界をも変えるパワーをもっているという意味なのだ。

三橋貴明（みつはし　たかあき）
中小企業診断士、経済評論家、作家。1969年生まれ。東京都立大学（現・首都大学東京）経済学部卒業。外資系ＩＴ企業等数社に勤務した後、中小企業診断士として独立。大手インターネット掲示板での、韓国経済に対する詳細な分析が話題を呼び、2007年に『本当はヤバイ！　韓国経済』（彩図社）を出版、ベストセラーとなる。以後、立て続けに話題作を生み出し続けている。データに基づいた経済理論が高い評価を得ており、デフレ脱却のための公共投資推進、反増税、反ＴＰＰのリーダー的論客として注目されている。
著書に『いつまでも経済がわからない日本人』『2012年　大恐慌に沈む世界　甦る日本』『グローバル経済に殺される韓国　打ち勝つ日本』（以上、徳間書店）、『メディアの大罪』（ＰＨＰ研究所）、『コレキヨの恋文』（小学館）、『売国奴に告ぐ！』（中野剛志との共著、徳間書店）など多数。

2013年　大転換する世界　逆襲する日本

第1刷　2012年11月30日

著者	三橋貴明
発行者	岩渕　徹
発行所	株式会社徳間書店
	〒105-8055　東京都港区芝大門2-2-1
電話	編集（03）5403-4344／販売（048）451-5960
振替	00140-0-44392
本文印刷	本郷印刷（株）
カバー印刷	真生印刷（株）
製本所	ナショナル製本協同組合

Printed in Japan
ISBN978-4-19-863507-7